Les Séries Sufilive

Volume 5

La Hiérarchie des Saints
Les Séries Ramadan 2010

Discours Spirituels de
Cheikh Mouhammad Hicham Kabbani

PUBLIÉ PAR
L' INSTITUT POUR LE PROGRES SPIRITUEL ET CULTUREL

© Droit d'auteur 2010 par L' Institut pour le Progres Spirituel et Culturel. Mis ensemble et imprimé aux États Unis d'Amérique. Tous droits réservés. Aucune partie de ce livre ne peut être reproduite ou utilisée sous aucunes formes ou par quelque procédé que se soit, électronique ou mécanique y compris des photocopies et des rapports ou par aucun moyen de mise en mémoire d'information et de système de récupération sans la permission écrite de l'auteur à l'exception d'un commentateur qui pourrait citer brièvement des brefs passage dans une revue.

Original ISBN : 978-1-930409-79-8 (Anglais)
ISBN : 978-1-938058-10-3

Publié et Distribué par:
L' Institut pour le Progres Spirituel et Culturel (ISCA)
17195 Silver Parkway, #401
Fenton, MI 48430 USA
Tel: (888) 278-6624
Fax:(810) 815-0518
Email: staff@Naqchbandi.org
Web: http://www.Naqchbandi.org

Première Edition: NOVEMBRE 2010
SÉRIES SOUFILIVE, VOLUME 5
ISBN: 978-1-930409-79-8

Library of Congres Cataloging-in-Publication Data
Kabbani, Mouhammad Hicham.
Discours Spirituels de Cheikh Mouhammad Hisham Kabbani. -- 1st éd.
  p. cm. -- (Les séries soufilive; v. 5)
"'La hiérarchie des saints'. Les séries Ramadan 2010."
Inclus les références bibliographiques.
ISBN 978-1-930409-79-8 (alk. paper)
1. Naqchabandiyah. 2. Soufisme. I. Titre.
BP189.7.N352K327 2010
297.4'8--dc22
                2010044186
IMPRIMÉ AUX ÉTATS UNIS D'AMÉRIQUE
15 14 13 12 11 05 06 07 08 09

Conception de la couverture par Dawud Zambrano. Image de Grand-Cheikh `Abdullah al-Fa'iz ad-Daghestan (q) [centre], Shah Bahauddin Naqshband (q) [gauche], Cheikh Muhammad al-Effendi Yaraghi (q) [à droite], Cheikh Sharafouddin ad-Daghestani (q) [gauche], Cheikh Khalid al-Baghdadi (q) [à droite].

Mawlana Cheikh Hisham Kabbani inaugure *Les Séries Ramadan 2010* dans la très renommée *zawiya* Naqchbandi à Michigan. En 1999, le cheikh commença sa pratique habituelile dans le mois de Ramadan de conduire le *awrad* Naqchbandi en congrégation à l'aube, suivie d'un discours inspiré qui exhorte l'excellence morale au moyen de l'amour d'Allāh ﷻ, Ses Livres saints et Ses saints. Ce programme populaire de Ramadan dont la première diffusion eut lieu en 2005 sur Sufilive.com a atteint des dizaines de milliers de téléspectateurs à travers le monde, se poursuit encore cette année.

ᘌ iv ᘍ

Table des matières

A Propos de l'Auteur vii
Préface x
Notes de l'Editeur... xiii
Les Maîtres de la Chaîne Dorée Naqchbandi-Nāzimīyya xix
Récitation au Début de Toute Assemblée x
Introduction des Séries de Ramadan: «Purifie Ma Maison» 1
Les Caractéristiques des 'Abdaal 12
Les Saints demeurent dans ce qu'Allāh ﷻ Aime 36
L'histoire de l'Imam Ahmad ibn Hanbal ﻕ..50
Allāh ﷻ a l'exclusive possession du cœur de Ses Serviteurs 63
Ittiba et Taqlid: Emboiter le pas aux vertueux et les imiter........75
Les Principes Muables et Immuables 86
Les Caractéristiques et Niveaux du Dhikroullah.......................110
Les Types de Bayaʻa, leurs Conditions et Statuts......................132
Les Oceans de Sayyidina Ali ؓ et Sayyidina Aboū Bakr ؓ............157
Les quatres Niveaux de Dhikr et le Cœur de Sayyidina Aliؓ......166
Comment entrer par la porte et demeurer dans la cité 176
Les Secrets des Deux Océans 187
Niveaux et Récompenses du Caractère Sublime.......................198
Des exemples du caractère admirable et de l'indulgence des
Awlīyāoullah 206
Pour être bien guidé, rattachez-vous à vos véritables Pères........217
Les Secrets du Talqin...225
L'Apparat Divin de la déclaration de l'Unicité (Kalimat at-Tawhid) 233
La Réalité du Tawhid, l'Unicité d'Allāh......................................242
Les Cinqs Principes du Maqam at-Tawhid.................................256

Maqam al-'Ikhlas, le Niveau de Sincérité..269
La Chari'a protège le «fruit de l'Islam» qu'est le Tassawwouf....277
Les *Awlīyāoullah* Enseignent le Tawhid au moyen d'Exemples....288
Le Secret du Nom «Allāh»..297
Les caractéristiques, pouvoirs, et responsabilités du Ghawth et ses Aqtabs 306
Baiser le Saint Seuil du Mausolée du Saint Prophète....................316
Emboîter le pas au Prophète 321
La différence entre un ʿĀlim et un Walī......................................325
Une Sainte Assemblée Effacera un Million de Péchés..................329
L'Effet et la récompense de La participation à une seule assemblée de Dhikroullah 333
Calendrier Islamique et Jours Sacrés 341
Mois du calendrier Islamique 341
Glossaire..225

A Propos de l'Auteur

Savant reconnu à l'échelle mondiale, Cheikh Mouhammad Hisham Kabbani figure dans le livre inédit publié par le Georgetown University et intitulé, *The 500 Most Influential Muslims in the World (Les 500 Musulmans les Plus Influents dans le Monde)* – 2009. Pendant des décennies, il a promu les principes de l'Islam Traditionnel qui sont la paix, la tolérance, l'amour, la compassion et la fraternité tout en s'opposant à l'extrémisme sous toutes ses formes. Il est issu d'une lignée très respectée de savants de l'Islam traditionnel tels que l'ancien directeur de l'Association des Savants Musulmans du Liban et l'actuel Grand Moufti du Liban.

Cheikh Kabbani a reçu une formation hors du commun, que ce soit dans les sciences ou dans la doctrine Islamique. Après son diplôme en chimie, il fit des études de médecine. Sous l'autorité et l'enseignement de Cheikh 'AbdAllāh ad-Dāghestānī ق – sur les notes personnelles duquel repose ce livre – il obtint un diplôme dans la Loi Musulmane. De Cheikh Mouhammad Nāzim Adil al-Qubrusī ق, le leader mondial de l'Ordre Soufi Naqchbandi-Nāzimīyya, il reçut l'autorisation d'enseigner, de guider et conseiller les disciples dans le Soufisme.

Dans sa persévérance à promouvoir une meilleure compréhension de l'Islam traditionnel, en Février 2010, Sa Majesté Royale Charles, Le Prince de Galles fut l'invité de Cheikh Kabbani à un évènement culturel à l'illustre Old Trafford Stadium à Manchester, au Royaume Uni. Il a organisé deux conférences internationales aux États-Unis aussi bien que des conférences régionales sur divers sujets qui ont attirés des savants Musulmans modérés d'Asie, du Moyen Orient, d'Afrique, du Royaume Uni et d'Europe de l'Est. Il est sollicité par les journalistes, les intellectuels et les chefs de gouvernements pour ses conseils.

Pendant trente années, cheikh Kabbani, sans relâche, a promu une coopération pacifique entre les gens de diverses croyances. Depuis les années 1990, il a œuvré à ramener les savants Musulmans modérés au sein du courant principal (celui des Ahl Sounna wa Jama'ah). Souvent, au risque de sa vie et pour le bien-être de tous, il a travaillé à réveiller la conscience sociale Musulmane sur le devoir religieux à prendre une position ferme contre l'extrémisme et le terrorisme. Sa noble perspective, dans le but d'honorer et de servir l'humanité entière, a permis à des millions de comprendre la différence entre la majorité modérée Musulmane et les sectes extrémistes minoritaires.

Aux États-Unis, Cheikh Kabbani est le directeur du *Islamic Supreme Council of America*. Il est le fondateur de l'Ordre Soufi Naqchbandi en Amérique; conseiller de l'Organisation mondiale pour le développement des Ressources et de l'Éducation; directeur de *As-Sounnah Foundation of America*; directeur de l'organisation de femmes Musulmanes *Kamilat*, fondateur et président de la revue Musulmane *The Muslim Magazine*. Au Royaume Uni, Cheikh Kabbani est un conseiller au Sufi Muslim Council, une organisation que consulte le gouvernement du Royaume Uni sur la gouvernance publique et les problèmes socio-religieux.

Cheikh Kabbani a à son actif d'autres ouvrages tels que: *At the Feet of My Master* (2010, 2 vols.), *The Nine-fold Ascent* (2009), *Banquet for the Soul* (2008), *Illuminations* (2007), *Universe Rising* (2007), *Symphony of Remembrance* (2007), *A Spiritual Commentary on the Chapter of Sincerity* (2006), *Sufi Science of Self-Realization [disponible en Français]*(Fons Vitae, 2005), *Keys To the*

Divine Kingdom (2005), *Classical Islam and the Naqchbandi Sufi Order* (2004), *The Naqchbandi Sufi Tradition Guidebook* (2004), *The Approach of Armageddon [disponible en Français]? An Islamic Perspective* (2003), *Encyclopedia of Muhammad's Women Companions and the Traditions They Related* (1998, with Dr. Laleh Bakhtiar), *Encyclopaedia of Islamic Doctrine* (7 vols. 1998), *Angels Unveiled* (1996), *The Naqchbandi Sufi Way* (1995), and *Remembrance of God Liturgy of the Sufi Naqchbandi Masters* (1994).

Préface

*L*es *Séries Sufilive* ont pour fondation les transcriptions des *souhbah*, discours d'inspirations divines impromptus du leader mondial de l'Ordre Soufi Naqchbandi-Nāzimīyya, Mawlana Cheikh Nāzim Adil al-Qubrusī ق et son représentant, Mawlana Cheikh Hisham Kabbani.

Les Séries Sufilive, Volume 5 est une compilation des *souhbah* du Cheikh Kabbani des «Séries de Ramadan 2010», dévouée à l'enseignement sacré des maitres Soufi de la très renommée Chaine Dorée Naqchbandi sur la hiérarchie, les responsabilités, les pouvoirs et les caractères des *awlīyāullāh*, les amis d'Allāh ﷻ (les Saints).

In 2005, Cheikh Kabbani lança Sufilive.com en vue d'exposer les trésors enfouis dans ces discours à une audience globale. Sufilive.com est un site internet non-payant qui transmet autant des émissions en directes qu'en différées et comprend un amalgame de vidéos archives touchant à une pléiade de thème. Un témoignage éloquent de la popularité de l'émission en directe est l'engagement volontaire d'une centaine de personnes à travers le monde d'aider à transcrire, à traduire, à éditer et à publier les transcrits de sufilive en Anglais, Arabe, Turque, Bahasa (Malai) Bahasa (Indonésien), Ourdou, Farsi, Français, Allemand, Espagnol, Italien, Hollandais, Bosnien, Russe et Cantonais!

Notre profonde gratitude va à l'égard de la courageuse équipe de traducteurs et d'éditeurs en Anglais à travers les États Unis d'Amérique, du Canada aux Royaumes Unis et d'Europe dont l'inestimable contribution a permis la réalisation de cette collection.

Pendant cinquante années, l'auteur s'est mis au service de son maître et a promu ces enseignements sacrés de la plus belle manière. Nous pensons que *Les Séries Soufilive* reflètent cet esprit et espérons qu'elles vous ouvrent une porte aux maîtres spirituels de notre temps.

xii

Notes de l'Editeur

Ce livre vise ceux qui sont familiers avec la Voie Soufi; cependant, pour accommoder les lecteurs qui ne sont pas familiers avec la terminologie et les pratiques Soufies, nous y avons adjoint une traduction Française des textes Arabe et un lexique exhaustif. Lorsque les termes Arabe s'avèrent cruciaux à la clarification, nous avons inclus des translitérations et des annotations explicatives. Pour les lecteurs familiers avec l'enseignement Islamique et l'arabe, pour d'avantage de clarté, veillez consultez s'il vous plait, les sources citées.

Le matériel original s'appuie sur les transcrits d'une série de congrégations spirituelles qui servent de canevas pour l'instruction divine. Le *souhbah*, un discours spirituellement inspiré, chargé d'une puissante dose d'énergie à même d'élever l'âme est délivré par le «cheikh», un guide spirituel, doté d'une solide formation. En vue de présenter l'authentique arome tel qu'il fuse de ce genre d'enseignement rarissime, un soin particulier a été pris pour préserver les styles d'expression tant de l'auteur que des illustres cheikhs sur les manuscrits desquels ce livre repose.

Les traductions de l'Arabe au Français ont leurs difficultés intrinsèques et nous avons fait de notre mieux pour qu'elles soient compréhensibles aux lecteurs occidentaux. En plus, notez qu'il apparait quelque fois à travers cette œuvre, l'usage de la pratique notoire à travers le monde d'exclure l'article défini «le» en mentionnant «Prophète», ce qui paraît moins protocolaire.

Les citations du Saint Coran figurent avec le numéro de chapitre et de verset. De même les Saintes Traditions du Prophète Mouhammad (*āhadīth*) sont citées dans la plupart des cas. Les dates historiques sont mentionnées avec «Hijri» et «A.H». (Après Hijri), qui est le commencement du calendrier Islamique lorsque le Prophète Mouhammad ﷺ émigra de la Mecque vers Médine en 622 C.E. (l'Ere Chrétienne) pour échapper à la persécution religieuse et former sa première nation. Un calendrier de référence a été pourvu. Où figurent les pronoms spécifiques indiquant le genre tels que «il» et «lui» sont utiliser dans un sens général, ce n'est en aucun cas une discrimination dirigée contre les femmes auxquelles Le Tout-Puissant a accordé un grand honneur.

Les enseignements Islamiques reposent fondamentalement sur quatre sources dans l'ordre suivant:

- **Le Saint Coran**: le Livre Saint de la révélation divine (La Parole d'Allāh ﷻ) conféré au Prophète Mouhammad. Un exemple de citation du Saint Coran est comme suit «4:12», indiquant «Le Chapitre 4, Verset 12».
- **Sounnah**: les saintes traditions du Prophète Mouhammad ﷺ; la préservation systématique de ses paroles et actions constituent le *hadîth*. Pendant quinze siècles, l'Islam a appliqué un critère strict, savamment codifié, d'évaluation de chaque narration vis-à-vis de son authenticité et permettant aussi de classifier sa chaîne de «transmission». Nous avons simplement cité le «*hadîth*» car le livre répond à un autre objectif. Néanmoins, nous y avons inclus le narrateur, les textes de références pour corroborer notre thèse en question.

- **Ijma':** *(āhl al-ijtihād)* L'adhérence ou le consensus des experts en matière d'extrapolation rationnelle ou déduction judicieuses sur les conclusions d'un verdict donné ayant trait à ce qui est permis ou interdit après le décès du Prophète ﷺ; mais aussi c'est le consensus de la Communauté Musulmane concernant les obligations soutenues par des preuves irréfutables. «Nous n'adoptons aucun écart de croyance ou de pratique de la ligne normative tracée par la majorité des Musulmans».
- **Les statuts Légaux:** Les lois dérivées de l'interprétation du Coran et de la Sounnah par les savants musulmans dignes de foi constituent l'*ijtihâd*. De telles lois sont élaborées pour apporter aux Musulmans des réponses islamiques face aux défis contemporains. En terme théologique, les savants capables d'élaboration de lois dérivées sont des individus ayant suivi une formation rigoureuse de plusieurs années et possèdent l'équivalent d'un doctorat en théologie islamique et de ce fait sont sur le même pied d'égalité qu'un magistrat de haute cour ou de juge à la cour suprême ou même mieux.

Les symboles suivants sont universellement reconnus et utilisés dans cette œuvre. Quoi qu'ils puissent être récurrents, ils sont profondément appréciés par une vaste majorité de nos lecteurs.

ﷻ *soubhānahou wa Ta'alā* (Gloire à Allāh, le Plus Haut), une louange adressée à Allāh après avoir mentionné le nom «Allāh» et tout autre nom Islamique d'Allāh ﷻ.

ﷺ *sallallāhou 'alayhi wa sallam* (Les Saluts et bénédictions d'Allāh ﷻ sur lui), récité après le saint nom du Prophète Mouhammad.

؏ *'alayhi 's-salâm* (Que la paix soit sur lui/elle), récité après les saints noms des autres prophètes, les noms des membres de la famille du Prophète Mouhammad, les pures et vertueuses femmes en Islam et les anges.

🌸/🌸 *radīallāhou ʿanh(oum)* (Qu'Allāh ﷻ soit satisfait de lui/d'elle), une prière récitée pour un homme ou une femme qui a été un compagnon du Prophète Mouhammad; pluriel: *radiallāhou ʿanhoum*.

ق *qaddasallāhou sirrah* (Qu'Allāh ﷻ sanctifie son secret), récité après le nom des saints.

Translitération

La Translitération de l'Arabe au Français a ses difficultés. En guise de respect, les Musulmans écrivent souvent les noms en majuscule, ce qui ne peut pas être le cas en anglais. Pour faciliter une prononciation authentique des noms, des lieux et termes, veuillez consulter la table ci-dessous:

Symbol	Transliteration	Symbol	Transliteration	Vowels: Long	
ء	'	ط	ṭ	آ ى	Â
ب	b	ظ	ẓ	و	Û
ت	t	ع	ʿ	ي	Î
ث	th	غ	gh	Short	
ج	j	ف	f	ó	A
ح	ḥ	ق	q	ó	U
خ	kh	ك	k	ỏ	I
د	d	ل	l		
ذ	dh	م	m		
ر	r	ن	n		
ز	z	ه	h		
س	s	و	w		
ش	sh	ي	y		
ص	š	ة	ah; at		
ض	ï	ال	al-/'l-		

☙ xviii ☙

Les Maîtres de la Chaîne Dorée Naqchbandi-Nāzimīyya

Qu'Allāh ﷻ préserve leurs secrets.

1. Prophète Mouḥammad ibn 'AbdAllāh ﷺ

2. Aboū Bakr aṣ-Ṣiddīq
3. Salmān al-Fārsī
4. Qāssim bin Mouḥammad bin Aboū Bakr
5. Ja'far aṣ-Ṣādiq
6. Ṭayfoūr Aboū Yazīd al-Bistāmī
7. Aboūl-Ḥassan 'Alī al-Kharqānī
8. Aboū 'Alī al-Farmadī
9. Aboū Yā'qoūb Yoūssouf al-Ḥamadānī
10. Aboūl-'Abbās, al-Khiḍr
11. 'Abdoul-Khāliq al-Ghoujdawānī
12. 'Arif ar-Riwakrī
13. Khwāja Maḥmoūd al-Anjīr al-Faghnawī
14. 'Alī ar-Ramitānī
15. Mouḥammad Bābā as-Samāssī
16. As-Sayyid Amīr Koulāl
17. Mouḥammad Bahāuddīn Shāh Naqshband
18. 'Alāouddīn al-Boukhārī al-'Aṭṭār
19. Yā'qoūb al-Charkhī
20. 'Oubaydoullāh al-Aḥrār
21. Mouḥammad az-Zāhid
22. Darwish Mouḥammad
23. Mouḥammad Khwāja al-Amkanakī
24. Mouḥammad al-Bāqī bilLāh
25. Aḥmad al-Fāroūqī as-Sirhindī
26. Mouḥammad al-Ma'ṣoūm
27. Mouḥammad Sayfouddīn al-Fāroūqī al-Moujaddidī
28. As-Sayyid Noūr Mouḥammad al-Badawānī
29. Shamsouddīn Ḥabīb Allāh
30. 'AbdAllāh ad-Dahlawī
31. Khālid al-Baghdādī
32. Ismā'īl Mouḥammad ash-Shirwānī
33. Khāṣ Mouḥammad Shirwānī
34. Mouḥammad Effendī al-Yarāghī
35. Jamālouddīn al-Ghoumoūqī al-Ḥoussaynī
36. Aboū Aḥmad aṣ-Ṣoughoūrī
37. Aboū Mouḥammad al-Madanī
38. Sharafouddīn ad-Dāghestānī
39. 'AbdAllāh al-Fā'iz ad-Dāghestānī
40. Mouḥammad Nāẓim 'Adil al-Qubrusī

Récitation au Début de Toute Assemblée

*A'oudhou billāhi min ach-Chaytān ir-rajīm.
Bismillāhi' r-Rahmāni 'r-Rahīm.*

*Nawaytou 'l-arbā'īn, nawaytou 'l-'itikāf,
nawaytou 'l-khalwah, nawaytou 'l-'ouzlah,
nawaytou 'r-riyāda, nawaytou 's-souloûk,
lillāhi Ta'alā fī hādhā 'l-masjid.*

*Ati' oūllāh wa ati'oū 'r-Rassoūl
wa oūli 'l-amri minkoum.* (Soūratou 'n-Nisā, 4:59)

Je prends refuge auprès d'Allāh contre Satan, le banni. Au Nom d'Allāh Très Clément, Très Miséricordieux.

Je formule l'intention de Quarante Jours; je formule l'intention de la retraite; je formule l'intention de l'isolation; je formule l'intention de la solitude; je formule l'intention de la discipline; je formule l'intention de suivre la règle spirituelle; pour Allāh très-Haut dans ce lieu de prière.

«Obéissez à Allāh, obéissez au Messager d'Allāh et à ceux qui détiennent l'autorité parmi vous». Soūratou 'n-Nisā (Les Femmes), 4:59.

Introduction des Séries de Ramadan: «Purifie Ma Maison»

A'oudhou billāhi min ach-Chaytān ir-rajīm.
Bismillāhi' r-Rahmāni 'r-Rahīm.
Nawaytou 'l-arbā'īn, nawaytou 'l-'itikāf, nawaytou'l-khalwah, nawaytou 'l-'ouzlah, nawaytou 'r-riyāda, nawaytou 's-souloûk,
lillāhi Ta'alā fī hādhā 'l-masjid.
Ati' oūllāh wa ati'oū 'r-Rassoūl
wa oūli 'l-amri minkoum. (Soūratou 'n-Nisā, 4:59)

Au cours de ce Ramadan, *inshā'Allāh*, nous serons témoins de nombreux changements, surtout des changements au niveau spirituel dans les cœurs des *mourīdes* des *awlīyāoullāh*; ceci sera plus accentué dans les cœurs des *mourīdes* de Sulṭān al-Awlīyā, Mawlana Cheikh Nāzim al-Qubrusī ق, qui a donné la permission de donner ce genre de discours ou faire passer cette connaissance en son nom. Mawlana Cheikh Nāzim ق m'a dit de parler de l'importance des *awlīyāoullāh* dans la vie des êtres humains.

Allāh ﷻ dit dans le Saint Coran:

wa ṭāhhir baytī li 'b-ṭāifīna wa 'l-qāimīna wa 'r-ruka'i 's-sujūd.
Purifie Ma Maison pour ceux qui tournent autour, pour ceux qui s'y tiennent debout et pour ceux qui s'y inclinent et se prosternent (en prière). (Soūrat al-Hajj, 22:26)

Dans ce verset, Allāh ﷻ donne un ordre à Sayyīdinā Ibrāhīm ﷺ, ordre valable jusqu'à Sayyīdinā Mouhammad ﷺ: «Purifie Ma Maison»; purifie le statut de la Maison, qu'elle soit pure pour que les gens puissent y faire la circumambulation. Tout est pur, même la masse: la masse est ce qu'Allāh ﷻ créa; l'apparence physique de notre corps représente à la fois la masse et la maison de l'âme. L'atome est la maison, la masse de l'électron, et puisque la masse est pure, les électrons font la circumambulation autour d'elle; les électrons ne le feraient pas autrement, ce qui conduirait à une immobilité totale, donc une absence de vie.

Allāh ﷻ a voulu que chacun puisse faire la circumambulation autour d'une Maison purifiée. Les abeilles font la circumambulation autour de leur reine, les oiseaux en font autour de leurs géniteurs, les enfants autour de leurs parents. Il en est de même de l'âme qui tourne autour d'une maison purifiée au sein du corps, et cela explique pourquoi Allāh ﷻ dit: «*wa tāhhir baytī*, Purifie Ma Maison» à Sayyīdinā Ibrāhīm ﷺ, à Sayyīdinā Isma'īl ﷺ, et partant, cela reste une injonction pour tous les autres prophètes ﷺ.

Les *tāifīn* sont ceux qui font la circumambulation autour de la Maison. Les *'akifīn* sont ceux qui se détachent de *dounyā*, cette vie mondaine ou ce à qui y a trait – et chacun de nous aime bien cette *dounyā*. Cependant, les *'akifīn* qu'Allāh ﷻ mentionne dans le Saint Coran sont ces *awlīyāullāh* qui, assis, repliés sur eux-mêmes, se sont détachés de la *dounyā*.

Le premier niveau des *awlīyāullāh* est composé de ceux qui sont en circumambulation constante autour de la Maison. Ceux qui sont d'un niveau inférieur se retirent et sont affairés au *dhikroūllāh*, se souvenant d'Allāh ﷻ en eux-mêmes et n'étant pas en circumambulation mais debout. Puis le troisième niveau est ceux qui sont en génuflexion (*rouk'ou*) ou en prosternation (*soujoūd*). «Purifie Ma Maison» s'adresse à ces trois catégories: ceux qui sont en circumambulation ininterrompue, ceux qui sont assis et ont abandonné *dounyā*, et ceux qui sont en *rouk'ou* ou *soujoūd*.

Ce message s'applique à la Maison d'Allāh ﷻ. A qui Allāh ﷻ ordonna à Ses anges de faire *sajdah*? Il les fit faire *sajdah* pour la lumière de Sayyīdinā Mouhammad ﷺ qui apparut sur le front de Sayyīdinā Ādam ﷺ. C'est la raison pour laquelle l'Imām Malik ؓ a dit à l'*émir* de son temps: «A Médine, ne tourne pas ton visage vers la *qiblah*, tourne-le vers le Prophète ﷺ, celui qui te conduit à la Maison d'Allāh ﷻ». Par conséquent, fais face au Prophète ﷺ étant donné que c'est le lieu de circumambulation des *awlīyāoullāh*.

Les *Sahābah* ؓ (les Compagnons) étaient en circumambulation autour du Prophète ﷺ car son cœur est la Maison d'Allāh ﷻ. La révélation du message ne descendit pas sur la Ka'aba mais plutôt sur le cœur du Prophète ﷺ; ce faisant, ce cœur pur est ce que le Prophète ﷺ a légué à la *oummah* comme point de circumambulation.

Les *Awlīyāullāh* sont les héritiers du Prophète ﷺ. Ainsi, leurs cœurs servent de direction à leurs *mourīdes* qui y accourent et y accomplissent la circumambulation, car ces cœurs-là représentent aussi la Maison d'Allāh ﷻ. En effet, Le Prophète ﷺ a dit dans le Hadīth Qoudsī:

qalb al-mou'min baytou 'r-rabb.
Le cœur du croyant est la Maison du Seigneur.

mā wasi'anī ardī wa lā samā'ī lākin wasi'anī qalbi 'abdī al-mou'min.
Ni la Terre ni les cieux ne peuvent Me contenir, mais le cœur du croyant peut Me contenir.

Ton orientation est de trouver l'un de ces cœurs purifiés pour que tu puisses te soustraire de la vie mondaine (*dounyā*) et faire de la méditation (*mourāqabah*) sur eux; Ainsi, ils te transporteront en présence du Prophète ﷺ, et pour ce fait, observe en permanence le respect envers eux. En exemple, une personne demanda à l'un des *awlīyāoullāh*:

«Pouvez-vous me parler du niveau de Sayyīdinā 'Abd al-Qādir al-Jilānī ؓ? Quel est son *maqām*?»

(Le *walī*) dit: «Une fois, il fut demandé à Sayyīdinā 'Abd al-Qādir al-Jilānī ؓ: 'Qui est ton cheikh?'»

Man lā cheikha lahou cheikhahou 'ch-Chaytān. Quiconque n'a pas de guide, Chaytān est son guide.

Sans un cheikh, tu ne peux rien décider par toi seul; tu pourrais prendre une chose fausse pour vraie et vice versa. Souvent, le cheikh peut te dire: «fais ceci» et pour toi comme pour plusieurs autres personnes, cette injonction pourrait paraître inappropriée, mais pour le cheikh il y a une sagesse, *hikmah*. Tu ne comprends pas cette sagesse mais les cheikhs ont la capacité de percevoir ce qui pointe à l'horizon, et ce n'est que plus tard que vous la comprendrez. Alors, ne levez pas d'objection. Que faisons-nous? Nous rouspétons et objectons. Cet ordre ne s'accorde pas avec ce que nous avons à l'esprit. Nous nous disons: «Pourquoi le cheikh dit-il de faire ceci? C'est *harām*». Sais-tu mieux que le cheikh ce qui est *harām* ou *halāl*? Non. Que devons-nous faire? Nous soumettre!

Revenant sur la question précédente, une fois, on demanda à Sayyīdinā ʿAbd al-Qādir al-Jīlānī ق : «Qui est ton cheikh?»

>Il dit: «Il y a longtemps j'avais un cheikh, Sayyid Hammad ad-Dibaas ق, mais aujourd'hui, cela a changé».

Sayyīdinā ʿAbd al-Qādir al-Jīlānī ق a maintenu le respect envers son cheikh, et il a gravit des échelons ; après que son cheikh s'en est allé de ce monde, il devint un héritier et il atteignit de hauts niveaux.

>Il dit: «Maintenant, je reçois la connaissance de deux océans».

Examinez comment les *awlīyāullāh* reçoivent la connaissance! Certainement pas comme nous l'obtenons, car leurs cœurs sont purifiés. Les gens se procurent de nos jours de cette machine nommée purificateur. Mais que purifie-t-elle en réalité? Elle purifie des poux, pellicules invisibles sous les poils des animaux, et ces vermines symbolisent les mauvais désirs. Autant vous avez besoin d'un purificateur pour vous débarrassez de ces vermines, autant vous avez besoin d'un humidificateur pour rafraîchir l'air ambiant. Similairement, le cœur d'un *walī* purifie et humidifie les *mourīdes*, leur donnant une brise fraiche après les avoir purifiés. Le cheikh connait les cœurs de ses disciples; par conséquent, lorsqu'il demande à ce qu'une action soit accomplie, faites-la comme instruit.

Alors Sayyīdinā ʿAbd al-Qādir al-Jīlānī ق dit: «Je reçois de deux océans, *Bahr an-Noubūwwah*, «l'Océan du Cœur du Prophète

※», et de *Bahr al-Foutoūwwah*, «l'Océan de la chevalerie spirituelle».

D'une part, de l'océan du Prophète ※ et de l'autre, de l'océan de Sayyīdinā 'Alī ※ comme indiqué par le Prophète ※:

la fatâ illa 'Alî wa la sayf illa dhoul-fiqâr.
Il n'y a pas de chevalerie qu'avec Sayyīdinā 'Alī et pas de sabre à l'exception de Dhoul-fiqār (son sabré Céleste).

Cela veut dire qu'il était très ferme à la fois contre son ego et contre les non-croyants. Mawlana Cheikh nous a mentionné à maintes reprises un récit au sujet Sayyīdinā 'Alī ※. Pendant que ce dernier se trouvait sur le champ de bataille, un mécréant, un lutteur très redoutable le traita de tous les noms. A cette époque, les deux armées n'entrèrent réellement en guerre qu'après un duel entre deux combattants des deux camps adverses. Ce qui est contraire à aujourd'hui où les soldats ne voient même pas l'ennemi. Il n'y a plus d'esprit chevaleresque mais simplement de la couardise. Ils bombardent à distance. Alors, Sayyīdinā 'Alī ※ le terrassa et conformément à leur coutume de guerre, lorsque ton ennemi te terrasse, il a le droit de te tuer. Ainsi, le lutteur lui dit: «Enfin tue-moi!» Puis il cracha à la face Sayyīdinā 'Alī ※. Immédiatement Sayyīdinā 'Alī ※ jeta son sabre au sol. Une fois de plus, il lui dit: «Tue-moi!» Sayyīdinā 'Alī ※ répliqua: «Je ne peux le faire dans la mesure où je me suis mis en colère, et ce faisant ce ne sera plus pour la cause d'Allāh※». Puis ce lutteur dit: «Si telle est ta religion; alors j'accepte de devenir Musulman».

Il puisa à la fois du cœur du Prophète ※ et de celui de Sayyīdinā 'Alī ※! Cependant, une question demeure à l'image de celle qui trottine aujourd'hui dans les cœurs des *mourīdes*. Ils aiment poser la question suivante: «quel est le niveau de ton cheikh» ? Nous répondons par: «Il est Sultan al-Awlīyā, et il puise du cœur du Prophète ﷺ». Cette question ne cesse de réapparaitre jusqu'à ce jour.

Il fut demandé à Sayyīdinā Imām Aboū 'l-Hassan al-Chādhilī ق, un fameux *walī* enterré en Egypte:
Qui est ton cheikh»?

> Il répondit: «Mon cheikh était Sayyīdinā ʿAbd as-Salām ibn Mashīsh ق » un fameux cheikh originaire du Maroc, un grand *walī*. Je recevais la connaissance de son cœur, et je faisais la circumbulation autour de son cœur puis m'asseyais et le contemplais: ensuite je me retirais de la *dounyā* en me focalisant sur lui, faisant *roukʿoū* et *soujoūd* en sa présence. Aujourd'hui cependant, je reçois de dix différents océans.

Vous ne pouvez pas comprendre le langage des *awlīyā*; leurs expressions sont fonctions du temps dans lequel ils s'expriment. Aujourd'hui, beaucoup plus de miséricorde, *rahmāh*, s'abat sur nous bien que nous soyons en période de confusion, *fitnah*. Une bonne partie de ce pouvoir revient au *ghawth*, rejaillissant sur les cinq *qoutbs*, et cela nous permet de percevoir, de discerner au moyen de cette lumière, celle du *ghawth*, qui lui-même hérite du Prophète ﷺ en ascension. Avec le pouvoir de leurs yeux, ils ont la capacité de transformer le mal en bien. Avec leur vision pénétrante au pouvoir de laser, ils sont à mesure de purifier les êtres humains de toutes sortes de maux, et cela seulement par le regard, l'audition et le toucher.

Ils lui demandèrent: «Qui est ton cheikh aujourd'hui»?

Il répondit:

> C'était ʿAbd as-Salām ibn Mashīsh mais aujourd'hui, je puise de dix océans: cinq en provenance des Cieux et cinq de la Terre. Je reçois directement de leurs cœurs».

Il puisait de tout ce que le Prophète ﷺ déversa dans le cœur d'Aboū Bakr **as-Siddīq** ؓ. Puis de Sayyīdinā ʿOumar al-Fārouq ؓ qui combattit *bātil*, lequel est partout répandu aujourd'hui. Puis de Sayyīdinā ʿOuthmān ؓ puis de Sayyīdinā ʿAlī, *karam-Allāhou wajah wa ʿalayhi 's-salām*, recevant de ces cinq.

Au sujet de Sayyīdinā ʿAlī, le Prophète ﷺ dit:

> *anā ilmou madīnatou wa ʿAlīyyoun bābouhā.*
> *Je suis la cité de connaissance et ʿAlī ؓ en est la porte.*

Il ﷺ dit: «Tout ce que j'ai reçu, je l'ai déversé dans le cœur d'Aboū Bakr». Et ʿOumar fut celui qui sépara *haqq* de *bātil* (la vérité du mensonge). Et Sayyīdinā ʿOuthmān avait deux lumières, deux filles du Prophète ﷺ et il était très généreux.

Allāh ﷻ dit:

> *taʿroujou 'l-malā'ikati wa 'r-roūhou ilayhi fī yawim kāna miqdārahou khamsīn alfa sannah.*
> *Les Anges ainsi que l'Esprit montent vers Lui en un jour dont la durée est de cinquante mille ans.* (Soūrat al-Maʿarij, 70:5)

Il reçoit la révélation de Jibrīl ﷺ, de Mikā'īl ﷺ qui dispatche la pluie, d'Israfīl ﷺ qui souffle la trompette (il acquiert ce pouvoir), d'Azrā'īl ﷺ il reçoit le pouvoir de l'Au-delà, et de «Roūh», l'Ange des Âmes qui se charge de toutes les âmes. Voici la manière dont les *awlīyā* reçoivent leur connaissance; ils purifient leurs cœurs afin que leurs *mourīdes* puissent y accéder et puiser de cette fontaine [leurs cœurs]. Sachons qu'Allāh ﷻ a donné à chaque *walī*, *khousoūsīyyah* (une spécialisation), une voie ou un devoir qui est propre à ce *walī* et qui diffère de celui d'un autre *walī*. Chacun a une voie différente, une fontaine (*machrab*), et celle-ci est comme une gravure, *naqsh 'alā hajr* gravée permanemment sur une pierre et ne disparait jamais. De ce fait, un *walī* reconnait un autre par ce qui est gravé sur son cœur. Les noms des *walīs* de haut niveau dérivent des Quatre Vingt Dix Neuf Beaux Noms et Attributs et sont gravés sur leurs cœurs. Ainsi, comme dans *Allāhou lā ilāha illa Hoūwa 'r-Rahmānou 'r-Rahīm*, 'Abd ar-Rahmān reçoit cette connaissance du secret du Nom Divin «Ar-Rahmān», et «Abd ar-Rahīm» reçoit du Nom Divin « Ar-Rahīm». Nous les expliquerons individuellement dans les chapitres à suivre.

Au fur et à mesure que leurs cœurs sont purifiés, Allāh ﷻ y déverse de la teneur de *Āhadīyya*, c'est-à-dire «l'Océan de l'Unicité Absolue» et de *Wāhdanīyya*, «l'Océan de l'Unicité». Spécialement dans la Ṭarīqah Naqchbandiyyah, nous recevons d'un océan qui conduit à *Maqām al-Fanā*, «le Niveau d'Annihilation» dont Sayyīdinā Shah Naqshband ق a hérité du cœur du Prophète ﷺ. Voici la raison pour laquelle la *tarīqah* porte son nom. Chaque *walī* porte un nom particulier gravé sur son cœur. Ces genres de secrets sont des informations que Shah

Naqshband ق a pu extraire du cœur Prophète ﷺ au niveau de *Maqām al-Fanā*. Il nous les a ramenés à un niveau accessible. En effet, pour chaque *walī*, ce niveau est variable et est fonction de la teneur de connaissance reçue. Il y a des *awlīyā* qui sont au pied des prophètes, c'est à dire qu'ils reçoivent directement des cœurs de ces prophètes. Il y a 124000 prophètes avec un *walī* recevant d'un prophète, puis il y a celui qui reçoit du cœur du Prophète Mouhammad ﷺ.

Ces lignes ne sont qu'une introduction de ce que nous développerons au cours de ce Ramadan, et mon espoir est que nous puissions en faire au maximum.

Auparavant, nous avons vu qu'il fut demandé à Sayyīdinā ʿAbd al-Qādir al-Jīlānī ق l'origine de sa connaissance; la même question fut posée à Sayyīdinā Aboū 'l-Hassan al-Chādhilī ق et enfin à Aboūl Abbas Al Moursi ق (il est aussi d'origine marocaine). Ce dernier répondit:

«*joultou fi Malakoutillah*, j'ai parcouru les Royaumes d'Allāh ﷻ, célestes comme terrestre. J'ai vu un *walī* du nom d'Aboū Madyan ach-Chādhilī ق. Je l'ai vu accroché à l'un des piliers du Trône, et je lui ai demandé ceci: «Quel est ton niveau et quelle est ta connaissance (c'est à dire l'origine de ta connaissance)?»

- Aboū Madyan ach-Chādhilī ق: «Les connaissances dont Allāh ﷻ m'a fait faveur proviennent de 70 sortes d'océans mais en ce qui concerne mon niveau, je suis du groupe des Aqtab et de celui des Abdal.
- Aboūl-ʿAbbas Al Moursi ق: «Que dis-tu de Al-Hassan al-Chādhilī ق?» Madyan ach-Chādhilī ق

répondit: «Aboū 'l-Hassan al-Chādhilī ق est de rang plus élevé que moi par 40 différents types de connaissances».

Ainsi on peut constater qu'Aboū 'l-Hassan al-Chādhilī ق s'abreuvait de 70+40=110 sources ou océans de connaissance.

Finalement, Grandcheikh ق dit (ce que nous expliquerons demain inch*ā'Allāh*): «Pour les *awlīyāullāh* de ce temps, pour chaque lettre du Saint Coran, Allāh ﷻ a 12000 à 24000 océans de connaissance qu'Il ouvrira à vos cœurs et vous guidera à travers une navigation spirituelle». Tel que vous naviguez aujourd'hui au moyen du GPS, Allāh ﷻ permettra à votre âme de naviguer au moyen de navigation céleste. Ces connaissances célestes parviennent aux cœurs des *mourīdes* telle une fine pluie, goutte-à-goutte. Ayant pris la *bayaʿ* avec le cheikh, votre âme reconnaitra la navigation de Mawlana Cheikh. Cependant, tous les disciples la percevront différemment. Certains la percevront sous forme de fine pluie, d'autre sous forme de jet d'eau, par contre pour d'autre, ce sera à la manière d'un orage.

Qu'Allāh ﷻ nous pardonne et nous bénisse.

> *Wa min Allāhi 't-tawfīq, bi hourmati 'l-habīb, bi hourmati 'l-Fātihah.* Qu'Allāh ﷻ nous pardonne par l'honneur du Bien-aimé et l'honneur de la Fatiha.

Les Caractéristiques des Abdaal

A'oudhou billāhi min ach-Chaytān ir-rajīm.
Bismillāhi' r-Rahmāni 'r-Rahīm.
Nawaytou 'l-arbā'īn, nawaytou 'l-'itikāf, nawaytou'l-khalwah, nawaytou 'l-'ouzlah, nawaytou 'r-riyāḍa, nawaytou 's-souloûk,
lillāhi Ta'alā fī hādhā 'l-masjid.
Ati' oūllāh wa ati'oū 'r-Rassoūl wa oūli 'l-amri minkoum.
(4:59)

Allāh ﷻ a créé Ses *awlīyāoullah*, Ses saints et les a doté de rangs distincts. Aucun *walī* n'outrepasse ses limites; chacun connaît son niveau et se réjouit de ce qu'Allāh ﷻ lui a donné. Pourquoi ne vont-ils pas au-delà de leurs limites? Là, demeure une sagesse. Au rang auquel ils sont, Allāh ﷻ met dans leurs cœurs le sentiment et le contentement d'avoir atteint le plus haut niveau quoique ce rang puisse être d'un niveau inférieur à un autre. Ce contentement devient dès lors pour un quelconque *walī* un bouclier contre l'envie d'épier le rang d'un autre. Allāh ﷻ les voile les uns des autres.

C'est pourquoi des 124,000 *awlīyāoullah* qui existent, chacun pense recevoir directement du Prophète ﷺ quoiqu'en réalité, ils prennent de celui qui est à un niveau supérieur immédiat d'eux dans la hiérarchie, ainsi de suite et tous éventuellement reçoivent du Gawth, le *al-Fard al-Jami'*, qui les coiffent tous et est unique dans cette tâche. Ensuite, en allant jusqu'au niveau où Allāh ﷻ leur montre la splendeur du monde de « Jamal », ils voient la beauté dans toute chose, non seulement sur terre mais aussi dans l'univers, et lorsqu'ils l'atteignent, ils ne peuvent rien contempler à l'exception de cette beauté.

Les gens ici disent qu'en art, il y a de la compétition pour connaître le meilleur artiste. À partir de leurs portraits, vous pouvez voir qu'untel artiste est meilleur qu'untel. Lorsque les *awlīyāoullah* voient la beauté de ce qu'Allāh ﷻ a créé, ils ne perçoivent que beauté en toute création, attirés par elle et omniprésente sur la Terre et dans les cieux.

L'admiration que l'on porte aux gens est la résultante de la perception de cette beauté en eux, ce germe, ce *tajalli* qu'Allāh ﷻ a mis en eux qui conduit l'un à s'ouvrir et donner plus à autrui. C'est pourquoi le *walī* est un aimant au sein de la population et rien qu'un regard de lui suffirait pour emporter leurs souffrances. Un tel *walī* transfère cette beauté aux cœurs des gens et leur donne une injection spirituelle afin qu'ils soient sous sa protection au jour du jugement. Non seulement Allāh ﷻ donne cette beauté [à Ses Saints] afin qu'ils en fassent usage pour atteindre le maximum de personnes, mais Il les fait voyager à travers Ses univers et sur cette terre, d'une localité à une autre pour rencontrer d'avantage de personnes plus ou moins égarées afin de les guider au Jardin de la Beauté (*Hazirat-al Jamal*). Quiconque entre dans ce Jardin de Beauté ne peut pas en ressortir.

Ce groupe d'*awlīyāoullah* qu'Allāh ﷻ a mis sur cette terre et dont le but est d'attirer le maximum de personnes au cours de leurs déplacements est composé de cinq pôles (*qoutbs*) opérant sous le *Gawth*. Ils ont le pouvoir de voyager tant dans les dimensions spirituelles que sur terre. Ils peuvent se mouvoir au moyen de pouvoir céleste et matériel suivant la sagesse (*hikmah*) d'Allāh ﷻ. Allāh ﷻ a fait de leurs cœurs un réceptacle de Son secret, *wa atla'tahoum 'alaa chams asraarahoum*. En chaque secret, resplendit un soleil, et chacun d'eux a été doté d'un secret singulier, donc propre à ce *walī* pour lui permettre d'accomplir La Volonté d'Allāh ﷻ (*'iraadatoullah*). Il ﷻ

a rendu leurs âmes saintes et leurs corps purs, célestes et subtils, leur permettant d'être un réceptacle de secrets célestes. Et ils ont un corps matériel dont ils font usage pour transmettre le message qu'ils reçoivent d'Allāh ﷻ par le truchement du Prophète Mouhammad ﷺ.

Allāh ﷻ a doté ces cinq *qoutbs* ainsi que le sixième, le *Ghawth* qui les coiffe, de la capacité à forer à l'instar des chercheurs de diamants. En effet, ces derniers forent souvent jusqu'à des profondeurs allant de 90 mètres jusqu'à 900 mètres. Allāh ﷻ les a doté (ces *qoutbs*) de la capacité à forer au sein des cœurs des gens pour en extraire le mal et le remplacer par le bien. Ne sous-estimez pas le pouvoir des *awlīyāoullāh*; ils sont en mesure d'atteindre quiconque à partir de n'importe quel point. Ils préfèrent atteindre d'avantage de personnes dans le besoin et leur offrir assistance. Allāh ﷻ leur a donné le Pouvoir de Lutter en subordonnant Chaytan (*Qouwwat al-Moujaahadah*), d'éliminer le faux (*baatil*) et d'établir la vérité (*haqq*) dans le cœur des gens, et ceci juste au moyen du pouvoir de leurs yeux.

Sayyidina Ahmad al-Badawi ق couvrait ses yeux car quiconque le regardait droit dans ses yeux s'évanouissait. Lorsqu'il a atteint le summum [de la connaissance], un *qoutb* vint à lui et dit : «Ya Ahmad! Ton secret que tu cherches, la clé de cette porte, Je l'ai». Il répondit: «Je n'ai pas besoin de la clé qui vient de toi, j'ai besoin de la clé venant d'Allah». Le *qoutb* dit: «D'accord, essaie-de l'obtenir (toi-même)». Il s'y mit à la recherche de cette clé mais ce *qoutb* disparu. Finalement, Badawi ق entendit une voix en son cœur: «Ya Ahmad! Cette clé, Ma clé est avec ce *qoutb*. Va le retrouver». Il se mit alors à la recherche de ce *qoutb* pendant six mois mais nulle part il ne le trouva. Le *qoutb* n'avait pas disparu; il demeura près de lui mais Ahmad al-Badawi ق ne pouvait le voir [il se voila de lui]. Ce *qoutb* ne lui donna pas sa clé; pire, il prit tout le savoir d'Ahmad Badawi ق parce que celui-ci fonda les assises de sa connaissance sur son ego.

Montrez-moi une personne aujourd'hui dont la connaissance n'est pas sous l'emprise de son ego. Les 'Oulama des temps-ci sont si fiers de leur savoir qu'ils font précéder leurs noms du titre de «docteur» a priori pour les médecins; alors ils sont '*allamah*, *pir*, professeurs, et tout ceci est une marque de l'ego. Les *awlīyāaullah* par contre bâtissent leur savoir à partir des Océans qu'Allāh ﷻ donne au Prophète ﷺ. C'est à cet effet que Mouhammad al-Bousayrī ق dit: «Chacun puise de l'Océan du Prophète ﷺ». Voici sur quoi reposent nos assises, c'est l'origine de notre '*itimad*: notre soutien vient du Prophète ﷺ, il est notre assise.

Alors ces *aqtāb* sont les plus élevés dans leurs rangs. Nous n'élaborerons pas sur cela pour l'instant mais retenons qu'ils sont les *awliyā* les plus élevés et lorsque l'un décède, il doit être immédiatement substitué par un autre. Ces cinq *qoutb* sont : *Qoutb, Qoutb al-Bilād, Qoutb al-Aqtāb, Qoutb al-Irchād, Qoutb al-Moutassarrif*. Ils ont les yeux [apparence physique (de la tête) et spirituel (du cœur)] rivés sur le *gawth* de qui ils prennent leurs obligations quotidiennes, et le *ghawth* reçoit les ordres du Prophète ﷺ.

Sous le *ghawth* demeurent cinq *qoutbs*, et sous les cinq *qoutbs*, il y a cinq groupes différents d'*awlīyāa* qui sont: *Boudalā, Noujabā, Nouqabā, Awtād*, et *Akhyār*. Ils attendent les ordres du *qoutb* pour les exécuter. Allāh ﷻ a fait d'eux *Ahlou'l-Fadl*, les Gens de faveur et Allāh ﷻ favorise Ses serviteurs. Par conséquent, ils doivent atteindre et partager ces faveurs célestes avec tout le monde.

Ainsi, il y a le Ghawth, cinq *qoutbs* et sous ces cinq *qoutbs* se trouvent ces cinq groupes distincts que nous venons d'énumérer.

Le premier est celui des «*Boudalā*» dont Allāh ﷻ a fait *Ahlou'l-Fadl* et Il les a rendus énormément généreux. Ils distribuent à tous sans se soucier de l'état individuel des gens ni de leur inclination vers le vrai ou le faux. Ils donnent *fī sābīlillāh*, dans la voie d'Allāh ﷻ. Ils sont constamment sur le droit chemin, l'*istiqāmah*. Si vous observez d'eux quelque chose que vous ne comprenez pas, gardez-vous de vous y opposez au prix de perdre car ils sont capables de poser des actes qui dépassent votre entendement. Ils savent la sagesse qui s'y trouvent, et ils ont un but qu'ils recherchent car étant toujours sur, le droit chemin (*istiqāmah*). Si vous empruntez une sortie qui vous mène hors de l'autoroute, vous ne pourriez percevoir ce qui se passe sur la voie principale. Les *awlīyāoullāh* par contre demeurent sur l'autoroute, le droit chemin, *Sirāt al-Moustaqīm*. N'analysez pas ce que dit un *walī* au moyen de votre pensée car Allāh ﷻ a libéré ces *Abdāl* de l'imagination, *khayāl*. *Takhallassou min al-khayalāt*, «Ils se sont libérés de l'imagination». Nous, commun des gens, sommes encore sous l'emprise de l'imagination telle une personne dans le désert qui prend un mirage pour un oasis d'eau. C'est l'imagination (*wahm, khayaal*). Un *walī* saura qu'il n'y a rien. D'où la nécessité d'avoir un guide, vous ne pouvez entreprendre le parcours seul.

Allāh ﷻ leur a donné quatre missions différentes apparentes et quatre autres cachées d'ordre spirituel:

1. La première mission de nature apparente qui incombe aux *Abdāl* est le maintien du silence; ils sont donc silencieux conformément à l'un des dires de Sayyidina Ali ؓ: «Le premier pas pour éviter les péchés est de ne

pas parler, *as-sam't*». Parler, c'est faire étalage de votre ignorance. Que signifie «ne pas parler»? Il ne s'agit pas ici de s'abstenir uniquement de parler aux gens mais aussi de ne pas laisser son cœur être envahir par les mauvaises pensées envers autrui (*souw al-khaatir*). Le silence, *samt*, doit se faire à la fois au moyen de la langue et du cœur. Combien de fois avons-nous de mauvaises pensées envers autrui et disons du mal d'eux? Ces commérages *chaytaniques* nous viennent constamment en cœur ou à l'esprit et nous conduit à enfreindre aux droit des autres, *haqq al-aakhirin*. A cet effet, Allāh ﷻ donna à l'*abdaal* le pouvoir de garder le silence et c'est pourquoi vous ne les connaissez pas quoiqu'ils puissent être en votre présence. Ils peuvent même prendre l'apparence d'une personne qui vous est familière ou non.

2. En deuxième lieu, Allāh ﷻ leur a conféré le pouvoir de *sahr*, c'est-à-dire la capacité de veiller toute la nuit. Peux-tu rester éveillé toute la nuit [question posée à quelqu'un dans l'assemblée? Toi, *machaa-Allah*, tu dors le jour comme la nuit! (rires)]. Cette faculté ne se limite pas seulement au corps mais aussi leurs cœurs ne s'endorment point. Mieux, leurs cœurs demeurent continuellement au service de Allāh ﷻ. Tel que rapporté par Ahmad dans son Mousnad, le Prophète ﷺ a dit: «Lorsque vous êtes dans la jungle ou dans le désert et que vous avez peur, appelez *'ibaad-Allah*, *Abdal*, les substituts, *rijaal-Allah*. Ils viendront et vous soutiendront». Nous sommes cernés de jungle. Etre parmi des gens ou dans des assemblées est synonyme de jungle dans la mesure où l'on est confronté à différentes croyances, pensées, actions et idées; une jungle de

mauvais et bas-désirs. Alors, Allāh ﷻ donna à ces *Abdal* le pouvoir d'aller partout car la jungle est omniprésente; Il n'y a pas de lieu pur dans ce bas-monde. Certes, *Balad al-Haraam*, la Mecque est pure, de même que Médine, *Masjid-al-Aqsa* et Cham (Damas). Allāh ﷻ nous a donné lieux-ci. Cependant, les actions et les agissements des gens ces temps-ci en ces lieux augustes n'obéissent pas à la norme. La manifestation de la jungle y est palpable, par conséquent, le besoin *d'awlīyāaullah*, d'*Abdaal* s'avère nécessaire. Ces saints reçoivent les ordres des *qoutbs* et les mettent en exécution: «Faites ceci, rendez-vous en ce lieu, apparaissez dans tel ou tel endroit». Parfois, ils font usage de moyens normaux, apparents et parfois ils font usage de moyens spirituels. Ils leur répugnent de faire des *karamah*, des miracles; ils préfèrent plutôt afficher la normalité vis à vis des gens. Allāh ﷻ leur a donné le pouvoir du *sahr 'ala raahat an-naas*. Lorsqu'un nouveau-né est malade, vous restez à son chevet à l'hôpital toute la nuit. Similairement, conformément à leur devoir, les *abdal* ont un regard sur tout le monde sans distinction au moyen de leur pouvoir spirituel afin d'élever celui qui perd sa foi ou qui failli à ses devoirs au cours de la journée.

3. *Al-joo'*, la faim est l'une de leurs caractéristiques. Ils mangent lorsqu'il y a de la nourriture, et s'il n'y en a pas, ils ne s'en soucient pas. Ils aiment compatir avec les pauvres, les démunis, ceux qui sont sans nourritures. J'ai vu cela en Grandcheikh ق et en Mawlana Cheikh Nazim ق; ils ne mangent pas alors que nous autres emplissons nos estomacs et broutons.

4. Ils s'isolent constamment. Ils ont cette caractéristique d'être éloigné des gens. Lorsqu'ils ont besoin d'apparaître, ils apparaissent. Leur discours est uniquement le *dhikroullah*. Leurs langues sont affairées avec le Nom d'Allāh ﷻ, soit *Allah Allah, la ilaaha illa-Llah* ou les *salawat* sur le Prophète ﷺ. Ils font le vigile la nuit car étant affairés à rentrer en contact avec les besogneux lorsque tout le monde est endormi. Ici, le sens spirituel de dormir est *ghaflah*, être indolent, caractéristique qu'ils n'ont pas. Ils ont le regard continuellement rivé sur les cinq *qoutbs*, les cinq *qoutbs* ont toujours le regard rivé sur le *ghawth* et le *ghawth* a le regard rivé en permanence sur le Prophète ﷺ.

Il est important de bien comprendre ces caractéristiques des Abdal susmentionnées, et par ailleurs les réactions et interactions des *awlīyāullah*. Certains d'entre vous aiment les anecdotes, d'autre préfèrent autres choses. Dans tous les cas, nous avons abordé cet important sujet, donc nous devons le finir

Wa min khawaas al-abdal man safara mina 'l-qawmi mawd'eehi wa man taraka jasadan 'ala suratih. Les caractéristiques dont nous parlerons ici sont le don d'Allāh ﷻ au noyau de *wali*s parmi les Abdaal. Les Abdaal sont au nombre de quarante ou sept selon les variantes du hadith. Les élites parmi les abdaal sont à même de se déplacer en se dédoublant pour atteindre les besogneux et les assister. C'est pourquoi vous pouvez voir un *walī* ayant l'air endormi, mais il n'en est rien sauf que son âme a quitté son corps. Ne le réveillez pas donc dans cet état à moins d'avoir reçu de sa part une injonction précise du genre «réveille-moi à tel moment» auquel cas vous servez d'alarme pour le ramener.

Mais sans une injonction de sa part, abstenez-vous de le réveillez.

Je fus témoins d'une telle scène avec Grandcheikh ق et Mawlana Cheikh Nazim ق. Une fois, je passais près de la fenêtre de la chambre de Grandcheikh ق en allant à une session de *dhikr*. Je fus partagé entre deux pensées qui m'animaient. Une qui m'exhortait à y jeter un coup d'œil et l'autre qui me l'interdisait. Il est difficile de vaincre ce genre de sensation, et si vous ne regardez pas non plus, l'opportunité vous échappe. Alors j'ai regardé et j'ai vu Grandcheikh ق assis comme ceci [le Cheikh montra la posture] avec sa bouche ouverte. J'étais choqué de voir ce qui s'y passait; de sa bouche sortait de la brume comme on l'observe en hiver, mais c'était une brume de lumière. De sa tête, c'était une couleur verdâtre et de sa bouche sortait une couleur blanchâtre et les deux s'entremêlaient comme un arc-en-ciel. Tout le plafond avait disparu et cette manifestation s'élevait à travers cet univers jusqu'à disparaitre de portée des yeux. À ce moment, je fus pris d'effroi et tremblais [et je me suis dit]: «Pourquoi regardes-tu ce qui ne t'est pas permis? Va-t'en d'ici». *Alhamdoulillah*, j'ai eu l'opportunité d'être témoin de ceci, je ne l'ai pas ratée. Fasse qu'Il continue de nous épauler, *yaa Rabb*! Donne une longue vie à Mawlana Cheikh.

Ce faisant, lorsque les *awlīyāullah* vous semblent endormis sur un lit, à même le sol ou étant sur une chaise, gardez-vous de les réveiller car ils ne sont pas présents. Etant en retraite spirituelle, Grandshayk ق a abandonné son corps pendant sept jours et s'est en allé avec Shah Naqchband ق lorsque celui-ci lui ait apparu dans une vision. Il abandonna son corps pendant sept jours, qui demeura inerte. Son épouse [ayant aperçu cela] courut chez Grandcheikh Charafouddin ق, l'oncle de Grandcheikh et dit: «Abdoullah Effendi est mort».

Grandcheikh Charafouddin ق lui répondit: «Non, il n'est pas mort. Laisse-le, il sera de retour dans sept jours».

Les *awlīyāoullah* ont ce pouvoir. Acceptez leurs conseils. Dans toute circonstance où vous ne recevez pas d'injonction directe d'eux, agissez de la manière qui vous semble la plus appropriée, mais sachez que «*Al-amrou fawq al-adab*, l'injonction prévaut sur le bon comportement». [Par exemple], l'éthique vous demande de ne pas boire du verre [du Cheikh]. Cependant, si votre Cheikh vous dit: «bois», faites-le. Ne dites pas: «O Cheikh! C'est votre verre, ce n'est pas le mien». Si le Cheikh vous ordonne de vous rendre à un endroit, rendez-vous y. N'objectez pas. C'est un ordre qui prime sur les bonnes manières. Pour le Cheick, son ordre est d'une importance capitale comparativement à votre jugement car cet ordre est dérivé de sagesse.

Grandcheikh ق a dit: «Je n'ai jamais donné d'ordre sauf à deux de mes élèves». Il disait: «Nazim Effendi et Houssein Effendi». Ils n'ont jamais eu de doute. Lorsqu'un Cheikh vous donne un ordre, n'essayez pas de l'évaluer avec votre pensée. Ne dites pas: «Je suis affairé à faire ceci ou cela». Non, exécutez l'ordre immédiatement.

Un jour il m'a dit: «Je veux que tu m'emmènes au centre-ville en voiture». J'abrégerai l'histoire. Voulez-vous l'entendre? [Oui, répondit l'audience avide de l'entendre]. Je l'ai mentionné auparavant.

Alhamdoulillah, mon frère aîné et mon père aimaient les voitures; par conséquent nous avions toujours les derniers modèles, une dizaine de voitures. Chaque année, nous en avions de nouvelles, nous les changions. Une année, nous avons acheté une voiture de luxe, très chère, une voiture de sport, et c'était une Jaguar. Mon frère et moi avions décidé: «Allons voir Mawlana avec cette voiture». Alors nous sommes allés. A notre arrivée, nous sommes montés le voir et il dit:

22

«Aujourd'hui, j'ai envie d'aller avec vous au marché. Emmenez-moi». Nous avons dit : «D'accord». Nous étions contents à l'idée de l'avoir dans cette voiture de luxe, c'était une petite voiture, une voiture de sport. Il est descendu et dit: «Qu'est-ce que c'est? C'est une poubelle! Pensez-vous que c'est une voiture, çà? Les Naqchbandis doivent avoir la meilleure. Changez-la, allez chercher une voiture plus grande». Nous sommes donc allés au marché. Il dit: «Je veux acheter du bois». Les gens coupaient du bois et le vendaient. Alors Mawlana Cheikh a rempli la voiture de bois et tous les débris se répandaient sur le coffre ainsi que l'un des sièges. Il dit: «La prochaine fois, ne venez pas avec cette voiture, apportez une voiture plus grande». C'était un enseignement qu'il nous prodiguait: «N'ayez pas en cœur l'amour de ce bas-monde, *dounya*».

Pour nous, c'était la meilleure voiture, mais il inculquait à notre esprit que la *dounya* ne doit pas être *akbar hamminaa*, que la *dounya* ne doit pas être notre préoccupation majeure. Alors la fois suivante, notre père acheta une Lincoln Continental, une grande voiture avec des sièges de couleur beige et nous nous sommes dit: «*Alhamdoulillah*, Louange à Allāh, nous irons avec cette voiture». Nous sommes allés en Syrie et Grandcheikh ق dit: «*Yaa awlaad*, je veux aller acheter quelque chose au marché». Alors nous l'avons emmené dans cette voiture et il dit: «Celle-ci est une voiture. Je peux y entrer et me sentir bien; c'est le genre de voiture pour les Naqchbandis». Ainsi, ils veulent que leurs disciples soient les meilleurs. Si vous n'avez pas les moyens, c'est compréhensif mais agissez et parlez de la meilleure façon afin que les gens soient témoins de l'excellence de cette *tariqah*. N'ayez pas l'air indigent, c'est-à-dire dans votre apparence mais ayez plutôt l'air riche (*moutahammis*), ayez le zèle (*yazal*), montrer que vous avez une position illustre dans cette tariqah et que vous n'êtes pas une personne de piètre caractère et dont le comportement laisse à désirer. Ayez des manières riches: accepter et ne renier pas, donner et ne soyez pas insatiable, ayez de l'amour pour tous et tendez vos mains à tous. S'il vous est offert ce que vous n'aimez pas, ne le retournez pas. Maintenez de bons rapports avec autrui. Pendant sept ans, le Prophète ﷺ avait un voisin qui lui jetait des déchets à sa porte, mais il ne s'en plaignît jamais. Chaque matin à l'heure de Fajr, la prière de l'aube, il voyait le déchet, le prenait et n'en parlait à personne. Finalement, après sept ans, ce voisin était mourant, le Prophète ﷺ alla lui rendre visite. Ce voisin dit: «Oh Rassouloullah, cela fait sept ans que je vous ai causé du tort. Si tel est l'Islam, alors j'accepte l'Islam». Tel est l'enseignement des *awlīyāoullah*.

Alors, Grandcheikh ق dit: «Emmenez-moi au marché de charbon». Il y a deux types de charbon: le charbon de bois et le charbon de mine. Il acheta des sacs de charbon et dit au marchand: «Mets-les dans le coffre», et ce coffre devint noir dû au résidu de charbon. Et comme si cela n'était suffisant, il mit du charbon sur les sièges et la couleur des sièges changea du beige au noire. Il était content et nous regardait pour voir notre réaction. Que dire ? Par de telles actions, ils vous disent: «Ne portez pas de jugement à nos actions car elles sont accompagnées de sagesse». Ici, le message de son geste était: «Ne souillez pas vos cœurs comme ces débris de charbon; maintenez votre cœur purifié». S'ils vous recommandent de poser un acte, faites-le. S'ils vous l'interdissent par contre, ne le faites pas. C'est ainsi que vous réussirez.

Nous continuerons demain matin *inchaa-Allah*. Qu'Allāh ﷻ nous pardonne et nous garde sous la miséricorde de Son Prophète Sayyidina Mouhammad ﷺ et sous la miséricorde des *awlīyāoullah*. C'est la clef de notre réussite.
Sayyidina Mouhammad al-boussayri ق dit :

Touba lana maʿahshar-Islaami inna lana min al-inayaatai rouknan ghayra mounhadim. Bonnes nouvelles pour nous, les gens de l'Islam.

Il ق dit: *maʿahchar al-Islaam* (les gens de l'Islam), et non *maʿahhar al-mouslimin*, les Musulmans. Alors, les gens de l'Islam sont ceux qui acceptent l'Islam avec sa perfection. Les musulmans n'ayant pas encore parfait leur Islam ne sont pas inclus dans cette formule ici de «gens de l'Islam» et par conséquent, ne peuvent accéder pour l'instant à cette félicité. Elle est réservée aux «gens de l'Islam. Egalement exclus de cette nouvelle sont ceux qui s'attèlent à médire autrui en leur absence. Il dit: «*Inna lana min al-inayaati*» Allāh ﷻ nous a accordé de Sa bénédiction infinie un pôle de soutien qui ne fléchi jamais: le Prophète ﷺ.

Oh Musulmans! O auditeurs (comme le dit Mawlana)! Si nous perdons l'amour des *Ahlou'l-Bayt*, alors nous perdons l'amour du Prophète Mouhammad ﷺ comme c'est dit dans le Saint Coran:

Qoul laa assaloukoum ʿalayhi ajran illa 'l-mouwaddata fi 'l-qourba.
Dis: «Je ne vous en demande aucune récompense si ce n'est l'affection de ceux [avec des liens] de parenté». (42:23).

Dis, O Mouhammad! «Je ne demande rien en retour pour quelconque *dawa* que je vous apporte. Je ne demande rien, je vous donnerai tout. Toutefois, je ne vous demande qu'une chose: aimez ma famille. Aillez de la compassion (*woud*), des émotions et l'amour pour ma famille. Où est l'amour pour la famille du Prophète ﷺ aujourd'hui? Où êtes-vous *Ahl as-Sunnah wal-Jamaʿah* en ce qui concerne l'amour de la famille du Prophète ﷺ? C'est un ordre que nous avons reçu. Allāh ﷻ dit dans le Saint Coran: *Qoul laa asaloukoum* 'alayhi ajran illa 'l-mouwaddata fi 'l-qourba. «Je ne demande rien pour ce que je fais pour vous sauf d'aimer ma famille et de prendre soin d'elle» jusqu'au jour du jugement. Le faites-vous ? Où sont les *Ahlou 'l-Bayt*? Répertoriez-les, faites une liste si vous le pouvez. Il doit y en avoir des millions d'*Ahlou 'l-Bayt* de nos jours. Avez-vous un lien avec eux? C'est ce que le Prophète ﷺ demande: «Je vous demande uniquement de les aimer». Cela veut dire que vous devez les chercher et surtout les *Ahlou 'l-Bayt* qui sont *awlīyāoullah*. Les cherchez-vous?

Notre message est le suivant: Allāh ﷻ a mis des *awlīyāoullah* partout dans le monde pour nous guider aux *Ahlou 'l-Bayt*, pour les voir et prendre la *barakah* d'eux. La plupart, sinon tous les *awlīyāullah*, sont d'*Ahlou 'l-Bayt*. Prenons le cas de Sayyidina Salman al-Farsi ؓ qui ne fut pas relié au Prophète ﷺ par le sang mais le Prophète ﷺ fit de lui un membre de sa famille du fait de son amour pour lui, et il est dès lors considéré être des *Ahloul Bayt*. Le Prophète ﷺ dit dans un hadith authentique: « Je vous laisse deux choses avec lesquelles vous ne perdrez jamais la voie: *kitaAboūllah*, le Livre d'Allāh ﷻ et *'itrati*, ma famille ». Il a élevé sa famille au rang du Livre d'Allāh ﷻ. Prenez soin des *Ahlou 'l-Bayt*. Si vous êtes *'oulama*, vous savez qu'Il les a honorés par le simple fait d'être *Ahlou 'l-Bayt*. Etre des *Ahlou 'l-Bayt* n'est pas donné à tous. Allāh ﷻ leur a donné cet amour du Prophète ﷺ et les respecter incombe à tous. Qu'Allāh ﷻ nous donne le respect nécessaire pour les *Ahlou 'l-Bayt* et nous bénisse.

Bi hourmati 'l-habib, bi hourmati 'l-Fatihah, par l'honneur du Bien-aimé, par l'honneur de la Fatiha.

La Connaissance du Goût et la Connaissance Livresque

*A'oudhou billāhi min ach-Chaytān ir-rajīm.
Bismillāhi' r-Rahmāni 'r-Rahīm.
Nawaytou 'l-arbā'īn, nawaytou 'l-'itikāf, nawaytou'l-khalwah, nawaytou 'l-'ouzlah, nawaytou 'r-riyāḍa,
nawaytou 's-souloûk,
lillāhi Ta'alā fī hādhā 'l-masjid.
Ati' oūllāh wa ati'oū 'r-Rassoūl wa oūli 'l-amri minkoum.
(4:59)*

Man dhaaqa zhafar, wa man lam youdhiq khasir. Celui qui goûte jouira du succès ou sera victorieux, et celui qui ne goûte pas perdra; aucune comparaison ne saurait être établie entre «gagner» et «perdre». Le premier appréciera la saveur et le goût de la nourriture alors que le second est tel un patient dont la bouche a perdu le sens du goût. Que vous lui donniez la meilleure des nourritures ou de l'herbe, il ne peut faire la différence. Ce que lui importe est de remplir son estomac tel nourrir quelqu'un par un tube œsophagien pour le maintenir en vie. Si vous donnez de l'herbe à celui qui jouit du sens du goût, il vous dira: «Non, merci de votre générosité, donnez-moi plutôt quelque chose de meilleure». Il a le sens de la saveur et il appréciera mieux ce qu'Allāh ﷻ lui a donné.

Les *awlīyāullah* sont ceux qui sont dotés du sens du goût. Pour ceux qui n'ont pas atteint ce niveau, il est très difficile de le leur expliquer car ils ne le ressentent pas. Cela se réduit exclusivement à *'Ilm al-Awraaq*, la Connaissance livresque, celle dépourvue de tout goût. Il n'est pas donné à tous d'accéder à

'Ilm al-Adhwaaq, la Connaissance du Goût parce que subsiste en nous un problème que nous sommes incapables de surmonter: nous laissons notre ego nous dominer alors que les *awlīyāullah* ont dompté les leurs. Allāh a dit dans le Saint Coran:

> *Wa a'aida lahoum mastata'toum min qouwwah tourhiboona bihi 'adoowouAllāh wa 'adouwakoum.*
> *Et préparez [pour lutter] contre eux tout ce que vous pouvez comme force et comme cavalerie équipée, afin d'effrayer l'ennemi d'Allāh et le vôtre.* (8:60)

L'électricité a une force capable d'électrocuter au toucher. L'énergie que nous recevons d'Allāh est un soutien essentiel. Lorsqu'Allāh dit «Préparez contre eux le pouvoir», il s'agit du pouvoir d'assommer jusqu' à l'anéantissement son ennemi, voire le tuer. Lorsqu'Allāh ordonne quelque chose, cet ordre s'accompagne de moyens subséquents, et ce soutien divin reste indéfectible. Les *Awlīyāaullah* se saisissent de ce soutien plutôt que de s'en remettre à leurs propres capacités, car ce support émane de l'Océan de Pouvoir d'Allāh, *Bahr al-Qoudrah*. Lorsqu'ils puisent de cette source, ils sont soutenus contre leur Chaytan et Chaytan court après tout le monde. **Le Prophète** dit: «Je suis le seul sur terre qui *aslaamtou Chaytan*, j'ai soumis mon Chaytan à ma volonté». Qui est le plus grand ennemi du Prophète ? C'est celui qui a refusé de faire la *sajdah*. Lorsqu'Allāh ordonna aux anges de faire la *sajdah* à Adam, *Chaytan* refusa par jalousie de la lumière de Mouhammad qu'il vit sur le front d'Adam. Il refusa, interrogeant «pourquoi doit-il occuper le *Maqaam al-Mahmoud* et non moi?» à la suite duquel Allāh le maudit. Le Prophète dit: «j'ai dompté mon *Chaytan*». Cela se traduit par : «j'ai soumis mon Iblis à ma volonté». «Iblis! Saches que je suis Mouhammad; Allāh m'a donné le *Maqaam al-Mahmoud* et Il

m'a envoyé comme miséricorde pour l'humanité! Quel que soit le zèle dont tu feras usage contre ceux de ma *oummah*, ils me reviennent, et tu n'y réussiras point car la *oummah* est mienne. Quel que soit ce à quoi tu les inciteras, je les conduirai au Paradis». C'est une certitude que le Prophète ﷺ ne laissera personne sans la *chafa'ah*. Le Prophète ﷺ a dit:
Shafa'ti li ahl al-kabaa'ir min oummati, Ma *chafa'ah* est pour les grands pêcheurs de ma *oummah*. (Tirmidhi)

Ceux qui sont responsable de péchés mineurs sont d'office inclus dans ce hadith car tous, nous péchons. Tous, avons l'obligation de nous atteler à assujettir notre Chaytan bien qu'Allāh ﷻ octroya la *chafa'ah* au Prophète ﷺ et que ce dernier conduira la *oummah* au Paradis. Nous ne devons pas relâcher notre emprise sur lui. Ne relâcher pas les rênes de votre cheval. A défaut de tenir le cheval lui-même, tenez fermement les rênes.

Allāh ﷻ (swt) a dit: *Wa a'idda lahoum masta'taoum min qouwwah. Préparez [pour lutter] contre eux tout ce que vous pouvez comme force et comme cavalerie équipée.* (Cela veut dire): «Quel que soit ce que vous êtes en mesure de faire ou d'apprêter, faites-le». Ceci est synonyme qu'Allāh ﷻ ne vous imposera pas une charge supérieure à ce que vous pouvez porter. Allāh ﷻ est «*al-Ghafour*» et «*Arhamou 'r-raahimin*». Usez de tout ce qui est en votre capacité pour luttez contre Chaytan! Ne voyez pas aux gens des ennemis. Aujourd'hui, ils disent: «un tel pays est un ennemi pour nous», générant ainsi de l'antipathie:
faman 'afaa wa aslaha fa ajrouhou 'ala Allāh. La sanction d'une mauvaise action est une mauvaise action [une peine] identique. Mais quiconque pardonne et réforme, son salaire incombe à Allāh. Il n'aime point les injustes! (Sourat ash-Shoura, 42:40)

Pourquoi vous faire des ennemis? «Je crée une navette spatiale, tu en fais autant. Je fais une bombe atomique, tu en fais autant». Quel en est le but? C'est une façon d'afficher son arrogance et de pouvoir dire: «Je suis plus fort que toi. Je veux que tu sois à mes pieds». C'est ainsi que nait l'inimitié. Allāh ﷻ vous dit que votre ennemi n'est nul autre que Chaytan. Alors si vous désirez réussir, mettez à votre disposition tout ce qui est nécessaire pour cette lutte. C'est à l'image de la difficulté à démarrer une voiture en hiver lorsqu'il fait froid. Vous essayez de la démarrer à maintes reprises sans succès jusqu'à ce que vous y arriviez. Vous persistez jusqu'à ce que finalement la batterie s'épuise. Similairement, Allāh ﷻ vous demande de lutter jusqu'à l'épuisement de votre batterie. A ce stade, vous serez soumis à Allāh ﷻ. Ne perdez pas espoir! Allāh ﷻ a dit: *min ribat al-khayl*, «préparez les rênes». Il n'a pas dit: «Préparez uniquement les chevaux». Vous avez besoin d'un cheval pour combattre votre ennemi, ce qui veut dire que vous avez besoin d'un véhicule.

O musulmans! Sachez que chaque mot dans le Saint Coran véhicule un sens qui ne se limite pas seulement à celui qui vous vient à l'esprit mais plutôt des milliers de sens. Il vous a instruit d'asseoir votre pouvoir puis d'apprêter vos véhicules, les chevaux, vos rênes. Comment contrôlez-vous ce cheval? Vous avez besoin d'un véhicule qui puisse vous conduire où que vous vouliez et qui est sous tutelle d'une autorité. Une auto, [qu'elle ait une boite de vitesse automatique ou manuelle] est munie de freins et d'un volant. Elle ne peut rouler sans un volant. De même dans l'avion, il y a tout ce qui est nécessaire pour un vol parfait.

On pourrait citer l'exemple d'un des *awlīyāullah*, Sayyidina Abayazid al-Bistami ق, qui avait atteint le summum à son

époque. Il était à mesure d'entendre des voix célestes. Une fois, Il était à l'intérieur de la Ka'aba et s'était saisi de la chaîne ronde qui permettait d'ouvrir sa porte; il disait: «*Yaa Rabbi*! Donne-moi la permission, rien que cinq minutes pour m'emparer d'Iblis. Je l'attraperai et l'enchaînerai afin qu'il ne puisse pas courir après *oummat an-nabi*». Si un *walī* a ce pouvoir, que pensez-vous alors des autres *awlīyā*? Allāh les a dotés de pouvoir tout au long de leur préparation.
Une voix l'interpella au cœur: «*Ya* Bayazid, pourquoi demandes-tu cela? Penses-tu que je ne peux immobiliser Iblis? A tout moment, si Ma Volonté de l'arrêter se manifeste, il fondra immédiatement. Il disparaitra de cet univers. *Ya* Bayazid! Regarde au-dessus de toi, le *moultazam*, à la porte de la Ka'aba».
Il leva les yeux puis s'évanouit. Allāh le laissa dans cet état et après un moment, il retrouva sa lucidité et commença à ramper autour de la Ka'aba, disant : «*Yaa Rabbi 'afwak wa ridaak*», Ton Pardon et Ta Miséricorde. Je me suis induis en erreur en m'ingérant dans la manifestation de Ta Volonté. Je demande pardon».
Allāh dit: «*Yaa* Bayazid ! Ce que tu as vu est la Manifestation de Ma Miséricorde qui descend sur Ma Maison».

Taahhir bayti li 't-taa'ifin wa 'l-'akifin wal wa 'r-rouka'i 's-soujoud.
«Purifiez Ma Maison pour ceux qui tournent autour, y font retraite pieuse, s'y inclinent et s'y prosternent.» (2:125)

«J'envoie cette Miséricorde sur Ma Maison. *Yaa* Bayazid! Si tu immobilises Iblis, personne ne fournira d'effort alors que je donne Ma Miséricorde à ceux qui font des efforts. S'il n'y a pas de Chaytan, les gens vivraient une vie Paradisiaque, étant tous au même niveau. Alors, je les laisse faire des efforts pour que Ma Miséricorde se manifeste sur eux. Lorsque Ma Miséricorde se manifeste, ceux qui reçoivent plus sont plus proches, ceux qui en reçoivent moins sont plus éloignés». C'est pourquoi les *awlīyāullah* se préparent pour accéder à ce pouvoir: cette possibilité de préparation pour «accéder à votre pourvoir est à portée». Parfois, que ce soit dans votre véhicule, à domicile ou ailleurs, vous pouvez avoir une télécommande sur laquelle est libellée une touche «Power». Si vous n'activez pas cette touche, rien ne fonctionne quel que soit ce que vous manipuler. Dès que vous appuyez sur la touche «Power», toutes les autres touches fonctionnent quelque soient leur nombres. Prenons le cas d'une navette spatiale. Combien de milliers de touches regorge-t-elle? Cependant, toutes ces touches ne peuvent fonctionner que si la touche principale est activée. Si vous y arrivez, alors tout vous est ouvert et vous pouvez tout savourer. La touche de 10 watts, 20 watts, 30, 240, 360 ou 1000 volts, 10 méga volts ou 100 méga volts, selon la puissance de votre touche principale.

Allāh a dit : «O Bayazid! Quel que soit la quantité que j'envoie, et tant que les gens font l'effort de lutter contre leurs egos et se purifier, ils recevront cette *rahmah*!»

Pourquoi Allāh recommande à Oummat an-Nabi ou toute l'humanité la circumambulation de Sa Maison? Pourquoi devons-nous y rendre pour une circumambulation? Est-ce une circumambulation autour de simples murs? Qu'est-ce qu'il y a à l'intérieur? Certaines personnes y entrent et l'aperçoivent similaire à l'extérieur. Ce qui y n'est pas visible à tous, c'est comme un rayon-X, invisible à l'œil nu mais discernable par la machine. La faculté visuelle d'une machine est-elle meilleure que la nôtre? Non. Alors pourquoi nos yeux ne peuvent-ils pas percevoir contrairement à la machine? C'est parce que la touche pour nos yeux n'a pas été activée. Vous appuyez sur la touche de la machine pour lui donner du pouvoir. Les *awlīyāaullah* ont déjà activé cette touche. C'est pourquoi ils expliquent les cinq différents types d'*awlīyā* et les différents groupes qu'ils forment. Tous sont sous l'autorité d'un leader tout comme tous les prophètes sont sous l'autorité du Sceau des Messagers, Sayyidina Mouhammad ﷺ. Tous les *awlīyā* sont sous l'autorité du *ghawth* qui hérite du cœur du Prophète ﷺ. Sa touche est dominante et sous son autorité sont les cinq *qoutbs* en-dessous desquels existent cinq groupes d'*awlīyāullah*. Nous avons mentionné les cinq *qoutbs*: Qoutb, Qoutb al-Bilaad, Qoutb al-Moutasarrif, Qoutb al-Irshaad, et Qoutb al-Aqtaab. Sous chaque qoutb il y a un leader de groupe: chef de Boudalaa, chef de Noujabaa, chef de Nouqabaa, chef d'Awtaad et chef d'Akhyaar. En dessous de chacun d'eux viennent 70,000 *awlīyāa* qui sont répartis et tous ont des touches de pouvoir. Certains en ont plus, d'autres en ont moins. Ils se sont préparés et ont acquis ce pouvoir. Leurs guides sont leurs véhicules. C'est pourquoi il est très important d'avoir un moyen de transport. Il vous faut *qouwwah, wa a'idda lahoum*, et Il a rajouté à ce sujet *wa min ribaati 'l-khayl*, «des rênes de chevaux». Cela veut dire que vous avez besoin d'un véhicule avec des rênes qui vous conduiront en sécurité. *Tourhiboon bihi 'adoowoullah wa 'adouwakoum*, «Vous «sèmerez» la terreur dans (le cœur) des ennemis d'Allāh ﷻ et des vôtres». Qui est l'ennemi d'Allāh ﷻ? C'est *Iblis*; et qui sont les ennemis des êtres humains? Ce sont les démons, les malfrats de *Chaytans* et *Iblis*. Comment les terroriser? En évitant de leur tendre l'oreille. Ce faisant, ils s'acharnent d'avantage contre vous. C'est ce qui arriva à Sayyidina Aboū Yazid al-Bistami ق.

Une fois, il visitait Madinah al-Mounawarra, le *maqaam* du Prophète ﷺ et il y eut une pluie diluvienne. Il vu une personne munie de nombreuses rênes et les distribuant aux visiteurs. Il enfilait à chacun une rêne sur la bouche. Aboū Yazid ق apposa un regard ordinaire sur cette personne; c'était un homme offrant des rênes comme celles dont on fait usage sur les chevaux. Puis, usant de son pouvoir, il l'observa de nouveau et découvrit que c'était *Iblis*. Il y a une porte d'entrée dans le cœur de chaque personne où il peut s'infiltrer. *Thoumma aamanou, thoumma kafarou*. Parfois nous croyons, parfois nous sommes mécréants; un pied par ci et un pied par là. Nous espérons toujours être sur le bon côté et lorsque nous sommes sur le mauvais côté, nous espérons le pardon d'Allāh ﷻ.

Aboū Yazid ق dit: «As-tu des rênes pour moi?»
Iblis répondit: «Oh Bayazid! J'ai des rênes pour tous ceux-là mais toi, je te prendrai comme monture sans avoir recours à des rênes!». Il Profita de cet instant précis d'inattention pour l'avoir. Les *awlīyāoullah* ne sont pas *ma'soum* (innocents) comme les prophètes. En un bref moment, il chuta.
Il dit: «Je n'ai pas besoin de rennes pour te chevaucher, c'est facile». Aboū Yazid ق le maudit en disant : «O toi *mal'oon*!»

Il a plut sans arrêt plusieurs jours ci-après. Là-bas, la terre n'absorbe pas immédiatement l'eau ruisselante, créant ainsi des ruisseaux profitables aux résidents. Médine était inondée, l'eau arrivait jusqu'au cou des gens. J'ai vu cela une fois à la Mecque. Toute la Mecque était inondée et dans la Ka'aba, l'eau montait jusqu'au cou. Ce fut lorsqu'on faisait le *tawaaf* avec Mawlana Shaykh Nazim ق en 1979. Nous avons fait le premier *tawaaf*, puis le second, le troisième et au début du quatrième *tawaaf*, Shaykh Nazim ق s'arrêta. Il leva ses mains et dit: "Oh Allāh ﷻ! Nous avons fait le chemin jusqu'ici. Envoie-nous Ta Miséricorde, envoie-nous de la pluie ». Il fit ensuite une *dou'a* dont je n'avais jamais entendue de semblable, une *dou'a* très puissante. Dès qu'il termina sa *dou'a*, on entama le quatrième *tawaaf*. Dès qu'on a passé le *Hajar al-Aswad*, des nuages vinrent de partout, formèrent un orage et il commença à pleuvoir. Il n'y eut aucune possibilité de drainer l'eau de pluie. La Ka'aba fut inondée, le Haram fut inondée d'eau arrivant jusqu'à notre cou. Je fus témoin de cela. Alors, lorsque Médine fut inondé d'eau, Aboū Yazid ق vit un vieil homme en difficulté et lui demanda : «Oh! Puis-je vous aider?»

Il répondit: «Je dois traverser d'ici à là-bas». Aboū Yazid ق dit: «D'accord, je vais te porter» et Aboū Yazid le pris au dos. Lorsqu'ils arrivèrent de l'autre côté et Aboū Yazid ق l'aida à mettre pieds sur terre, ce dernier se tourna et dit: «Tu vois Aboū Yazid! Je t'avais dit que j'allais te mener sans rênes!»

Pour un moment d'inadvertance, il a dû payer ce grand prix. Allāh ﷻ a doté les *awlīyāullah* d'un pouvoir acquis au terme d'une préparation pour vaincre Chaytan pour le bien être de la *oummah*. Il s'agit de ceux qu'on décrivait hier, les Boudalaa, les premiers types d'*awlīyā* après les *qoutbs*. [Ces saints ont] beaucoup de pouvoirs, autant spirituels qu'apparents; nous avons mentionné et expliqué certains hier. Ceci n'est qu'une «parenthèse» pour faire comprendre que ce que nos explications s'appuient sur nos notes que nous avons prises mais la réalité est que Mawlana veut que nous puissions goûter à sa parole. Il est très difficile de comprendre comment ces *awlīyā* fonctionnent. L'objectif est de montrer qu'il existe ce genre de personnes qu'Allāh ﷻ a doté de pouvoir pour le bien être de l'humanité.

Qu'Allāh ﷻ nous pardonne et nous bénisse. Nous continuerons la prochaine fois *incha-Allāh*.

Wa min Allahi 't-tawfiq, bi hourmati 'l-habib, bi hourmati 'l-Fatihah

ಸಂ 35 ೞ

Les Saints demeurent dans ce qu'Allāh ﷻ Aime

Aʿoudhou billāhi min ach-Chaytān ir-rajīm.
Bismillāhi' r-Rahmāni 'r-Rahīm.
Nawaytou 'l-arbāʿīn, nawaytou 'l-ʿitikāf, nawaytou'l-khalwah, nawaytou 'l-ʿouzlah, nawaytou 'r-riyāḍa, nawaytou 's-souloûk,
lillāhi Taʿalā fī hādhā 'l-masjid.
Atiʿ oūllāh wa atiʿoū 'r-Rassoūl wa oūli 'l-amri minkoum.
(4:59)

Il y a deux ou trois jours, Mawlana Cheikh a donné une *souhbah* dans laquelle il dit: «je dois me rabaisser à ce niveau afin que nous puissions réaliser où nous sommes». Il continua: «Quel que soit la haute opinion que l'on peut se faire de soi-même, l'on ne peut jamais s'estimer supérieur au président ou au roi d'un pays». Il continua: «Oh présidents, oh rois de pays! Où pensez-vous allez; pensez-vous pouvoir voler des ailes?

C'est l'aspiration ultime au quelle votre ego puisse prétendre dans cette *dounya*, ce bas-monde. Il est important pour nous d'apprendre afin de comprendre ce que représentent les différents niveaux et échelons dont je vous rafraichi la mémoire ici une fois de plus.

Il y a le niveau du *Ghawth,* ensuite les cinq *qoutbs*: Qoutb, Qoutb al-Bilaad, Qoutb al-Aqtaab, Qoutb al-Irchaad et Qoutb al-Moutassarrif. Puis, en dessous de chacun de ces Qoutb, il y a cinq différents groupes d'*awlīyā*: Boudalaa, Noujabaa, Nouqabaa, Awtaad, et Akhyaar.

Il est difficile de comprendre leurs niveaux ou actions car si nous rencontrons l'un d'eux, nous verrons quelque chose de *moughayyar at-tafkir*, contraire à la norme. Vous désapprouverez ces actes et parfois prendrez congé de lui et direz: «Oh, qu'est-ce qu'il fait»? Vous manifestez ainsi votre ignorance; il se peut que ce soit une épreuve pour vous.

Allāh ﷻ donna un exemple édifiant dans le Saint Coran avec Sayyidina Moussa ﷺ doté de la Chari'ah, la constitution divine. Il l'envoya à un de Ses serviteurs qui jouissait d'un autre genre de connaissance. Il ne fut pas à même d'être patient avec celui-ci. *innaka lan tastati' ma'iya sabra*. Il (Khidr ﷺ) dit (à Moussa ﷺ): «Tu ne peux pas être patient avec moi». S'il avait été patient, le voile aurait été levé sur cette connaissance mais Allāh ﷻ en fit usage pour qu'on en tire une leçon. Décider d'accompagner une personne qui jouit d'une connaissance divine autre que la sienne est source de mésentente, car cette connaissance-là est une arme contre l'ego; détruire l'ego et le réduire au néant. Que fut alors le premier acte posé par Sayyidina Khidr ﷺ? *Bismillahi 'r-Rahmaani 'r-Rahim*:

> *Fantalaqaa hatta idhaa rakiba fi 's-safeenati kharaqahaa. Qaala akharaqtahaa li tughriqa ahlahaa. Laqad ji'ta chayan 'imraa.*
> *Alors les deux partirent. Et après qu'ils furent montés sur une barque, l'homme y fit une brèche. [Moïse] lui dit: «Est-ce pour noyer ses occupants que tu l'as ébréché? Tu as commis, certes, une chose monstrueuse!»* (18 :71)

Lorsqu'ils montèrent sur l'embarcation, que fit-il? *Allāhou Akbar!* Il y fit une brèche. Comment a-t-il fait le trou ? Il n'a pas été mentionné dans le Saint Coran qu'il avait un outil. S'il y avait un outil, ce devrait être un très vieil outil et cela prendrait beaucoup de temps pour faire une brèche. Avec le pouvoir divin dont il jouissait auprès d'Allāh ﷻ, *alamnahou min ladounna 'ilma*, «Nous lui avions enseigné la science divine (18:65)». Au moyen de son regard, il fit une brèche. Que se passa-t-il alors? *qala akhraqt*, Sayyidina Moussa ﷺ demanda: «Est-ce pour noyer ses occupants que tu as fait une brèche?» Quelle est cette embarcation? Bien sûr qu'il s'agit de l'embarcation de sauvetage. C'est pour te porter d'une rive à une autre. Mais le véhicule dans lequel tu es monté est ton ego. C'est pourquoi les *awlīyāa* veulent faire une brèche dans votre ego. Ils veulent vous le retirer, vous en débarrasser afin que vous n'en ayez plus besoin au point que même s'il y a une centaine de brèches, le corps s'élèverait tel lorsque Sayyidina Jalaalouddin ar-Roumi ق virevoltait, il décollait du sol car n'étant plus astreint à la force gravitationnelle terrestre.

Sayyidina Moussa ﺷ ne fut pas à même de supporter cette brèche et s'en plaignit. Sayyidina Khidr ﺷ dit: «Je te l'ai dit, tu ne pourras pas être patient avec moi». Comment Allāh ﷻ donna à Sayyidina Khidr ﺷ *al-jassaara hatta youkhatib Moussa bi hadhal-khitab*? Il lui donna cette témérité à s'adresser de la sorte à Sayyidina Moussa qui est *ouloul al-adham*, un des cinq prophètes les plus élevés. Sayyidina Khidr ﺷ devrait une révérence à Sayyidina Moussa ﺷ, l'honoré et faire preuve de respect à son égard. Néanmoins, Allāh ﷻ lui donna ce courage d'enseigner non seulement Sayyidina Moussa ﺷ mais aussi de nous enseigner car il se pourrait que Sayyidina Moussa ﺷ ait pu voiler sa réalité de Sayyidina Khidr ﺷ.

Il dit: «Pourquoi as-tu fait cela?»
Khidr ﺷ répondit: «Je te l'avais dit, tu ne serais pas patient avec moi! Attend la deuxième étape».

Ce premier incident fut facile. La deuxième étape, ils laissèrent l'embarcation couler. Lorsqu'ils atteignirent l'autre rive, Sayyidina Khidr ﷺ tua un enfant.

> *Fa antalaqa hatta idhaa laqiya ghoulaaman fa qatalahoo qaala aqtalta nafsan zakiyyatan bi ghayri nafsin laqad j'ita shay'an noukra.*
> *Puis ils partirent tous deux; et quand ils eurent rencontré un enfant, [l'homme] le tua. Alors [Moïse] lui dit: «As-tu tué un être innocent, qui n'a tué personne? Tu as commis certes, une chose affreuse!» (Surat al-Kahf, 18:74)*

Sayyidina Moussa ﷺ dit: «Comment? Le cas de l'embarcation était tolérable, mais là, tu viens de tuer une personne qui n'a fait aucun mal!». Sayyidina Khidr ﷺ répéta: «Je t'avais dit que tu ne serais pas patient avec moi».

Voilà pourquoi il est très difficile d'être en compagnie de ces *awlīyāullah*. Hier, on me disait qu'il y avait des auditeurs sur Sufilive qui disaient ne plus rien comprendre. Ils aiment le cheikh, mais ils disent: "Nous voyons des choses autour du cheikh que nous ne comprenons pas." Ils sont en compagnie du cheikh mais n'arrivent pas à comprendre que le Cheikh ne s'oppose pas à certaines actions [d'autres disciples}. Quelque soit ce qu'Allāh ﷻ lui fait subir, le Cheikh se soumet totalement à la Volonté d'Allāh ﷻ. Les gens peuvent ne pas comprendre ni accepter [les actions du Cheikh], par conséquent ils se plaignent. Ceux-là doivent savoir que la connaissance d'un *walī* n'est nullement comparable à la celle du commun des gens. Si Allāh ﷻ vous prive de ce genre de connaissance, vous ne sauriez comprendre le travail de celui qui en jouit. C'est à l'image de ce qui est arrivé avec Sayyidina Moussa ﷺ qui au demeurant n'est pas une personne ordinaire – il est prophète et messager – mais Allāh ﷻ ne lui a pas donné cette connaissance afin qu'il comprenne ce principe: «Ce que je te donne est pour toi. Ce que je donne à autrui, n'essaie pas de le comprendre».

Puis Khidr ؏ fit la troisième démonstration pour Moussa ؏:

Fa antalaqa hatta idhaa atayaa ahla qaryatin istat'amaa ahlahaa fa abaw ayn yudayyifoohuma fawajada feeha jidaran yureedu an yan qadha fa aqaamahoo qala law sh'ita lattakhadhta alayhi ajra.
Ils partirent donc tous deux; et quand ils furent arrivés à un village habité, ils demandèrent à manger à ses habitants; mais ceux-ci refusèrent de leur donner l'hospitalité. Ensuite, ils y trouvèrent un mur sur le point de s'écrouler. L'homme le redressa. Alors [Moïse] lui dit: «Si tu voulais, tu aurais bien pu réclamer pour cela une récompense». (Sourat al-Kahf, 18:77)

Le troisième incident survint lorsqu'ils entrèrent dans un village et virent un pan de mur en ruine qui laissait entrevoir le trésor qui y avait été enfoui. Alors Sayyidina Khidr ؏ restaura immédiatement le mur bien que l'hospitalité leur fut refusée. Cela veut dire que lorsque du mal vous est fait, retournez-le en bien. Dans la Chari'ah de Sayyidina Moussa ؏, il est écrit, *Al-'ayn bi 'l-'ayn*, «œil pour œil». Si un coup vous ai donné à l'œil, vous en donnez autant. *Wa 's-sin bi 's-sin*, «Et dent pour dent». Si quelqu'un vous casse la dent, cassez-lui la dent. Dans une autre Chari'ah, celle de Sayyidina 'Issa ؏, quiconque vous gifle sur la joue droite, tendez-lui la gauche. Dans la Chari'ah du Prophète ﷺ, le summum de l'*ihsaan*, c'est la soumission. Si un coup vous est porté, ne vous retournez pas, car lorsque vous vous retournez comme l'a dit Sayyidina 'Issa ؏, «quiconque vous gifle sur la joue droite, tendez-lui la gauche», il y a l'ego qui dit: «Je suis meilleur que toi. Tu me portes un coup sur la droite et je te tends la gauche pour que tu en fasses autant». Il y a une sorte d'ego dans ce cas. Mais *au niveau du Maqaam al-Ihsaan* tel qu'enseigné par le Prophète ﷺ, vous vous soumettez totalement. Quel que soit le coup que vous prenez, vous vous soumettez.

Il est difficile de comprendre les *awlīyāullah*. Nous donnons ces exemples afin de pouvoir comprendre la nature de leur pouvoir même si nous ne pouvons pas l'expliquer. Alors Mawlana Cheikh Nazim ق dit: «Oh présidents et rois! Je suis désolé de dire ceci» et je le cite: «mais je dois le dire. Vous êtes assis dans vos grands palais en réunion présidentielle avec d'autres collègues et puis soudain une alarme déclenche. Que faites-vous? Vous prenez immédiatement congé de cette session importante et vous courez répondre à cette alarme. Cet endroit vous fait appel: «Viens, viens à moi, j'attends. Je t'aime. Je veux t'y voir. Je ne peux être sans toi. Laisse ton palais et viens hâtivement à ma toilette!» Alors vous quittez votre palais et vous allez à cet endroit». Surtout lorsque vous avez mal à l'estomac, avec un bourdonnement sans cesse au risque d'annuler toutes vos rencontres!

Allāh ﷻ montre par cet exemple que l'on ne doit jamais se croire au summum quel que soit le haut statut que l'on pourrait atteindre. «J'ai mis en vous le besoin de vous rendre au lieu le plus fétide ». N'accordez aucune importance à votre ego. Les *awlīyāaullah* n'aiment pas que vous écoutiez (*as-sima'*) votre ego ou fassiez quelque chose qui résulte de votre ego; ils veulent que vous suiviez uniquement ce qu'Allāh ﷻ et Son Prophète ﷺ vous ordonnent.

Man y'ooti' r-rasoola faqad ataa' Allāh.

Quiconque obéit au Messager obéit certainement à Allāh. (Surat an-Nisa, 4:80)

Ma 'atakaum ar-rasool fakhudhoo wa nahakum 'anhu fantahoo. Prenez ce que le Messager vous donne; et ce qu'il vous interdit, abstenez-vous en. (Surat al-Hashr, 59:7)

Pour mieux saisir la teneur de ce qui vient d'être dit ci-dessus, écoutons l'Imam Chadhili ق: «Une fois, j'interrogeai mon maître à propos de «as-sima». Je fus stupéfait par sa réponse lorsqu'il me dit: «*Alfaw abaahoum daallin*, «Ils suivent les traces et les pas de leurs ancêtres qui sont sur le mauvais chemin». Ne suivez pas leurs pas ou leurs traces, ils sont *daalleen*, sur la mauvaise voie; ils ont dévié du droit chemin. Le Prophète ﷺ dit: «*nahnou oummatan wasatan*, Nous sommes une nation modérée, de juste milieu, non pas une nation encline aux extrêmes». Nous ne sommes pas non plus partisans d'un libéralisme outrancier. Apprenez à connaître vos limites; dans un pays, vous avez des lois et vous connaissez vos limites, vous ne pouvez pas les enfreindre.

Pourquoi certaines personnes disent-elles: «Soyez libéraux pour parfaire votre Islam»? Cette affirmation n'est pas exacte. Le libéralisme que vous adoptez doit être circonscrit par l'islam et par la constitution de votre pays. Vous ne devez aucunement outrepasser cette circonscription. Pouvez-vous désobéir la police [s'il vous est dit de présenter votre carte d'identité] et dire: «Je ne présente pas ma carte d'identité ou mon permis de conduire». Qu'arrivera-t-il? Vous irez en prison. Vous répondez plutôt: «Oui monsieur! La voici». Obéissez. Si vous refusez, vous finirez en prison.

Les *awlīyāullah* vous observent et ils savent tout de vous. Lorsque vous ne vous soumettez pas à votre cheikh, c'est votre chute. Bien que vous fassiez tout ce qu'il y a lieu de faire, votre ascension spirituelle s'estompe. *Al-amrou fawqa 'l-adab* c'est-à-dire l'ordre du cheikh prime sur votre connaissance même si vous êtes une sommité hors pair en matière religieuse. Comment peut-comprendre qu'un érudit de l'Islam, une sommité du droit Islamique (la *Chari'a*) puisse aller s'instruire auprès d'un *walī* moins versé dans cette connaissance académique (*chari'a*)? La réponse est que le *walī* a une connaissance spirituelle divine, donc meilleure. C'est une obligation de se soumettre à ce *walī* même si vous êtes un érudit hors pair et pensez connaître tout. En effet, votre connaissance est du domaine livresque (*awraaq*) et ne saurait nullement égaler la connaissance du *walī* qui est du domaine de la saveur, du goût, donc différente. S'il vous fait savourer de cette connaissance par une quantité aussi infime soit-elle, ce sera suffisant comme moyen salvateur pour vous le jour du jugement car la saveur de cette connaissance a une propriété rafraîchissante pour le corps. Aujourd'hui, l'on parle de «pilule revigorante» c'est-à-dire qui donne de l'énergie; cela par exemple peut aider à comprendre ce qui vient d'être dit ci-dessus.

Alors Imam Chadili ق dit: "Ne suivez pas vos ancêtres qui ont dévié; s'ils avaient tort, ne les suivez pas. *Alfaw maa wajadoo abaauhum ad-daalleen 'alayh*, «Ils suivirent les pas de leurs ancêtres mais ils avaient tort». Comme nous l'avons dit, lorsque le *walī* vous donne un ordre, attelez-vous à l'exécuter bien que vous ne l'approuvez pas car le *walī* cerne complètement vos connaissances et vos décisions.

Bien sûr que Sayyidina Khidr ﷺ savait qu'il n'était pas bien de faire une brèche dans la barque. Il la fit parce qu'il y avait une sagesse: empêcher le roi tyran de s'approprier de l'embarcation de toute personne démunie. Allāh ﷻ ne dévoila pas ce secret à Sayyidina Moussa ﷺ mais Il le montra à Khidr ﷺ. Alors, lorsqu'on posa une question sur *sim'a* (l'audition) à l'Imam Chadhili ق, il dit: «Faites attention à ce que votre ego aimerait vous faire entendre. Ecoutez uniquement ce qu'Allāh ﷻ veut que vous entendiez. L'ego aime que vous l'écoutiez et il ne vous permet pas d'entendre ce qu'Allāh ﷻ veut que vous entendiez».

Il dit ensuite:
> *raita bi'l-manaam ka-annee bayna yadayya kitaab al-faqeeh ibn 'abd as-salaam. wa fi yadi al-ukhra awraaqan min ash-sha'r. fa tanaawala ustaadhee al-kitaabayn minni wa qaala lee ka'l-moustahzi ata'dilouna 'ani 'l-'ilm az-zakiyya,*
> «J'ai vu en rêve qu'il y avait entre mes mains le livre d'un des érudits les plus connus, Ibn Abdous-Salaam. Et dans la main gauche, *awraaqan min ach-cha'r*, 'les recueils de poésie.' L'un est le livre d'un grand *walī*; il est à la fois un érudit et un *walī*. Et dans la main gauche se trouve un livre ou recueil de poésies».

Aujourd'hui, ils étudient la poésie de Sayyidina Jalaalouddin Rumi ق. Qu'est-ce qu'ils en savent? Ils l'expliquent mais ne saisissent pas la portée de cette poésie; ils la lisent comme un poème.

Imam Chadhili ق continue:
> «J'ai vu mon maître debout et il disait : *fa tanaawala kitaba faqihihi biyaminihi wa awraaq sha'ar bi yassaarih*
> «J'ai vu les livres d'Abdous-Salaam dans sa main droite

et un recueil de poésie dans sa main gauche. Puis il dit de façon sarcastique: *ata'diloona 'ani'l-'ilm az-zakiyya fa achar ila awraaq ach-cha'r fa ramaahaa fi 'l-ard*, "les égalez-vous? Quelle valeur les lui donnez-vous? Préférez-vous la poésie aux écrits de ce *faqih*?" Puis il prit le recueil de poèmes et le jeta à terre. Il dit: *fa man akthar min hadha fa-houwa 'abda haowwaahou wa asirou shahwatahou wa mounaahou*, «Celui qui portera plus d'attention à ces documents de poésie» (qu'à la connaissance des *awlīyāullah*), *fahouw 'abdoun marqouqan li 'l-hawaa* c'est-à-dire «devient esclave de ses désirs» *wa asiran li chahwatih*» c'est-à-dire devient prisonnier de ses mauvais désirs et de ce qu'on appelle *mouna* c'est-à-dire une connaissance apparemment bonne mais entachée d'arrogance ou de vanité». Il dit ensuite: «*yastariqoon qouloob al-jouhalaa*, cette poésie n'attire que les cœurs des insouciants».

Les chansons qu'ils composent et chantent n'adressent aucun thème divin. Plutôt, elles décrivent la *dounya* et y attirent tous, enfants, jeunes et adultes. Ils n'écoutent pas l'Imam al-Bousayri ق, ils le taxent de *bid'a*. Similairement, lorsque référence est faite au Prophète ﷺ ou à toute autre chose de portée spirituelle, certains s'exclament: «Oh c'est *bid'a*». Ils préfèrent s'adonner à leurs désirs.

L'Imam Chadhili ق continue :
laa yaqdiroon 'alaa ma'rifatoullah fa-yatmaailooona 'inda simaa'iha, Ils n'ont aucune envie de faire du bien. *Wa laa 'ktisaab al-irfaan*, et «pour atteindre le gnosticisme».

Allāhou Akbar! Ils se déhanchent lorsqu'ils entendent Shakespeare. Avez-vous vu comment ils dansent, surtout ces chansons d'Hollywood et du Moyen-Orient? Il y a plus de chaînes de câbles pour la musique populaire Arabe que des chaînes qui enseignent l'*irfan*, la gnose, la vraie spiritualité.

Wa lam yanaaloo alladhi yanaalahou ahl ach-chouhood.
Ils n'arriveront jamais à ce qu'ont atteint les gnostiques.

Ils continueront d'écouter ces chansons mondaines et ne sont épris que de ce qui satisfait leurs egos. Ils ne sont pas à même de réaliser que ce qu'ils écoutent est reprouvé d'Allāh ﷻ. Allāh ﷻ aimerait que vous écoutiez que le *dhikroullah*, que vous n'entendiez que Son Nom et que vous ne vous rappeliez que de Lui et de Son Prophète ﷺ.

alaa bi dhikroullahi tatma'inou 'l-qouloob.
C'est par l'évocation d'Allāh que les cœurs se tranquillisent.
(Al Rad13:28).

C'est à cet effet que Grandcheikh ق mentionne:
Wa taahhir bayti li 't-taa'ifin wa 'l-'akifin war-rouka'i 's-soujood.
Et purifie Ma Maison pour ceux qui tournent autour, pour ceux qui s'y tiennent debout et pour ceux qui s'y inclinent et se prosternent» (Al Hajj 22:26)

Allāh ﷻ a le *ghira*, c'est-à-dire une nature possessive. Il veut que Son serviteur ne soit dévolu exclusivement qu'à Lui et non à Iblis ou chaytan! Lorsque le Prophète ﷺ fit preuve d'abnégation pour Lui, Allāh ﷻ l'éleva et lui fit appel pour le Mi'raj. Il l'éleva en juxtaposant son nom au Sien bien avant toute création et cela par amour. Il aimerait que le sentiment d'amour que le Prophète ﷺ Lui voue soit total et exclusif. Qu'en est-il de nous? Nous sommes après nos désirs et nos émotions. *La in lam yantahi dhaaliman la*, «Si cet oppresseur qui ne suit pas les pas du Prophète ﷺ ...»

> *Qoul in kountum touhiboonallah, fattabi'ouni youhbibkoumoullah.*
> Si vous aimez vraiment Allāh, suivez-moi, Allāh vous aimera alors. (Al Imran 3:31)

Ne considérez pas ce qui vous parvient à l'oreille comme vérité absolue. Il vous incombe de le vérifier car vous n'êtes pas encore prêt. Si le cheikh que vous suivez est plutôt un charlatan, alors ce qui vous arrive à l'oreille pourrait s'avérer faux. Un vrai cheikh peut vous guider de loin, voire même purifier ce qui vous parvient à l'oreille. Allāh ﷻ dit que si vous êtes un oppresseur faisant fi de Ses injonctions, Il vous renversera au point que les Cieux deviennent terre pour vous et vice versa.

Après toute cette explication donnée par l'oustaz de l'Imam Chadhili, ce dernier s'exclama: «*Fa akhazani haaloun bi wadjdin wa boukaa-in. Wa aqoul* : «*inna nafsa ardiaytoun wa rouhe samawiyyatoun*» c'est à dire:
L'Imam Chadhili: «Alors s'empara de moi émotion et pleurs, et je dis: «en réalité, l'ego est du domaine terrestre et l'âme est du domaine céleste». Là encore son oustaze intervint pour le corriger: «Non, ton explication n'est pas correcte». Voyez comment le cheikh intervient aussitôt. «*idhaa kaanat ar-roohou bi-amtaari'l-'ouloomi daaratoun wa an-nafs bi saalihati nabaatatoun*, "Lorsque se déverse sur l'âme une pluie, celle de la connaissance, elle devient *daaratoun* c'est-à-dire comme une perle scintillante et brillante; et tout ce que l'ego fait émergera à l'instar de la plante qui pousse et grandit progressivement sous cette pluie bienfaisante qu'est cette connaissance. Ce qui est

tout à fait normal. C'est pourquoi, tout ce que fit Sayyidina Khidr ﷺ en étant sous l'impulsion de son âme demeure parfait, car il jouissait de ce genre de connaissance comparable à une pluie bienfaisante qui l'arrosait. Quoi de plus normal ! Bien qu'il fasse un trou dans l'embarcation, qu'il tua le garçon, qu'il restaura le mur en ruine, tout cela reste irréprochable et parfait. Le véhicule fut troué pour vous ralentir car au-delà de cette entorse, le chemin emprunté est entaché de nombreux trous pouvant vous causer la perte de vos bonnes actions (*'amal*). Vous devez faire attention.

Il est impératif que vous soyez prudents ! Ainsi, vous tuez le garçon qui symbolise l'ego et vous arrivez à la soumission, *'allamnaahou min laddounna 'ilma*. Ainsi Satan ne peut plus s'attaquer aux trésors de votre cœur devenu un coffre-fort inaccessible.

Alors, si les averses sur l'âme sont *daaratoun*, vous aspergeant de cette connaissance, l'âme en grandira et le «soi» céleste agira selon l'écrit de la Volonté d'Allāh ﷻ. Ensuite *thabat al-khayr koullih*, «Confirmez tout ce que vous faites».

Que se passe-t-il si l'ego a le-dessus *war-roohou maghloobatan* et que l'âme est tenue en échec? C'est la catastrophe. C'est pourquoi vous devez faire attention à ce que vous écoutez. De nos jours, lorsqu'ils vont dans les discothèques, ils se déhanchent. Alors il dit: *idha kaana an-nafs ghaalibatun illa hasal al-qaht wa 'l-jadab*, «Si l'ego venait à réussir, il n'y aura pas de récolte, ce serait la sécheresse». Tout serait fini. Tout ce que vous feriez alors ne porterait aucun fruit. *Fa anqada al-amr wa ja ach-sharr koullahou*, «Alors nous disons *al-amr fawq al-adab*, faites ce qu'ils disent». Ne dites pas: «Qu'est-ce que ceci ou cela?» Si on vous dit: «Tuez le garçon» faites-le!

Sayyidina Moussa ﷺ enseigne à la Oummat an-Nabi que si vous permettez à ce que l'âme soit assujettie, toutes vos affaires seront chamboulées et le démon apparaitra. Alors de quoi avez-vous besoin? Vous avez besoin des paroles d'Allāh ﷻ qui vous guideront et des paroles ou la connaissance de Son Prophète ﷺ qui vous guériront. Allāh ﷻ guide et le Prophète ﷺ guérit. Allāh ﷻ vous montre la voie, c'est Sa volonté et le Prophète ﷺ vous montre ce dont vous avez besoin. Les awlīyāoullah prennent du Cœur du Prophète ﷺ qui a servi de guide aux Sahaba ﷺ. Les awlīyāoullah suivent la voie des Sahabah ﷺ, s'instruisent de leurs interactions avec Sayyidina Mouhammad ﷺ, le Sceau des Messagers.

Wa ahlou 'l-haqq idhaa sami'oo al-laghwa 'aridoo 'anhou. wa idha sami'oo al-haqq aqbaloo 'alayh.
" Si ceux qui aspirent à la vérité entendent des futilités, ils s'en éloignent et s'ils entendent des paroles de vérité, ils y accourent.

> *wa man yaqtarif hasanatan nazid lahou fiha housnan*
> Et quiconque accomplit une bonne action, Nous répondons par [une récompense] plus belle encore (Ach Choura 42:23)
> «Et ceux-là nous les récompenserons de plus en plus»

En somme, ces quelques caractéristiques des *awlīyāoullah* que nous venons d'aborder, vont faire l'objet la prochaine fois de plus amples explications afin d'étayer les différents niveaux d'*awlīyā*.

Wa min Allāhi 't-tawfiq, bi hourmati 'l-habib, bi hourmati 'l-Fatiha,
Le succès vient d'Allāh ﷻ par l'honneur du Bien-aimé, par l'honneur de la Fatiha.

L'histoire de l'Imam Ahmad ibn Hanbal

*A'oudhou billāhi min ach-Chaytān ir-rajīm.
Bismillāhi' r-Rahmāni 'r-Rahīm.
Nawaytou 'l-arbā'īn, nawaytou 'l-'itikāf, nawaytou'l-khalwah, nawaytou 'l-'ouzlah, nawaytou 'r-riyāḍa, nawaytou 's-souloûk,
lillāhi Ta'alā fī hādhā 'l-masjid.
Ati' oūllāh wa ati'oū 'r-Rassoūl wa oūli 'l-amri minkoum.
(4:59)*

Certaines personnes ne peuvent voir qu'avec des lunettes. Alors les lunettes sont importantes pour ceux qui n'ont pas une vision parfaite. S'ils n'ont pas une vision parfaite, ils sont myopes, avec une cécité de valeur moins un, moins deux, trois, quatre ou moins vingt qui équivaut à la cécité totale. Une personne peut aussi être hypermétrope. Si vous ne voyez pas, vous avez besoin de lunettes et cela veut dire que vous avez besoin de quelqu'un pour vous montre le chemin. C'est pourquoi Aboū Yazid al-Bistami ق, un des plus grands *awlīyāoullah*, a dit: *man lam yakoun lahou oustaz fa imaamahou 'ch-Chaytan*, «Celui qui n'a pas de guide, son *imam* est Chaytan, le démon». On dit aussi: *man lam yakoun lahou cheikh fa-cheikhahou 'ch-Chaytan*, «Celui qui n'a pas de cheikh, son cheikh est tout commérage au cœur et auquel il s'en tient».

Les *awlīyāoullah* sont devenus *awlīyāoullah* non pas à cause de leur progrès académique mais parce qu'ils ont été instruits par leurs guides. Alors, l'accent est mis sur le guide: quelle capacité et quel pouvoir a-t-il pour guider ceux qui l'écoutent et suivent ses enseignements. Il est très important de connaître et comprendre ceci. Ce n'est pas facile de réussir par la simple lecture des livres et par l'étude académique mais plutôt en suivant les instructions de votre guide: cela est capital et Allāh ﷻ a guidé tout un chacun vers quelque chose ou vers quelqu'un. Il a guidé les *Sahaabah* ؓ au Prophète ﷺ et Il a guidé *oummat an-Nabi* au Prophète ﷺ qui a dit: «Quiconque suit n'importe lequel de mes *Sahaabah* ؓ sera guidé».

Les lignes qui suivent traitent de la vie d'un des plus grands savants d'un point de vue académique et dont plusieurs personnes suivent le *madhhab*. Ce *madhhab* a été mis en place par deux éminents savants de l'Islam, l'un étant le maître de l'autre. En effet, l'Imam Ahmad ibn Hanbal ق s'instruisait auprès de l'Imam Chafi'i ق, et après la mort de ce dernier, l'Imam Ahmad ibn Hanbal ق établit sa propre école de jurisprudence que beaucoup de personnes suivent de nos jours. C'était un grand érudit tout comme tous les *a'immah* (imams).

Un jour, l'Imam Ahmad Ibn Hanbal ق prenait part à une assemblée de l'Imam Chafi'i ق et soudain vint un *waliyoullah* pour qui l'Imam Chafi'i avait beaucoup d'égards. J'ai entendu de Grandcheikh ق et c'est bien établi dans la Chari'ah que l'eau de perdition des ablutions est «morte» car elle absorbe tous vos pêchés et maladies. L'eau du *woudou* vous nettoie et meurt ensuite, donc vous ne pouvez pas l'utiliser à nouveau. C'est pourquoi certaines personnes la versent dans le jardin ou dehors car vous ne pouvez pas la consommer. Alors, ils discutaient de certains points et Grandcheikh ق dit: «Lorsque ce *walī* vint dans l'assemblée de l'Imam Chafi'i ق, il était silencieux mais écoutait attentivement et personne ne lui prêtait attention.

L'Imam Chafi'i ق avait l'habitude de boire l'eau recueillie de l'ablution de ce *walī* quoiqu'il sût que la Chari'ah l'interdit; il le faisait pour la *barakah*. Ce *walī* était Chayban ar-Rayy ق, un très grand *walī* qui était aussi *oummi*, illettré et avait relié son cœur à sa langue; être lettré ou illettré n'est pas ce qui compte auprès d'Allāh ﷺ.

Alors Chayban ar-Rayy ق vint et s'assit avec eux dans leur assemblée et à ce moment l'Imam Ahmad ibn Hanbal ق regarda l'Imam Chafi'i ق et dit: "O mon cheikh! *li ounnabih haadha 'alaa nouqsaana 'ilmihi.* Je voudrai souligner quelque chose et y attirer l'attention de cette personne-ci!" Il n'a pas mentionné Chayban ar-Rayy ق par son nom; il dit: «cette personne», sans lui accorder d'importance. "J'aimerais attirer son attention sur le fait qu'il fait preuve de carence en matière religieuse et par conséquent, il doit aller apprendre un peu plus!" Puis il pointa du doigt Chayban ar-Rayy ق en disant: «Je veux qu'il sache qu'il manque d'*'ilm*, *li yashtaghil li tahsili haadha 'l-'ilm* afin qu'il aille apprendre un peu plus».

Aujourd'hui, ils disent que vous avez besoin d'un diplôme, un document attestant que vous êtes *'alim* autrement ils ne vous accordent aucune importance. Comment peuvent-ils passer un tel jugement? Chayban ar-Rayy ق ne savait ni lire ni écrire et l'Imam Ahmad ibn Hanbal ق ne lui accorda aucune importance.

L'Imam Chafi'i ق dit: «Attends, ne dis rien sinon il t'humiliera!» Ahmad ibn Hanbal ق insista: «Non! Mon devoir est de lui faire prendre conscience qu'il n'a aucune connaissance!»

Si vous n'avez pas de doctorat aujourd'hui, si vous n'avez pas de PhD, aucune considération ne vous est accordée. Être un docteur en Chari'ah est ce qu'ils valorisent, mais ce *walī* n'était pas un docteur en Chari'ah. Pour les *awlīyāaullah*, la connaissance livresque n'investit d'aucune autorité. Seul Allāh ﷻ est habilité à choisir, et lorsqu'Il choisit une personne, c'est suffisant pour établir sa crédibilité.

> *Wa anaa 'khtartouka fastami' limaa yoohaa.*
> *Moi, Je t'ai choisi. Ecoute donc ce qui va être révélé.*
> (20:13)

Allāh ﷻ dit à Sayyidina Moussa ﷺ, «Que tu connaisses la Chari'ah ou pas, je t'ai choisis». Allāh ﷻ choisit Ses *awlīyā*, et être un *walī* n'est donné à tous. Par contre lorsqu'Allāh ﷻ choisit, nul ne peut s'y opposer. Allāh ﷻ a dit: *anaa 'khtartuka fastami' limaa yoohaa* «Écoute ce que Je te donne et va le transmettre».

> *Bismillahi 'r-Rahmani 'r-Rahim.*
> *Yaa ayyouha 'l-mouddaththir, qoum fa andhir wa rabbaka fakabbir wa thiyaabaka fatahhir wa 'l-roujza fahjour.*
> *O Le revêtu d'un manteau! Lève-toi et avertis. Et de ton Seigneur, célèbre la grandeur. Et tes vêtements, purifie-les. Et de tout péché, écarte-toi(2). (74:1-5)*

«Oh Mouhammad! Toi, celui qui se couvre». Le Prophète ﷺ frémissait à ce moment, *qoum fa andhour* «Lève-toi, va transmettre le message et glorifie Ton Seigneur. *Wa thiyabaka fatahhir*, «Et purifie tes vêtements». De quels vêtements s'agit-il ? Est-ce ces vêtements que nous portons ou les vêtements du cœur? Ces vêtements (que nous portons) couvrent ce corps physique qui contient le cœur, un morceau de chair mais qu'y a-t-il dans cette chair? Allāh ﷻ ne peut-Il pas mettre dans cette chair ce qu'Il a mis à l'intérieur de la Ka'aba? Qu'est ce qu'il y a à l'intérieur de la Ka'aba? Elle est composée de quatre murs à l'intérieur desquels sont *asraaroullah*, les secrets d'Allāh ﷻ, et personne ne sait ce dont Il ﷻ a embelli cette Maison tout comme ce qu'Il ﷻ a mis dans le cœur du Prophète ﷺ.

Bismillahi 'r-Rahmani 'r-Rahim.
Fa-kayfa idhaa jina min koulli oummatin bi-chahidin wa jina bika'alaa haaulaa'i chahida
Comment seront-ils quand Nous ferons venir de chaque communauté un témoin, et que Nous te (Mouḥammad) ferons venir comme témoin contre ces gens-ci? (4:41)

«Lorsque nous faisons venir de chaque *oummah* un *chahid*, un témoin» cela veut dire qu'Allah ﷻ a choisi un témoin dans chaque *oummah*. *Wa ji'na bika 'ala haaoolai chahida* «Et nous t'avons envoyé Oh Muhammad comme témoin contre tout le monde». Cela veut dire: «Nous avons envoyé ces prophètes en premier lieu puis les *awlīyāoullah* comme témoins de leurs disciples qui sont sur la bonne voie et qui sont bien guidés, et Nous ne le confirmerons pas tant que toi, Ya Mouhammad, ne témoigneras pas pour eux tous, prophètes et *awlīyā!*»

Sayyidina Moussa ﷷ était-il lettré? Non. Cela veut dire que si Allāh ﷻ choisit, c'est Son décret. Sayyidina Mouhammad ﷺ est *nabi al-oummiy*, le prophète qui n'a jamais ouvert un livre ni jamais lu. En quoi consiste la connaissance aujourd'hui? Quel est l'enseignement dispensé à El Azhar ach-Charif, à Cham, au Maroc, en Syrie ou au Hijaaz ? Ils n'enseignent que la connaissance livresque et n'accordent plus d'importance à la connaissance spirituelle. Que les cheikhs d'El Azhar aillent visiter le lieu de sépulture d'Imam Chafi'i ق.

Le récit suivant fait allusion à deux savants bien connus: l'Imam Chafi'i ق et l'Imam Ahmad ibn Hanbal ق.

L'Imam Chafi'i ق s'instruisait spirituellement auprès de Chayban ar-Rayy ق et dit à l'Imam Ahmad ق: *la takoun jassouran*, «N'insiste pas à le questionner car il t'humiliera».
- Il répondit : Non, non, non! Mon devoir est de lui dire qu'il a besoin de ce genre d'enseignement, donc il doit aller apprendre.
- L'Imam Chafi'i ق dit: *la taf'al*, «N'aborde pas ce sujet, laisse-le en paix».
- Puis, l'imam Ahmad demanda à Chayban ar-Rayy ق: «*madha taqool fiman nasiya salatuh min as-salawaat al-khams fil Islam, fi 'sh-sharee'ah*, Quel jugement fais-tu de celui qui n'a pas prié par oubli alors que l'heure de la prière est passée?»

Ceci requiert de la connaissance. Il y a une pléiade d'écoles de jurisprudence ayant chacune des réponses différentes à ce sujet. Les Wahhabis et les Salafis disent: «Ne la faites pas car l'heure est passée et même si vous priez *qadaa*, une prière de rattrapage, elle n'est pas acceptée». Ils croient qu'il n'y a pas de *qadaa*. Cependant les autres écoles de jurisprudence disent que c'est une obligation de la rattraper quoiqu'elles croient que la prière de *qadaa* n'est pas parfait; mais par souci de discipline, vous devez la rattraper. Voici-là deux écoles différentes.

Alors l'Imam Ahmad mit Chayban ar-Rayy ق à l'épreuve et dit: «Tu ne connais rien! Quel est le *houkoum*, la position de la Chari'ah à ce sujet. Qu'est ce qu'on dit à ce sujet? Donne-moi une *fatwah* à ce sujet». Chayban ar-Rayy ق ria et l'Imam Ahmad se frustra. Il voulait l'humilier en présence de l'Imam Chafi'i.

Chayban ar-Rayy ق répondit: «*Ya* Ahmad! Essaies-tu de me défier?» Ahmad ibn Hanbal ق commença à frémir et Chayban ar-Rayy ق dit: «Ta question est infantile. Comment oses-tu me poser une telle question? Ne vois-tu pas que tu fais preuve d'ignorance en posant cette question? *Yaa Ahmad, qalboun ghafala an Allah fa yanbaghi an yuaddab hatta la ya'ood ila ghaflatihi*, un cœur qui ne se rappelle pas d'Allāh ﷻ ne serait-ce que pour un instant doit être puni. En posant de telles questions, tu ne mérites que punition. Comment oses-tu demander à quelqu'un dont le cœur est avec son Seigneur à chaque instant, que faire s'il manque sa prière? Si tu manques la prière, tu dois être puni, *hatta la ta'ood ila al-ghaflah*. Alors ne pose pas cette question infantile! Ton cœur doit être avec Allāh ﷻ; si ton cœur y est, tu ne manqueras jamais de prière».

La situation s'assimile au cas d'une personne dépourvue de cœur? Qu'est-ce qui pourrait vraissemblamement arriver à une telle personne? La tombe. Ce cœur doit être discipliné pour qu'il ne s'absente pas à nouveau. À ce moment, l'Imam Ahmad ق s'évanouit, il eut une crise cardiaque due au poids des paroles prononcées par Chayban ar-Rayy ق.

L'Imam Chafi'i ق dit: «Laissez-le jusqu'à ce qu'il revienne à lui-même et arrête de poser de telles questions infantiles». Lorsqu'il se réveilla, l'Imam Chafi'i ق lui dit: «*alam aqoul laka lam tata'arad lahou*, Ne t'avais-je pas dit de ne pas l'importuner? Alors ne l'ennuie pas! Si tu l'ennuie, ce sera ta fin».

N'importunez pas les *awlīyāaullah*; ne les défiez pas sous peine de perdre connaissance. Qu'est ce qui arriva à Sayyidina Moussa ﷺ? Il s'est évanouit! Il dit: «Oh Mon Seigneur, laisse-moi Te voir». Vous ne pouvez pas; lorsqu'Allāh ﷻ le voudra, vous le verrez sans questionner. Allah ﷻ le fît perdre connaissance pour qu'il apprenne. C'est la raison pour laquelle les *awlīyāaullah* perdent toujours connaissance en Présence Divine et se soumettent. Alors ne venez pas à un *walī* dans le but de lui porter des critiques car il vous humuliera aux moyens de pouvoirs dont il a été investi.

J'ai entendu la suite de cette histoire rapporté par Grandcheikh ق:
Lorsqu'Imam Ahmad se réveilla, il rampa jusqu'à Chayban ar-Rayy ق, lui demandant pardon et recherchant ses conseils. Ainsi, ces deux Imams s'abreuvaient à la source de Chayban ar-Ray ق y qui était illettré! De même, Imam Aboū Hanifa bin Nouʿman ق prit sa connaissance de Bichr al-Haafi ق. Si un *walī*, *oummiy*, donc ne sachant ni lire ou écrire, est à même d'humilier l'Imam Ahmad ibn Hanbal ق, alors que pensez-vous de ce *walī* qui est lettré, c'est-à-dire qui est imprégné de la charia? Que pensez-vous de son pouvoir; que peut-il faire? Vu qu'un *oummiy* parmi les *awlīyā* peut être doté de ce type de pouvoir, alors que dire s'ils sont investis de connaissance divine? Quel usage peuvent – ils en faire? Ils peuvent faire un trou dans le bateau !

Fantalaqa hatta idha rakiba fi as-safinati kharaqaha. Qaala akharaqtaha li tughriqa ahlaha. Laqad jiʿta shayʿaan ʿimraa. Alors les deux partirent. Et après qu'ils furent montés sur un bateau, l'homme y fit une brèche. [Moïse] lui dit: « Est-ce pour noyer ses occupants que tu l'as ébréché? Tu as commis, certes, une chose monstrueuse!» (18:71)

Que fit Sayyidina Khidr ﷺ? Il fit un trou dans le bateau, tua le garçon puis construisit le mur. Alors il vous noie pour vous débarrasser de tous vos mauvais caractères puis il abat votre ego et érige le mur des trésors au sein de votre cœur. Alors n'importunez pas les *awlīyāaullah*, car ils ont plusieurs moyens pour vous tourmenter. Ils peuvent vous importuner à tout moment de votre vie!

Grandcheikh ق a dit: «Le cheikh doit observer son *mourid* trois fois chaque jour. Lorsqu'il observe, il ne lui offre pas de bonbons mais il lui envoie du poison[1] afin de voir s'il est en mesure de surmonter ou pas cette difficulté». Alors lorsque vous êtes en difficulté, rappelez-vous que votre cheikh vous observe et ne vous mettez pas en colère. Je ne parle pas de difficultés dans vos occupations (travail etc..), je parle de relation de *mourides* à *mourides* ou de personne à personnes, qui se mettent en colère entre elles, qui mentent à propos de ce qu'elles font etc... Faites attention et rappelez-vous qu'à ce moment le cheikh vous observe. C'est pourquoi je dirai à ces deux *mourides*[2] (le cheikh pointa du doigt, ce qui suscita des rires dans l'assemblée).

C'est la raison pour laquelle ils ont dit: *layli bi wajhika moushriqoun wa dhalaamahou fi 'n-naasi saari* «Ma nuit est clarté du jour à la lumière de ton visage» ou «Lorsque je regarde ton visage, O mon cheikh, ma nuit devient comme la clarté du jour. Même s'il fait nuit, lorsque je regarde ton visage dans l'obscurité, je vois cette *diya*, cet éclat du soleil sur la Terre. Ton visage brille, *wa dhalaamahu fi 'n-naasi saari*, l'obscurité de la nuit assombrit le visage des gens mais se dissipe à la lumière du soleil qui émane de ta face. *Wan-naasu fee sadaf adh-dhalaami* et les gens sont dans l'obscurité, *wa laakin nahnu fee daw an-nahaar*, et nous sommes avec toi, O notre cheikh, O notre *walī*, dans la clarté». Cela signifie que «Lorsque vous êtes parmi nous c'est la clarté mais lorsque nous sommes avec des gens, c'est l'obscurité». C'est pourquoi nous devons toujours faire

---

[1] Ici poison signifie épreuve

[2] Le Cheikh s'adresse à deux disciples auprès de lui.

attention à ce que nous faisons, ce que nous disons et ce a quoi nos cœurs s'attachent.

Il est dit que Rabi'a al-'Adawiyya ق tomba malade. Ils lui demandèrent: «Quelle en est la cause? Pourquoi es-tu malade?» Elle n'avait ni la grippe, ni une crise cardiaque ni une maladie corporelle mais elle était déprimée spirituellement. Ils lui demandèrent: «Pourquoi es-tu déprimée?»

De nous jours, lorsque tu demandes à une personne: «Que fais-tu pour y remédier?» Il te répond: «Je suis les instructions d'un psychologue». Le psychologue lui-même a besoin d'un psychiatre! Si vous avez besoin d'un psychologue, allez chez un *walī* car il connait vos besoins.

Rabi'a al-'Adawiyya ق dit: «J'ai un grand problème». Ils lui dirent: «Toi, en tant que femme sainte?» Pourquoi les femmes se plaignent-elles? Elles pensent qu'il n'y a pas de femmes saintes parmi elles! Il y en a plusieurs. Les femmes du Prophète ﷺ sont *Oumouhat al-Mou'minin* ؓ, «Mères de tous les croyants». Personne ne peut atteindre leurs niveaux ou le rang des femmes compagnons du Prophète ﷺ ni celui des femmes venues après, assumant des fonctions d'éducatrices (de la Oumma). Toute fois, ce problème psychologique est du à la rudesse des hommes.

Ils lui demandèrent: «Pourquoi es-tu déprimée? Quelqu'un de la *jama'at* t'as t-il fait de la peine?» Elle répondit: *wa laakin nadhartou ila janati bi 'l-qalb*», Non. Je suis entré dans un état de transe au cours duquel le paradis m'est apparu et par le truchement de mon cœur, je l'ai regardé».

Pour nous, il n'a aucun mal à cela, mais pour elle, ce fut une erreur en vertu de son rang spirituel.

Fa ghaara 'alayya qalbi, «Mon cœur devint jaloux de moi car mon cœur ne veut partager avec quiconque son amour exclusif pour Allāh ﷻ. Mon cœur m'interrogea: comment peux-tu m'utiliser pour observer le Paradis alors que toute mon attention doit être exclusive pour Allāh ﷻ? C'est l'erreur-ci que J'ai commise».

Voyez-vous comment ils sont si sensibles, lorsqu'une inadvertance s'empare d'eux! Bien qu'elle contemplait les Cieux, elle dévia pendant une seconde, par inadvertance. Pour nous c'est parfait mais pour elle, ce fut un moment d'inadvertance pendant lequel son cœur s'inclina vers le Paradis et se détourna d'Allāh ﷻ. Son cœur demande: «Comment oses-tu regarder le Paradis? Je (se référant à son cœur) dois toujours être dans cette Présence Divine!" C'est pourquoi le Prophète ﷺ dit:
lee wajhoun ma' Allah wa lee wajhoun ma' al-khalq.
J'ai un visage (présence) avec Allah et j'ai un visage avec la oummah.

Cela veut dire : "Je ne laisse rien interférer", *yaghaar 'alaa awliyā'ihi wa anbiya'ihi*. Allāh ﷻ n'aime pas partager l'exclusivité qu'Il a sur Ses Serviteurs avec qui que ce soit. Nous continuerons demain à propos de *Haqiqat al-Ghirah*, la Réalité de la Jalousie et ce qu'est la jalousie dont les *awliyāoullah* essaient de se défaire. Cela vous invite à faire attention au pouvoir de votre Cheikh. Rien ne doit supplanter votre amour pour le cheikh. Votre amour doit être pour votre cheikh, de votre cheikh au Prophète ﷺ et du Prophète ﷺ à Allāh ﷻ.

Alors Chayban ar-Rayy ق réprimanda Ahmad ق en disant : «Pourquoi m'interroges-tu sur les prières manquées alors que je suis en prière à chaque instant? Comment peux-tu manquer une prière lorsque tu es permanemment en cette Présence?

Cette prière s'accomplit selon une heure indiquée à l'horloge céleste. Connais-tu le temps indiqué par cette horloge céleste?" Chayban ar-Rayy ق lui fait comprendre que "Non seulement je prie suivant le temps indiqué par l'horloge de la *dounya* mais aussi selon le temps indiqué par l'horloge céleste. Connais-tu le temps indiqué par cette horloge céleste, Oh Ahmad?"
"Non, je ne connais que le temps indiqué par l'horloge de la *dounya*." Répondit l'mam Ahmad ق.

Une fois Grandcheikh ق et Mawlana Cheikh ق ont dit que Sayyidina Bilal s'était levé pour faire l'*adhaan* et le Prophète dit: «Attends, ne fait pas l'appel» et aussitôt il dit: «Fais l'*adhaan*». Sayyidina Bilal était surpris. Le Prophète expliqua : «L'intervalle de temps écoulé entre les instants où j'ai dit respectivement «attends» et «fais l'appel», le soleil s'est déplacé pendant cinquante mille ans». Cela veut dire que pendant cette période, le *Bayt al-Ma'mour* s'est mût. La réalité de la Ka'aba est le reflet de *Bayt al-Ma'mour*, la vraie maison d'Allāh située au quatrième ciel où le Prophète pria avec tous les prophètes au cours du *Laylat oul-'Isra wal-Mi'raj*. Alors l'*adhaan* n'est pas selon notre horloge, c'est selon l'heure que le Prophète a accepté au cours de cette nuit bénie; il établit les heures et nous prions à l'heure de *Bayt al-Ma'mour* à la Mecque et à Médine. Ce n'est pas l'heure à laquelle nous prions *Dhouhr* en Amérique, car l'heure réelle s'est déjà écoulée! La bonne heure était celle que le Prophète a établie. Allāh accepte nos prières si elles sont faites à l'heure indiquée mais en réalité la bonne heure est l'heure à laquelle le Prophète prie.

Qui peut vous donner un tel secret si ce n'est un héritier du Prophète ? Ce faisant, vous ne pouvez pas comprendre les actions des *awlīyāaullah* et la connaissance qu'ils ont héritées du cœur de Sayyidina Mouhammad ﷺ! C'est pourquoi nous ne devons pas nous opposer à leurs actions; tout ce qu'ils font est en harmonie avec ce que le Prophète ﷺ a transmis, et ce dernier n'a prié qu'au temps opportun.

Selon un hadith de Bukhari et Muslim, ce fut presque Maghrib et le Prophète ﷺ demanda à Sayyidina Ali ؓ: «As-tu prié 'Asr?» Il ؓ répondit: "Oh Rassouloullah, je n'ai pas prié». Alors le Prophète ﷺ arrêta le soleil pour Sayyidina Ali ؓ jusqu'à la fin de sa prière puis le soleil s'en alla se coucher. Ce pouvoir du Prophète ﷺ n'est qu'une goutte et il donne des gouttes aux *awlīyāullah*. Tous, ils reçoivent chacun une goutte de cet océan de connaissance du Prophète ﷺ et cela leur suffit à régir les choses jusqu'au Jour du Jugement.

Qu'Allah nous bénisse, qu'Il nous pardonne et accorde une longue vie à notre cheikh, qu'Il nous rende tous heureux, fortunés et nous donne une bonne santé.

Wa min Allāhi 't-tawfīq, bi hourmati 'l-habīb, bi hourmati 'l-Fātihah.

Allāh ﷻ a l'exclusive possession du cœur de Ses Serviteurs

A'oudhou billāhi min ach-Chaytān ir-rajīm.
Bismillāhi' r-Rahmāni 'r-Rahīm.
Nawaytou 'l-arbā'īn, nawaytou 'l-'itikāf, nawaytou'l-khalwah, nawaytou 'l-'ouzlah, nawaytou 'r-riyāḍa, nawaytou 's-souloûk,
lillāhi Ta'alā fī hādhā 'l-masjid.
Ati' oūllāh wa ati'oū 'r-Rassoūl wa oūli 'l-amri minkoum.
(4:59)

Sayyidina Aboū Yazid al-Bistami ق a dit : «*man la cheikha lahou cheikhouhou ach-Chaytan,* Celui qui n'a pas de cheikh, son cheikh est chaytan». Chaytan s'emmène au moment opportun pour nous dévier du droit chemin. Les gens s'interrogent: « Pourquoi parlons-nous de Chaytan et de démons? N'est-ce pas que nous prions, jeûnons etc… ?» Certes, nous prions et jeûnons mais pour Allāh ﷻ, Chaytan se joue de nous comme il l'a fait avec Adam ﷺ dans les Cieux. Chaytan n'est-il pas capable de nous induire en erreur dans cette vie mondaine? Il à cette capacité, et c'est la raison pour laquelle il nous incombe d'être sur le qui-vive.

Si vous vous rendez en Malaisie ou en Indonésie, vous verrez qu'il y a une sentinelle à l'entrée de chaque maison. On en voit plus en Malaisie. Pourquoi? Même si la Malaisie n'est pas un pays où le taux de criminalité est élevé, ils embauchent pourtant des sentinelles pour éviter le pire en cas de surprise. Similairement, nous devons prendre nos précautions et être conscient qu'à tout moment nous pouvons tomber dans l'inadvertance et sans guide, nos souffrances ne feront qu'accroître dans cette *dounya*. Allāh a dépêché des messagers et des prophètes. Un messager est nécessairement un prophète mais l'inverse n'est pas toujours vrai. *Sahib ar-risalah.*

> *Bismillahi 'r-Rahmaani 'r-Rahim, Wa maa arsalnaa min rasoulin illa li youta'a bi idhnillahi wa law annahoum idh zhalamou anfousahoum jaa'ooka fastaghfaroullah wa 'staghfara lahoumou 'r-rasoola la-wajadoollaha tawwaaba'r-rahima.*
>
> *Nous n'avons envoyé de Messager que pour qu'il soit obéi par la permission d'Allāh. S'ils se faisaient du tort et venaient à toi en implorant le pardon d'Allāh et si le Messager demandait le pardon pour eux, ils trouveraient, certes, Allāh, Très Accueillant au repentir, Miséricordieux.*
> (Sourat an-Nisaa, 4:64)

Le messager a un message à transmettre et qui doit être suivi. Un prophète par contre n'a pas de message à transmettre. Il obéit au messager de son temps ou à celui qui l'a précédé. Allāh a mandaté plusieurs prophètes. Quelle est la sagesse (*hikmat*) dans la nomination de plusieurs prophètes s'ils n'ont pas de message? Pourquoi sont-ils devenus prophètes? Nous savons qu'un messager est muni d'une constitution, d'une Chari'ah et d'un message avec lequel Allāh l'a envoyé. Un Prophète et un messager peuvent être contemporains. Alors qui suit l'autre? Un prophète suit un messager, mais un messager ne suit pas un prophète. Ainsi, la vie de chaque messager est un cycle de vie. Allāh envoya des messagers dont le dernier fut le Sceau des Messagers, Sayyidina Mouhammad . C'est la raison pour laquelle l'Islam nous ordonne d'accepter tous ceux qui l'ont précédé.

Wa arsalnaa min rassoulin illa an youta'a bi idhnillahi. Il n'a pas dit : «Nous n'avons pas envoyé de *nabi*» mais Il a dit «nous n'avons pas envoyé de messager que dans le seul but d'être obéi par permission d'Allāh ﷻ. Alors le Prophète ﷺ récapitule les messages antérieurs. Il n'est pas nécessaire d'accepter les prophètes qui sont venus avant car vous avez Sayyidina Mouhammad ﷺ comme messager. Par contre les prophètes sont mandatés d'accepter le messager qui les a précédé parce qu'il importe de suivre un modèle. Allāh ﷻ envoya des messagers et des prophètes pour que les zones les plus éloignées puissent recevoir Sa Parole car la technologie actuelle n'etait qu'a l'état embryonnaire au temps du Prophète Sayyidina Mouhammad ﷺ. En Effet, un messager dépêché à l'Est ne pouvait que circonscrire cette zone, vu la restriction des moyens de communication et transport. «Prophètes» veut dire *'ibaadAllāh as-salihin*, des serviteurs qui sont des symboles, des exemples pour tous.

Le Prophète ﷺ mentionna *maqam al-ihsaan*, «adorer Allāh ﷻ comme si vous Le voyez et si vous ne Le voyez pas, sachez qu'Il vous voit». Alors Allāh ﷻ envoya des prophètes comme modèles pour être des symboles au sein des communautés où ils resident.

> *Yaa ayyouhalladhina aamanou ittaqoullah wa kounou ma' as-sadiqin.*
>
> *Ô vous qui croyez! Craignez Allāh et soyez avec les véridiques. (Sourat at-Tawbah 9:119)*

Ceci est une indication que tenir compagnie aux prophètes était une nécessité dans la période qui précédait l'avènement du Prophète ﷺ. Ce fut des personnes de confiance, des modèles donc pour leurs communautés en leur temps comme le sont les *awlīyāAllāh* ﷻ aujourd'hui. Il n'y a plus de prophètes ni de messagers après Sayyidina Mouhammad ﷺ. Il y a des héritiers des prophètes, des pieux et des personnes sincères, et ceux-là sont les *awlīyāAllāh* ﷻ. Certains *awlīyāAllāh* ﷻ puisent leur connaissance du cœur du Prophète ﷺ au moyen de laquelle ils guident leurs disciples. D'autres la prennent d'un prophète qui n'a pas eu de message mais qui fut pieux ; ils se revêtent de cette piété et deviennent des modèles au sein de leur communauté.

Cet aspect est très important pour notre compréhension et la diffusion du message. Allāh ﷻ a dit tel que mentionné par le Prophète ﷺ :

> *Min al-mouminina rijaaloun saadaqou maa 'ahadoullah 'alayh. Faminhoum man qadaa nahbahou wa minhoum man yantazhir wa maa badalou tabdila.*

> *Il est, parmi les croyants, des hommes qui ont été sincères dans leur engagement envers Allāh. Certains d'entre eux ont atteint leur fin, et d'autres attendent encore; et ils n'ont varié aucunement (dans leur engagement) (al-Ahzaab 33:23)*

Ce sont des gens qui ont tenu leur promesse et qui ont donné le meilleur d'eux-mêmes dans cette vie, *dounya*, et certains d'entre eux sont vivants. Ils meurent les uns après les autres au fil du temps et d'autres les succèdent. Ils sont les modèles auprès desquels nous pouvons apprendre. Tout *mouride* n'est pas *walī* ou un modèle. Le Cheikh choisit ou nomme des modèles car il veut que la *barakah* se répande. Ceux-ci peuvent ne pas avoir la connaissance pour guider mais le cheikh les nomme parce qu'ils sont sincères et pieux à conduire le *dhikroullah* tel l'exemple du compagnon qui demanda au Prophète ﷺ :

> *Yaa Rassouloullah, inna chara'ia al-islam qad kathourat 'alayya.* «Les lois de l'islam commencent à être lourdes

pour moi ». Le Prophète ﷺ dit: *Ija'l lisaanak ratban min dhikrillah,* «maintien ta langue mouillée (vivante) avec le *dhikroullah*». (Tirmidhi)

Alors ceux qui s'adonnent au *dhikroullah* sont les pieux. Ils ne sont pas nécessairement *mourchidine* pour vous guider en matière de connaissance, cependant, ils sont comme une mixture de bonne odeur, telle une personne de bonne odeur qui la répand à son entourage. C'est à l'image d'une rose qui répand sa bonne odeur sur tout ce qui est dans son environnement. L'un de ces *awlīyāAllāh* est mandaté par le cheikh. C'est pourquoi Sayyidina Aboū Yazid al-Bistami ق dit: «Celui qui n'a pas de cheikh, son cheikh est Chaytan». Pourquoi ? Parce que Chaytan lui enverra ses roses puantes afin de le soustraire du *dhikroullah*. Celui qui fait le *dhikr* aura une bonne odeur. Le Prophète ﷺ a dit: "L'odeur de la bouche d'une personne qui jeûne est meilleure que l'odeur du Paradis"; parce que les anges approchent la personne qui jeûne et l'embaument de leurs odeurs. Ainsi, celui qui désobéit Allāh ﷻ sentira l'odeur de Chaytan, une mauvaise odeur. Ceci est l'*'ilmou 's-soulouk*, la connaissance de la voie que vous avez empruntée, celle qui mène à la Présence Divine. *As-saalik* est celui qui suit la voie.

D'une personne à une autre, le parcours diffère. Le notre est plein de souffrances car nous n'arrivons pas à nous soustraire de l'appétit de ce bas-monde, *dounya*; par contre celui des *awlīyā* est parfait. Suivre ce *walī* ou ce modèle vous mènera a votre destinée puis à la Présence Divine. C'est la raison pour laquelle un guide est important dans la vie des gens. Comme nous l'avons dit, il y a deux types de guides: celui qui répand les enseignements du Prophète ﷺ et de l'Islam et celui qui est un modèle à suivre, qui guide par sa conduite. Il a atteint le *Maqaam al-Ihsaan*, le niveau de la Perfection de caractère. Vous aimez ses façons d'agir et vous le suivez. Il n'a pas besoin de vous dire quoi que ce soit. C'est la raison pour laquelle vous avez différents types d'*awlīyāullah*. Il y a les Boudala, Noujaba, Nouqaba, Awtad et Akhyaar. Ils sont partout pour guider la *oummah* à leur destinée.

Allāh ﷻ a choisi tous Ses prophètes et Ses messagers: ces guides pour la *Oummat an-Nabi* ﷺ héritent de la connaissance des premiers de manière continue à partir du cœur du Prophète ﷺ et la dispensent.

Certains sont simplement des modèles pour d'autres et Allāh ﷻ les aime. Il n'accepte pas que leur amour soit pour autre que Lui; cet amour est exclusivement pour Lui. C'est la raison pour laquelle en *tariqat*, il y a *ghayrih*, pas dans le sens de jalousie mais *karāhat moushārakat li-ghayrih* (la haine de partager avec quelqu'un d'autre), l'exclusivité. Vous n'aimez pas partager l'amour de votre bien-aimé avec quelqu'un d'autre. Si vous aimez quelqu'un, vous voulez que cette personne vous appartienne exclusivement; ce n'est pas de la jalousie. Ce que vous ressentez est ceci: "Je ne veux pas que cet amour soit dédié a quelqu'un autre que moi." Prenons un exemple dans la *dounya*. Un époux ne veut partager son épouse avec qui ce soit. Similairement, une épouse ne veut pas partager son époux avec qui que ce soit; c'est ce qu'on appelle *ghirah*. En d'autres termes, Allāh ﷻ a choisi Ses saints et Il n'aime pas que Ses saints partagent l'amour qu'ils Lui vouent avec quelqu'un autre que Lui. Cet amour doit Lui être exclusivement voué. Les élèves du cheikh doivent savoir que le but final de leur amour est d'atteindre la Présence Divine et d'aimer Allāh ﷻ! C'est la raison pour laquelle nous disons *mahabbat ash-cheikh* (l'amour du cheikh) vous guide a *mahabbat an-Nabi* ﷺ (l'amour du Prophète), qui vous guidera ensuite a *mahabbatAllāh* (l'amour d'Allāh ﷻ), le point final. Cela veut dire que vous n'accordez plus d'importance a quoi que ce soit dans votre vie. Dans chaque *'amal*, action, que vous accomplissez ou chaque moment de votre vie qui s'écoule, vous ne voyez que la manifestation de la volonté d'Allāh ﷻ. Voici ce qu'Allāh ﷻ attend de Son *walī*; que celui-ci soit avec Lui en permanence, que le cœur de Son serviteur ne soit attaché à personne.

Lorsque Rabi'a al-'Adawiyya ق fut malade, on lui demanda de quoi souffrait-elle. Elle répondit : «J'ai regardé le paradis avec mon cœur. Ce fut une erreur. J'ai regardé quelque chose de créé avec mon cœur alors que mon cœur ne doit être exclusivement que pour mon Seigneur».

Maqam al-wilaya, atteindre le rang de *walī* n'est pas facile. C'est la raison pour laquelle ces *awlīyā, Aqtaab, Boudalaa, Nouqabaa, Noujabaa, Awtaad,* et *Akhyaar* sont dotés d'excellentes qualités. Nous ne pouvons qu'écouter, parler et lire à leur sujet mais quant à eux, ils sont en mesure d'écouter et de savourer. Adam ﷺ tendit l'oreille à Iblis et se fut sa chute. C'est pourquoi le Prophète ﷺ a dit:

Houbbuka li chay ya'mi wa yassoum.

Oh mon Seigneur! Ton amour pour une personne la rendra aveugle et sourd.

Ton amour pour une personne ou pour quelconque de Ta Création rendra celle-là aveugle et sourde. Allāh ﷻ a l'exclusivité, le *ghirah;* Il n'aime pas partager Son serviteur avec autrui, et Il commande que l'amour de ce serviteur Lui soit exclusivement voué. Alors, lorsqu'Il aime entièrement ce serviteur, celui-ci devient aveugle et sourd à ce bas-monde. Il ne peut ni voir ni entendre rien de ce monde ; il ne voit et n'entend qu'Allâh ﷻ. C'est pourquoi le Prophète ﷺ a dit :

Li sa'atoun ma' al-khaaliq wa li sa'atoun ma' al-khalq.

J'ai une attention ou une heure vouée à Mon Seigneur, une relation dans laquelle aucun ange ne peut interférer.

Le cœur du Prophète Mouhammad ﷺ est complètement aveugle de cette *dounya*, non pas dans le sens littéraire du mot, mais le sens ici de sourd et d'aveugle est que ce monde-bas n'a aucune valeur pour lui. C'est la raison pour laquelle il fut invité pour le *Mira'j* où aucun ange n'ai jamais arrivé, à la station de *qaaba qawsayni aw adnaa* où il ne voyait ni ne ressentait rien sauf la Présence de Son Seigneur. Grandcheikh ق dit qu'Allāh ﷻ lui demanda en cet endroit: «Qui es-tu?» et le Prophète ﷺ répondit: «Je suis Toi».

Voici le vrai *tawhid* pour le Prophète ﷺ! Il comprit le niveau d'Unicité, que dans la Présence Divine, il n'y aucune existence et les *awlīyāaullah* étanchent leur soif à partir de cet océan. Lorsque vous êtes proches, vous ne voyez rien à l'exception des Attributs Divins qu'Allāh ﷻ manifestera sur vous. *Wa al-haqqou anna al-ghiratou lillah haqqan*, «La réalité est qu'Allāh ﷻ a le droit de s'approprier exclusivement toute chose appartenant a Ses serviteur». Allāh ﷻ a dit:

> *Awlīyāi tahta qibaabi la ya'lamahoum ghayri.*
> *Mes awlīyā sont sous mon dôme, personne ne les connait à part Moi.* (Hadith Qoudsi)

> *Man 'adaa li waliyyan faqad aadhantahou bi 'l-harb.*
> *Quiconque s'oppose à un de Mes walī (ami), Je lui déclare la guerre.* (Hadith Qoudsi)

Ceci est le *ghirah*. Alors les serviteurs d'Allāh ﷻ ne peuvent se prévaloir de rien; toutes leurs actions, tous leurs soupirs et leur rappel (d'Allāh ﷻ) ne doivent être exclusivement que pour Allāh ﷻ. *Ghirah* vous mène à l'amour. Lorsque vous atteignez la piété, *ghirah* à Allāh ﷻ vous envahi suivi de *mahabbatAllāh* ﷻ. Vous accédez alors au premier niveau de *mahabbatAllāh* ﷻ,

mahabbat al-habib, et *mahabbat al-cheikh* qui conduit à *houdour* puis à l'annihilation.

Il est dit que *al-ghira ghirataan*, (la possession exclusive, la jalousie) est de deux sortes. *Ghirat al-bashar 'ala an-noufous wa ghiratAllāh 'ala al-qouloub*, la possession exclusive pour le moi, le corps aime l'ego et l'ego conduit aux mauvais désirs. Lorsque le corps est sous l'influence de l'ego, vous rebroussez chemin et c'est pourquoi on l'appelle *al-ghirat al-bashariyya 'ala an-noufous*. Le corps n'entend rien partager avec le «soi». L'ego doit être exclusivement pour le corps, et c'est là que Chaytan peut jouer.

La deuxième est: *ghiratAllāh 'ala al-qouloub*, le *ghirah* paradisiaque au sein des cœurs tel que mentionné *ma fi qalbi illa-Llah* (Il n'y a rien dans mon cœur sauf Allāh ﷺ). Le cœur est la maison d'Allāh ﷺ. Ce cœur est complètement en état de *dhikroullah*. Si vous mettez un micro sur le cœur, vous pouvez l'entendre dire *Houououou, Houououou, Houououou*. Vous ressentez ces palpitations dans ce son. C'est un son qui a été codé et recouvert. Chacun a un code en son cœur. Si ce code vous est ouvert, vous percevrez le genre de *dhikr* qui y a lieu, et ce *dhikr* diffère d'une personne à une autre. Même si simultanément deux cœurs récitent *Houououou*, les *dhikr* sont différents de l'un à l'autre, et ceci est un signe de la Grandeur d'Allāh ﷺ. Autant chaque ange a un *dhikr* qui lui est propre, autant le cœur de chaque personne a un *dhikr*, volontaire ou involontaire. L'être humain est né en état de *fitrah*, innocence mais ce sont ses parents qui font de lui un chrétien, un juif ou zoroastrien. Vous êtes nés en *fitratou 'l-Islam*; c'est une lumière au sein de tous les cœurs.

Inna ad-dina 'ind-Allāhi al-Islam, Certes, la religion (acceptée d'Allāh, c'est l'Islam (Ali 'Imraan 3:19

Toutes les religions finissent par l'Islam, autant pour Adam ﷺ qu'Ibrahim ﷺ qui ont dit :

inni wajahout wajhiyya lilladhi fatar as-samawaati wal-'arda hanifa mouslimaan. J'ai tourné mon visage vers Celui qui a créé les Cieux et la terre et je suis musulman.

Alors la religion pour Allāh ﷻ est l'Islam, puisqu'elle fut la dernière, allant d'Ibrahim ﷺ pour être parachevée par le Prophète ﷺ. Le cœur de l'être humain est créé et nait en islam, c'est pourquoi inconsciemment ou non, le cœur fait ce *dhikr* par l'absorption et le rejet [du sang par les ventricules]. Lorsque le cœur cesse de battre, c'est la mort. Par contre si le cerveau ne fonctionne pas, la vie continue. Allāh ﷻ n'aime pas que le cœur de Ses serviteurs soit préoccupé par autre que de se rappeler de Lui. Lorsqu'Allāh ﷻ aime Son serviteur, Il exige que celui-ci Lui soit exclusivement voué.

Un des *awlīyā* a dit :

«Pourquoi Allāh ﷻ envoya Adam ﷺ sur terre ? »

Al-Qoushayri ق:

Mithaalaha lamaa watana Adam nafasahou 'alaa al-khouloud fi'l-jannahi wa ladhaatiha ghaar Allāh 'alayh. Kaana Adam youhib an yarkan ila'l-khouloud fi'l-jannat falam yaqbal-Llahou minhou haadha. akhrajahoullah minha ghiratan 'alayh.

Allāh ﷻ créa Adam ﷺ et voulu que rien ne puisse détourner son attention de Lui : Adam ﷺ devait vouer exclusivement son amour à son Seigneur. Pourtant, son amour fut orienté vers autre que son Seigneur – pour l'éternité au Paradis, il mangea du fruit de l'arbre interdit – Et Allāh ﷻ par jalousie (*ghirataIlah*) n'accepta pas cela. Lorsqu'Adam ﷺ «*lamaa watana*» se rassura à l'idée qu'il pouvait aller où bon lui semble au Paradis, et qu'il n'avait plus besoin de son Seigneur et qu'il pouvait accéder à l'éternité, alors, Allāh ﷻ l'envoya sur Terre. Allāh ﷻ n'a pas aimé cela non pas qu'Il ait besoin de quoi ce soit, car Il est Le Créateur, mais Il n'accepte pas que l'amour d'Adam ﷺ pour Lui soit voué à autre que Lui.

Nul ne peut nuire à Allāh ﷻ, par contre perdre l'estime d'Allāh ﷻ vous sera nuisible. Al-Qouchayri ق continue:

Wa Ibrahim lamma 'ajabahou Isma'il amarahou bi dhabhih «Lorsqu'Ibrahim eu un amour profond pour Isma'il, Allāh ﷻ l'ordonna de l'égorger pour lui signifier qu'il ne peut avoir de rivalité, d'amour pour nul autre dans les cœurs de Ses serviteurs. Les prophètes n'ont d'amour que pour leur Créateur, et nous parlons ici de l'amour réel. Lorsqu'Isma'il ﷺ naquit, Ibrahim ﷺ en fut si ravi que tout son amour alla vers Isma'il. C'est la raison pour laquelle aujourd'hui les humains ont ce genre d'amour pour leurs enfants. Il n'y a pas de problème à ce niveau, mais pour Ibrahim ﷺ, Allāh ﷻ dit: «Va égorger ton fils, Isma'il ﷺ». Lorsqu'Ibrahim ﷺ prit le couteau pour exécuter l'ordre, immédiatement Allāh ﷻ lui retira du cœur son amour pour Isma'il, puis, Il lui envoya l'agneau en échange. Adam ﷺ voulait s'éternisé au paradis. Quant à Ibrahim ﷺ, Allāh ﷻ accepta son intention d'égorger: «Assez! Ceci est suffisant pour Moi».

Le *Dhikrullah* est important. C'est la raison pour laquelle l'enseignement des *chouyoukh* conduit les disciples au *dhikroullah*. Mawlana Cheikh Nazim ق dit que si deux personnes sont voisines, les deux peuvent faire le *dhikr* séparément pour accroître le *tajalli*.

Qu'Allāh ﷻ donne une longue vie à Mawlana Cheikh Nazim ق!

Wa min Allāhi 't-tawfiq, bi hourmati 'l-habib, bi hourmati 'l-Fatihah. Taqqabal-Allāh.

Ittiba et Taqlid: Emboiter le pas aux vertueux et les imiter

*A'oudhou billāhi min ach-Chaytān ir-rajīm.
Bismillāhi' r-Rahmāni 'r-Rahīm.
Nawaytou 'l-arbā'īn, nawaytou 'l-'itikāf, nawaytou'l-khalwah, nawaytou 'l-'ouzlah, nawaytou 'r-riyāḍa, nawaytou 's-souloûk,
lillāhi Ta'alā fī hādhā 'l-masjid.
Ati' oūllāh wa ati'oū 'r-Rassoūl wa oūli 'l-amri minkoum.
(4:59)*

Awlīyāoullāh, qaddas-Allāhou Ta'alā arwāhahoumou zakīyya wa nawwar-Allāhou Ta'alā adrihatahoum al-moubāraka: Puisse Allāh ﷻ bénir leurs âmes, autant les morts que les vivants d'entre eux. Les Awlīyāoullāh prennent toujours soin de leurs disciples. Comme nous le disions hier, lorsqu'Allāh ﷻ aime Son serviteur, Il est possessif à son égard. Il n'aime pas que Son serviteur s'éloigne de Lui. C'est pour cela que le but ultime du serviteur est d'arriver à la Présence Divine, et les cheikhs s'attèlent à ce que leurs disciples y parviennent, car c'est cela même leurs missions. Les *awlīyā* n'ont pu être ce qu'ils sont qu'au moyen d'*inkisār*, d'humilité à l'égard de leurs disciples à l'image de la terre.

En effet, lorsque vous marchez sur la terre, elle ne s'en plaint pas. Que vous y faites usage d'une machine à forage pour en extraire ses trésors, ou que vous amoncelez sur elle des ordures, elle ne s'en plaint pas non plus. C'est pour cela que le *walī* est comparable à la terre car il ne se plaint pas, ne rechigne personne. Il aime que ceux qui sont sous son instruction puissent en bénéficier, et les cheikhs n'ont atteint ce niveau ou cette caractéristique de la terre qu'à travers humiliation et humilité.

L'humilité ici signifie s'afficher comme des gens normaux. Je parle de la Tariqa Naqchbandi et des autres Tariqas. Dans la Tariqa Naqchbandi précisément, le cheikh ne fait montre d'aucun écart de la normalité ; bien au contraire, il s'affiche permanemment comme le commun des gens pour nouer une familiarité avec ses disciples, imitant ainsi le Prophète ﷺ. En effet, ce dernier avait l'habitude de manger et plaisanter avec les *Sahābah* ﷺ (Compagnons) en privée afin de créer une atmosphère de familiarité. Ce n'est pas comme l'atmosphère d'angoisse qu'on ressent lorsqu'on cherche à rencontrer un ministre de gouvernement – du fait de plusieurs protocoles à suivre et où il n'est même pas évident que l'on soit reçu – et le ministre lui-même à son tour pourrait ressentir un sentiment de crainte en présence du premier ministre. On s'adresse même à son portier avec un langage protocolaire: «Oui monsieur!». Agissons-nous de la sorte entre nous ? Non, jamais.

Les *Awlīyāoullāh* ne font montre d'aucun comportement ou caractère de ce genre car ils veulent établir un rapport de familiarité avec leurs disciples. Celle-ci est la raison de l'attraction qu'ils exercèrent sur leurs disciples.

Les mourides doivent faire preuve de discipline vis-à-vis du cheikh en maintenant l'esprit de l'éthique d'apprentissage. Moussa (as), tout comme de façon générale, les gens souscrivent à cette étique lorsqu'ils disent : «*hal atabi'ouka?*», c'est-à-dire «puis-je te suivre?». Moussa ﷺ est pourtant l'un des oūloū 'l-ʿazam, l'un des cinq plus grands prophètes et messagers.

Que signifie *ittibaʿ* (suivre)? Les *ʿoulamā*, de façon générale disent que l'*ittibaʿ* est nécessaire contrairement aux oulamas Salafi qui affirment ceci : «*lā tatabiʿ*» c'est-à-dire «Ne suivez personne, faites comme bon vous semble». Bien au contraire, il est impératif de suivre, d'apprendre avec quelqu'un. C'est ce que fit Sayyidina Moussa ﷺ avec Khidr ﷺ lorsqu'il lui demanda: «Puis-je te suivre?» Khidr ﷺ répliqua : «Je ne sais pas si tu pourras être à mesure de le faire». Il importe de noter ici que Moussa ﷺ demande au moins la permission de suivre Khidr ﷺ, et cela avec discipline. En somme, il frappe à la porte.

Dans cette optique donc, les autres *ʿoulamā* doivent comprendre et épouser la position des Āhl 's-Sounnah wa 'l-Jamaʿah, ils doivent emprunter le sentier battu par nos vertueux devanciers et les imiter (*taqlid*). Aujourd'hui, ce groupe d'oulama rejette l'*ittibaʿ* et le *taqlid* pourtant Allāh ﷻ déclare qu'Il est Celui qui a choisi les messagers afin qu'ils puissent servir d'exemples aux seins des communautés où ils vivent. En résumé, les gens doivent s'exclamer comme suit à la vue des messagers: «Celui-ci est un vertueux homme, et je me dois de suivre son exemple». En définitif, c'est cela la tariqa : adopter le taqlid et l'ittiba qui ne sont que des injonctions divines mentionnées dans le Saint Coran.

Revenons-en à Sayyidina Khidr ﷺ qui continue en disant : «Si tu tiens à me suivre, je l'accepte volontiers mais il faudra faire preuve de patience». En définitive, il est impératif de se mettre sous l'instruction d'un cheickh; mais une fois que tu prends sa main, tu acceptes l'initiation. Quelle tache t'incombe-t-il alors ? C'est de suivre les instructions qu'il te prodigue. Un exemple simple illustratif de cette condition de soumission au cheikh comme un impératif est l'incident qui survint entre Sayyidina Oubaydoullah al-Ahrar ق et son disciple lorsque ce dernier reçut l'injonction suivante de son cheikh: «Va à la montagne, attends y moi». Qu'a-t-il fait? Il est allé à la montagne et y rester toute la journée jusqu'au *maghrib* (couché du soleil) et le cheikh n'est pas venu. En fait, ce mouride était assez futé, et son cœur était relié à celui du cheikh. Il s'interrogea ainsi: «Oh! Mon cheikh m'a dit: j'arrive», pourquoi dois-je écouter mon ego et partir chez moi?» Ainsi, il y resta et attendu un deuxième jour mais le cheikh ne vint pas, même pas après une semaine ni un mois. Il ne disposait plus de nourriture, et il n'y avait plus de fruits sur les arbres; il ne se dit point: «Il faut que je rentre chez moi pour dormir». Il n'abdiqua pas. Il attendu au-delà d'une année entière mais il n'eut aucun signe du cheikh. Allāh ﷻ lui envoya une biche pour l'allaiter parce qu'il avait honoré la parole du cheikh lorsque ce dernier lui ordonna: « j'arrive, attends-y moi». C'est cela *ittiba'*, c'est-à-dire suivre les injonctions reçues du cheikh.

Sayyidina khidr ﷺ s'adressa à Sayyidina Moussa ﷺ comme suit: «Tu peux me suivre mais ne me contrarie pas». *Qāla innaka lan tasta'i' ma'iya sabra.* (Sourate al-Kahf, 18:67)

Il ne faut pas défier l'instruction. Si vous agissez ainsi, l'ittiba' n'a plus de sens. Le premier pas dans la tariqa, c'est l'ittiba' et le taqlid mais malheureusement aujourd'hui disent:

« Ne suivez personne». Le principe d'*Ahl sounnah wa 'l-jama'ah* est d'apprendre auprès d'un instructeur attitré et d'adopter le consensus des ʿ*oulamā*.

Revenons-en au mouride pour dire qu'il attendit pendant sept ans au bout desquels son cheikh finalement arriva et lui dit: «Ô mon fils! Ou étais-tu ? J'aurais pu mourir, et tu n'as même pas cherché à venir me voir?» Le mouride répondit: «Si j'avais quitté, tu ne serais pas ici à présent sur ordre du Prophète ﷺ». Ce mouride avait atteint un haut rang.

Qu'est-il arrivé hier[3]? J'ai dit que je venais à midi, et tu es parti ; tu n'as même pas attendu une demi-heure. Cet autre-là (un autre mouride dans l'assistance) a fui. Quels genres de note prenez-vous?

Quiconque n'obéit pas aux injonctions d'Allāh ﷻ, n'obéit pas à celles du Prophète ﷺ, n'obéit pas à celles des awlīyāullāh, «*fa laysa fī yadihi shay*», alors celui-là n'obtiendra rien. Sayyidina Ali ؓ dit ceci : «La réalité réside au sein de trois choses:

al-haqīqatou fī thalāth: Man lam yakoun ʿindahou sounnatullāh wa sounnat rassoūlihi wa sounnat awlīyāihi fa laysa fī yadihi shay. Si quelqu'un n'a aucun respect pour les principes divins, pour les principes prophétiques et ceux des *awlīyā*, en définitive, cette personne ne pourra rien accomplir.

Le Prophète ﷺ a dit ceci: *anâ madînatou 'l-ʿilmi wa ʿAlîyyoun bâbouhâ*. Je suis la cité de la connaissance et Ali en est la porte (Al-Hakim-Tirmidhi).

---

[3] Le cheikh s'adressant un disciple assis à ses côtés.

Ses Compagnons lui demandèrent: «Informe-nous de ce que nous devons faire».

Il dit: «Allāh ﷻ n'aime pas dévoiler les secrets, Il les préserve car c'est cela Sa Nature, c'est-à-dire Il est *kitmān as-sirr* – ne les dévoile pas mais garde-les. Cela a deux sens ici: Le premier sens est de ne pas dévoiler tout de ce qui t'es octroyé tout le long du parcours, ne pas l'exposer autrement tu en serais tout fier et arrogant, ce qui constitue une perte. Ne dit pas: «Je parle avec les Jinn, je t'enverrai un Jinn ou je ferai ceci ou cela». Non, fais preuve d'humilité dans toute situation comme si tu ne savais rien. Ainsi tu ne feras pas montre d'arrogance. Le deuxième sens de *kitmān as-sirr*, c'est aussi de ne pas dévoiler les fautes des frères et sœurs. Ces deux attitudes sont considérées comme une façon de s'exposer ou d'exposer les autres.

Lorsqu'Allāh ﷻ t'ouvre un secret au cœur, tu le divulgues, spécialement lorsqu'il s'agit d'un rêve. Que font les gens en l'occurrence? Ils sont si heureux de ce rêve qu'ils le racontent à tout de champ. Si Allāh ﷻ avait voulu révéler ce rêve à tout un chacun, Il l'aurait pu mais Il ne l'a voulu que pour toi. En tout état de cause, si tu tiens autant à le raconter, alors fais-en exclusivement à ton cheikh. Non seulement les gens se racontent mutuellement leurs rêves mais ils les postent sur l'internet: «J'ai fais un rêve… ». Si c'est un bon rêve, ne le dévoile pas et n'expose pas aux frères et sœurs une exclusivité qu'Allāh ﷻ t'a faite. De même si tu poses une action humanitaire, garde-la pour toi. Si tu fais preuve de générosité à l'égard d'une personne, n'en fait pas cas plus tard: «j'ai fait un don à un tiers». Garde le plutôt en secret.

Ils interrogèrent: «Qu'en est-il de la Sounnah du Prophète ﷺ (saw), «*wa mā hīya sounnat ar-rassoūl?*» C'est ce sujet d'importance capitale qui doit intéresser les *'oulamā*, et les politiciens doivent se référer aux sources islamiques, s'abreuver à la source des vertueux et surtout ne pas écouter ou s'affilier aux opinions extrêmes.

Ils demandèrent à Sayyidina Ali ؑ: «Quelle est la voie du Prophète ﷺ? Nous comprenons l'approche divine à voiler ce qui t'es arrivé mais en quoi consiste la méthode, la voie du Prophète ﷺ?» Sayyīdinā 'Alī ؑ répondit: «*al-moudārātou li 'n-nās*». Ceci est important. Oh politiciens! C'est cela le fondement de l'Islam. Il a puisé de la sounnah du Prophète ﷺ (saw); il n'a pas dit: «Suicidez-vous à la bombe» ce qui parait être le cas avec les Musulmans tuant d'autres Musulmans de nos jours. Mais il a plutôt dit: «*al-moudārātou li 'n-nās*», être en mesure d'appréhender toute chose avec modération, avoir de la considération pour toute personne, traiter toute personne au mieux afin qu'elle puisse s'épanouir, et ceci pour quiconque vous rencontrez. En effet, il a dit: «*li 'n-nās*, à tout l'humanité» et non «*li 'l-Mouslim*, exclusivement aux Musulmans». La méthode ou la voie du Prophète ﷺ est de s'assurer que chacun ait le sentiment d'avoir été pris en compte (bien traité). Le Prophète ﷺ a accordé une importance particulière à chacun; cela ne peut être chose aisée pourtant c'est ce qui nous incombe, d'inculquer aux autres c'est-à-dire pourvoir au besoin de tout un chacun, car c'est cela même le fondement de l'Islam. Le Prophète ﷺ a assouvi le besoin de chacune ou chacun mais celui qui a perdu cervelle ou le cœur ne s'en rend point compte.

Ils interrogèrent: «*Qīla wa mā sunnata awlīyā'ih*, en quoi consiste la sounnah des saints?» Sayyīdinā 'Alī repondit: «c'est l'une des plus difficiles: *ihtimālou 'l-adhā*, supporter le fardeau des autres». Que faut-il entendre par leur mal? Ce n'est pas lorsqu'ils dénigrent le *walī*, du genre: «il n'y a pas de *awlīyā*». Il appartient au cheikh d'endosser les maux, les erreurs et péchés de ses disciples, de les en purifier et de leur pourvoir de ses bonnes actions et de leur annoncer les bonnes nouvelles dont il a pu être récipiendaires. En sommes, il se sacrifie pour le bénéfice de ses disciples. C'est cela le *walī* et la fonction qui lui incombe.

Ainsi lorsque Sayyidina Moussa ﷺ demanda à Sayyidina khidr ﷺ: «Puis-je t'accompagner?» Il répondit: «oui, mais tu dois faire preuve de patience. Je ne divulguerai pas mes secrets, je supporterai les maux et difficulté qui jonchent le chemin; conscient que mon Prophète ﷺ viendra à la rescousse afin de satisfaire les opprimés. C'est pourquoi il assuma une telle responsabilité lorsqu'il fit un trou dans le bateau. En effet, il ne voulait pas que le roi s'accapare du bateau du pauvre pêcheur. Puis il assuma une autre responsabilité lorsqu'il érigea le mur en ruine pour préserver les trésors y enfouis revenant aux ayant droits ou héritiers légitimes. Enfin, il assuma une dernière responsabilité pour cet enfant malfaisant à l'égard de ses parents.

De tout ce qui vient d'être dit, il s'en suit que notre responsabilité est de supporter mutuellement, de ne pas offusquer les uns et les autres, d'éviter de promouvoir tout ce qui peut conduire à la discorde. La technologie de façon générale est contre productive comme Mawlana le soulignait hier simplement parce que l'usage dont il est en fait est destructif. En effet, les choses exhibées ou les discours tenus sur l'internet entachent ou détruisent la bonne moralité des internautes. Ainsi Allāh ﷻ a dégagé trois voies couplées de trois actions corrélatives. Celui qui les adopte comme le dit Sayyīdinā 'Alī ﵁, recevra le support d'Allāh ﷻ, la *chafa'ah* du Prophète ﷺ, l'approbation comme disciple des *awlīyā*.

Le premier *'amal* (acte) concerne *ākhirah* (l'au-delà); Tout le temps, fais ton mieux pour l'au-delà, ne t'exauce pas au travail pour *dounyā*. « *Man 'amal li 'l-ākhirah kafā-Allāhu dunyāhu*, celui qui fait de son mieux pour l'au-delà (*ākhirah*), Allāh ﷻ l'assistera au moyen d'autres pour sa vie présente (*dounyā*)». Il n'aura même pas besoin de travailler, l'assistance affluera de tout part. Malheureusement, on ne fait pas assez pour notre *ākhirah*, ainsi devons nous courir après *dounyā*, ce bas-monde, pour manger et boire.

J'ai pu voir, observer et vivre la façon dont Mawlana cheikh Nazim ق et Grandcheikh ق se sont attelés exclusivement à la *da'wa*. Ainsi, Allāh ﷻ leur a pourvu des personnes pour les servir. Leurs maisons ne manquent jamais de nourriture. Soubhanallāh! Grandcheikh ق possédait une modeste demeure, mais le repas y était servi trois fois par jour. Lorsqu'un invité arrivait, il était servi, et je n'ai connaissance d'aucun jour sans nourriture chez lui. Soubhanallāh! Allāh ﷻ leur envoya des gens pour les servir. C'est également le cas pour Mawlana cheikh Nazim ق.

Un jour, Grandcheikh ق nous fit la confidence suivante (mon frère et moi): «Allāh ﷻ et le Prophète ﷺ m'ont promis ceci: «'Oh Abdallāh Effendi! Quiconque suit tes enseignements ne verra *fi 'd-dounyā charr aw fi 'l-ākhirah*, c'est-à-dire ne connaitra jamais de mal tant dans *dounyā* que dans *ākhirah* et ne sera jamais financièrement démuni. Allāh ﷻ a fait don à chaque *walī* d'une certaine spécialité et quiconque suit mes enseignements ne connaitra aucun mal dans cette vie et son *rizq* (provision) sera toujours assurée». Les portes des *awlīyā* sont permanemment ouvertes car ils savent que quiconque s'investi pour *ākhirah*, Allāh ﷻ lui pourvoira de tout ce dont il a besoin en *dounyā*.

Wa man ahsana sarīratahou ahsan Allāhou zāhirah, Celui qui contrôle son ego et parfait son aspect interne, Allāh ﷻ lui parfait son apparence externe. Où qu'il apparaisse, quelque que soit l'assemblée, le rassemblement ou congrégation, il en sera le point de mire, et les gens afflueront vers lui due à la lumière dont Allāh ﷻ et Son Prophète ﷺ lui ont fait grâce et apparente sur son front. Les gens affluent vers lui et se sentent attirés vers lui comme un aimant. En effet, les *awlīyāoullāh* sont similaires aux aimants ; Allāh ﷻ les a doté de cette spécialité. Le mouride ne peut pas parfaire son aspect apparent par lui-même ; cette apparence lui vient d'eux (des *awlīyāoullāh).* Porter de beaux habits n'est pas synonyme de parfaire son apparence extérieure mais l'on a besoin plutôt d'être vêtu par la lumière céleste pour devenir une source d'attraction pour les autres.

Par conséquent, essayez d'améliorer vos rapports avec les autres. Les points susmentionnés représentent des obstacles majeurs à franchir en vue de réussir. Les *awlīyāullāh* ont réussi car ils se sont conformés aux conseils précités et ainsi ont pu se délecter à l'abreuvoir du savoir, *'irfān*, le gnostisme. Allāh ﷻ leur a imparti de Sa connaissance car ils ont amélioré leur rapport avec Lui. En corollaire, les masses se sont ruées vers eux par permission d'Allāh ﷻ.

Qu'Allāh ﷻ absolve nos péchés.

Wa min Allāhi 't-tawfiq, bi hourmati 'l-habib, bi hourmati 'l-Fatihah.
Le succès appartient à Allāh ﷻ, au moyen du statut sacré du Bien aimé, au moyen de la *Fatihah*.

Les Principes Muables et Immuables

*A'oudhou billāhi min ach-Chaytān ir-rajīm.
Bismillāhi' r-Rahmāni 'r-Rahīm.
Nawaytou 'l-arbā'īn, nawaytou 'l-'itikāf, nawaytou'l-khalwah, nawaytou 'l-'ouzlah, nawaytou 'r-riyāḍa, nawaytou 's-soulôûk,
lillāhi Ta'alā fī hādhā 'l-masjid.
Ati' oūllāh wa ati'oū 'r-Rassoūl wa oūli 'l-amri minkoum.
(4:59)*

Al hamdoulillāh qu'Allāh ﷻ nous a mis en relation avec les gens auxquels Il a accordé le support divin. Etant disciple ou mouride, il est impératif pour tout aspirant à la «voie» soucieux d'atteindre son objectif, de savoir où poser le pied. Son intention doit être saine, sadiq (pure) tout le long du voyage, c'est-à-dire qu'il doit se résoudre à suivre les sentiers battus par les Āhlou 's-Sounnah wa 'l-Jama'ah et par les Āhlou 'l-Bayt. Aujourd'hui, les gens s'allient à beaucoup d'oulema et savants sans accorder d'importance au Maqām al-Ihsān ou même sans y faire référence, abandonnant ainsi la quintessence de l'Islam: Maqām al-Ihsān, c'est le niveau où se manifestent en vous les pensées et les caractères purs, les valeurs morales qui vous conduisent à votre but et destinée.

Les *Awlīyāullāh* affirment que chacun a un objectif bien précis. L'objectif est d'arriver à l'amour d'Allāh ﷻ et l'amour du Prophète ﷺ. Malheureusement, y arriver s'apparente au passage de l'eau dans un tube perforé en plusieurs endroits où l'eau plutôt que d'arriver à destination se perd par ces fuites, et en substance vous ne recevez rien. *Qāloū innama kharam al-woussoūl*, leur chemin est jonché de trous, ils ont perdu l'*oussoūl*, le principe clef de l'Islam qui est *Maqām al-Ihsān*.

Les gens sont intéressés au *Maqām al-Ihsān* mais de prime abord, comme mentionné auparavant, leur chemin est jonché de trous. Alors, comment peuvent-ils atteindre leur but? Ils n'y arriveront pas. Les *Awlīyā* disent qu'il faut faire preuve de vigilance. L'Imam ʿAbd al-Karīm ibn Hawāzin al-Qoushayrī connu simplement comme al-Qoushayrī ق (d. 1074 en Perse), l'un des plus éminents Soufi ʿ*alīms* dit ceci:

> «Il n'est pas recommandé de s'instruire auprès d'une personne qui n'a pas emprunté cette voie (*Āhlou 's-Sounnah wa 'l-Jamaʿah* et des *Āhlou 'l-Bayt*; la voie Soufie) au risque de déboucher sur une destination inacceptable. Aujourd'hui (parlant en son temps, c'est-à-dire il y a environ 700 ans), les gens ont adopté deux voies et les deux sont à éviter».

Par éviter, il faut comprendre qu'il s'agit de trouver une personne qui a une bonne compréhension de ces deux voies et une bonne maîtrise de la réalité de *Maqām al-Ihsān*.

Les gens de nos jours n'ont d'intérêt que pour les commentaires et dire des autres qu'ils réitèrent volontiers. Ils ne s'intéressent point aux commentaires rafraichissants qui jaillissent des cœurs des *awlīyā*. Ils reproduisent les écrits passés : c'est cela la source de leur connaissance. Ils sont bien imprégnés des écrits des autres mais ils n'avancent pas vers leur destination. *Aw imma ashāb al-qawl wa 'l-fikr*, ils se résument comme les gens de la pensée: l'aspect académique et l'aspect intellectuel les caractérisent. Il faut être vigilant avec eux. La pensée ou l'intellectualisme dont ils font montre ne saurait comprendre ou cerner Allāh ﷻ à l'exception des cœurs. Ils gens absorbent et reproduisent ce qu'ils ont lu ou appris, mais si ces écrits ne sont pas accompagnés de commentaires ou d'annotations, alors ils les rejettent. Ils reproduisent purement et simplement les écrits antérieurs (sans analyse critique) ou ils adoptent une approche purement intellectuelle pour tenter de reformer l'Islam. L'Islam n'a besoin d'aucune reforme, mais plutôt les Musulmans. En effet, ils doivent retourner à la tradition du Prophète ﷺ et de Ses illustres Compagnons. En substance, le premier groupe reproduit, ressasse aveuglement les écrits du passé pendant que le deuxième est composé de penseurs comme les socialistes du début du 20ème siècle comme Maoudoudi, Syed Qoutb et bien d'autres qui affirmaient: «Nous devons reformer l'Islam». Main non! Faites attention à vos pensées.

Les *Awlīyā* puisent du cœur du Prophète ﷺ, et il y a deux principes: d'un côté il y a les éléments immuables (*thawābit*) avec lesquels tu ne peux pas jouer, et de l'autre il y a ceux qui sont muables (*moutaghayyarāt*).

Les *thawābit* sont immuables et c'est certainement ni les reproducteurs ni les réformateurs qui pourront les modifier. L'inspiration du cœur du Prophète ﷺ émanant d'Allāh ﷻ est transmit aux cœurs des *Awlīyā*. C'est ainsi que Jalalouddin Roumi ق est venu avec tant de principes magnifiant les principes immuables, car ces derniers sont à même d'être embellis avec n'importe quel ornement de votre choix.

Allāh ﷻ est compris à travers ces Beaux Noms qui sont magnifiables. Allāh ﷻ manifestera sur Son Prophète ﷺ ces beaux Noms et Il est en même d'en faire autant sur n'importe qui et de dévoiler à ce dernier le Beau Nom dont il jouit ou s'abreuve. Et ces Noms sont nombreux. Exemple: *tajallī ismoullāh al-'Azam* c'est-à-dire «Allāh» dont la manifestation englobe tous les Noms. Mais comment ce Nom se manifeste t-il? Eh bien, il se manifeste sur «un» comme indiqué dans le Saint Coran:

> *Wa annahou lamma qāma 'abdoullāhi yad'oūhou kādoū yakoūnoūna 'alayhi libada. Et quand le serviteur d'Allāh s'est mis debout pour L'invoquer, ils faillirent se ruer en masse sur lui...* (Soūrat al-Jinn, 72:19).

Il est évident que le serviteur d'Allāh ﷻ, le seul mentionné dans le saint Coran comme ''AbdAllāh' est celui vêtu des Beaux Noms et de « *ismoullāh al-'Azam*» (le Nom d'Allāh ﷻ qui englobe tous les autres noms). Celui-là est le Prophète ﷺ car il a atteint le plus haut rang, le plus haut prestige, *chān*; il est la réalité, la certitude de cette manifestation du Plus Puissant Nom: «Allāh». C'est pourquoi il a pu effectuer *'Isrā' wal-Mi'rāj*. Si Allāh ﷻ ne l'avait pas vêtit, il aurait été complètement annihilé. Allāh ﷻ le vêtit afin qu'il puisse revenir. Ainsi l'Imam al-Qouchayri dit: «Lorsque le serviteur se tint debout en prière», se rapporte au Nom qui fut octroyé au Prophète ﷺ et à ses héritiers que sont les Ghawth, Aqtāb, Boudalā, Noujabā, Nouqabā, Awtād, Akhyār.

La réalité est immuable. Ces Noms de réalité immuables peuvent être magnifiés au moyen de *moutaghayarāt* c'est-à-dire de principe muable et ainsi chaque réalité revêt une allure colorante, chatoyante qu'il est possible de discerner. Allāh ﷻ continue dans le même sens :

wa law istaqāmoū 'alā at-tarīqati la-asqaynāhoum mā'an ghadaqa. Et s'ils se maintenaient dans la bonne direction, Nous les aurions abreuvés, certes d'une eau abondante. (Al-Jinn, 72:16)

«S'ils se maintiennent sur la voie, *Sirāṭ al-Moustaqīm*», ceci est un principe figé, immuable. Mais l'on peut vêtir ce principe puisque chacun peut s'engager sur cette voie, dans une manifestation singulière, vêtu différemment aux moyens de dhikr différents, sous tutelle de différents cheikhs. Le chemin ne change pas mais le vêtement comme expression de la technique adoptée par un cheikh ou un autre est variable. Comme confirmé par le verset précité : « *wa law istaqāmoū 'alā at-tarīqati la-asqaynāhoum mā'an ghadaqa* ».

Aujourd'hui, ils (les scientifiques) peuvent prédire l'origine de la pluie et où elle se déversera. La substance de la pluie reste invariable. Il y a des lacs ou régions équatoriales d'où l'eau s'évapore : ce fait est immuable mais les points où la pluie se déverse sont muables.

Wal baladu 't-tayyibou yakhroujou nabātouhou bi-idhni rabbihi wa'Lladhī khaboutha lā yakhroujou illa nakidan kadhālika nousarrifou 'l-ayāti li-qawmin yashkouroūn.

Sur la bonne terre, les plantes poussent avec vigueur avec la permission de son Seigneur, tandis que la mauvaise terre ne donne que des plantes chétives. Nous explicitons ainsi les signes pour que les gens se montrent reconnaissants.
Soūrat al-Aʿrāf, 7:58.

Les nuages existent mais Allāh ﷻ les déplace à son gré au moyen du vent aux mains ou sous contrôle des anges. Sous l'impulsion donc des anges, le vent souffle dans différentes directions mais les principes d'évaporation restent immuables. Un exemple est que l'eau versée au sol s'évapore en dix ou quinze minutes. A la sauna, l'on transpire. Similairement, il te faut transpirer sur la voie autrement quel succès escomptes-tu? Aimerais-tu t'asseoir sur le trône et être porté? *Nouqsānīyyah*, tu as des carences qu'ils doivent combler afin que tu progresses. Par exemple, si tu détestes le melon, ils (les *awlīyā*) t'offrent précisément le melon: évidemment cela peut te peiner car source d'amertume. Celui-là (un disciple assis près du cheikh) aime trop dormir, donc ils le tiennent en éveil. Ainsi chacun doit peiner d'une manière ou d'une autre.

Un grand *walī* s'adressa une fois à un autre de rang plus élevé, chose que le premier ignorait. Il plaisantait avec lui comme suit [les *awlīyā* aiment plaisanter les uns avec les autres]: «Aimerais-tu Le voir, *atourīdou an tarāh*?» Je pose la même question à chacun de vous[4]: «Aimeriez-vous le voir? Bien sûr! Pourquoi venez-vous au *dhikroullah*? Pour Le voir, être plus proche de Lui. Mais ce *walī*-là répondit: «Non, je ne

---

[4] Le cheikh s'adressant aux disciples assis.

veux pas Le voir». Si cette demande nous était adressée, certainement nous courront vers Lui pour le voir. Sayyīdinā Moūssā ﷺ a demandé à Le voir. Pour revenir à l'anecdote, ce *walī* était prudent:

Il a répondu: non

Ils dirent: ceci est étrange.

Le *walī* ajouta: *ounnazihou dhāk al-Jamāl 'an nadhari mithlih*, J'exalte une telle beauté contre un regard comme le mien c'est-à-dire je ne suis pas digne de cela. Je ne veux pas que mes yeux souillés se posent sur une telle beauté car elle est digne d'exaltation. Admirer une telle beauté requiert des yeux sains.

Voyez la délicatesse des propos de ce *walī*! Pouvez-vous proférer de tels mots?

Lorsqu'on demande aujourd'hui aux gens: « comment vous vous relaxez?» Ils vous répondent: «on s'offre un bon massage » (rire dans l'audience). Mais ici le *Walī* dit: «Non, *mā doumtou lahou dhākiran*, aussi longtemps que je me souviens de Lui, c'est cela ma relaxation. Quand je deviens inattentif à Son souvenir, je ne me relaxe plus, je transpire». Voyez la différence entre les *awlīyā* et nous. L'Imām al-Qouchayrī ق dit: *wa law istaqāmoū 'alā at-tarīqati la asqaynāhoum mā'an ghadaqa*, S'ils (les gens en général) connaissaient les principes muables (*moutaghayarāt*), ils auraient réussi.

La lumière se déplace à une célérité constante de 300000 km/s. L'espace entre la lune et la terre est soumise à plusieurs variantes). Ce fait est un *moutaghayyarāt*. C'est pourquoi la célérité lumineuse issue de la lune n'atteint pas 300000 km/s. Dans cette galaxie peuplée de pléiades d'étoiles – certaines plus éloignées de nous que la lune, le soleil ou l'étoile polaire – votre destination (celle du mouride) est davantage plus éloignée que n'importe qu'elle étoile de l'univers. Il existe plusieurs variables sur votre chemin à même de freiner votre ascension. C'est au vu et su de cela que le guide vous instruira du genre de litanie (*awrād*) à réciter afin de vous faire avancer à la mesure bien attendu de votre capacité.

Si l'on branche une lampe de 500 watts à une source de 100 watts, la lampe et le fils conducteur brûleront. Par contre si l'on branche une lampe de 50 watts à une source de 100 watts, ni la lampe ni le fils conducteurs ne brûleront. Similairement, le cheikh connait la capacité d'absorption de ton cœur. Il te connecte à lui et tu demeures sur la voie sans que ta lampe ne s'embrase. Ce qu'il te dispense ainsi est *moutaghayyarāt*, quelque chose de muable. Tu pourrais recevoir ainsi 50 watts ou 100 watts.

Allāh dit dans le Saint Coran : «*S'ils se tenaient sur la voie, Nous aurions ordonné aux anges de faire descendre sur leurs cœurs des nuages de miséricordes. Nous les aurions arrosé des «insondables»* (c'est-à-dire une connaissance singulière).

Le support émane d'Allāh. Lorsque tu prends l'élan c'est-à-dire lorsque tu reçois du cheikh l'*awrād* (litanies journalières), et que tu t'y attèles, alors s'en suit une miséricorde (*ināyatoullāh*) qui te propulse de l'avant à l'image du vent qui fait mouvoir les nuages de pluie ; ceci s'appelle «*rīh as-sibā*, la brise fraîche en provenance des cieux» qui te propulse de l'avant. Tout comme le traîneau sur un rail qui n'a besoin que d'être poussé pour qu'il continue comme sur un toboggan. Le traîneau pourrait arpenter une colline lentement puis amorcer la descente rapidement.

Allāh ﷺ dit dans le Saint Coran: «*inna maʿ al-ʿousri yousrā,* la difficulté est suivie de facilité» (S94 :6).

Il ﷺ n'a pas dit : «La facilité est suivie de difficulté», non. La difficulté est définitivement suivie de facilité. Ainsi la difficulté apparaît d'abord puis est suivie de facilité comme le confirme:

Alam nashrah laka sadrak, wa wadāʿnā ʿanka wizrak. N'avons-nous pas ouvert ta poitrine et allégé pour toi ton fardeau ? (Soūrate al-Shahr, 94:1-2)

Lorsque tu demeures constant sur la voie, Il ﷺ envoie les anges avec les nuages de miséricorde à ton secours afin que très rapidement tu atteignes ton but. De nos jours, les gens ne s'intéressent qu'au «*an-naql wa 'l-athar, celui-ci dit ceci et celui-là dit cela*». Si tu ne mentionnes pas la source de cette connaissance, les gens la rejettent. Pourtant, toute chose est changeable. Prenons par exemple l'interprétation de hadith. Le Prophète ﷺ a dit dans un hadith: «je vous lègue le livre d'Allāh ﷺ et ma Sounnah » et dans un autre: «Je vous lègue le livre d'Allāh ﷺ et ma famille». Les *awlīyāoullāh* de nos jours, selon l'inspiration qu'ils reçoivent du Cœur du Prophète ﷺ juxtaposent les deux variantes du hadith. En formant l'équation: *kitāboullāh wa sounnatī* = *kitāboullāh wa ʿitratī* et en simplifiant l'équation, «*kitāboullāh*» présent dans les deux membres disparait et l'on a: *sounnatī* = *ʿitratī*. A la conclusion de cette équation, l'on se rend compte que ceux qui sont sur sa Sounnah sont les membres de sa Famille. De quelle famille s'agit-il? Il s'agit de ces descendants, mais il y a aussi une famille spirituelle dont un membre est Sayyīdinā Salmān al-Fārsī .

Les *awlīyāullāh* sont ceux qui peuvent vous fournir une compréhension plus approfondie du *kitāboullāh* c'est-à-dire le Livre d'Allāh . Les autres ne font que ressasser: «Tel a dit ceci ou cela»; ils n'ont pas de compréhension nouvelle ou fraîche. Cette compréhension nouvelle est *'ilm al-ghouyoūb* pour vous (le commun des mortels) mais elle est *'ilm az-zouhoūr* pour eux (*awlīyā*) c'est-à-dire une connaissance qui leur apparaît.

Ainsi, il est impératif d'être en compagnie de ceux qui reçoivent l'inspiration divine en leurs, c'est-à-dire *chouyoūkh at-tā'ifah* qui représentent un groupe particulier de cheikhs. Qui sont-ils? Ce sont les *awlīyā*oullah. Si tu t'associes à autres que ces derniers, ils t'embourberont dans un labyrinthe. Pour te sortir de ce labyrinthe, tu auras besoin d'un fil d'Ariane que seuls les *awlīyā* possèdent.

La méthodologie des *awlīyā*oullah est similaire. Les intellectuels présument que quatre années pour décrocher un doctorat ou autre certificat est amplement suffisant. Point du tout. Par contre, les awliyya qui vous prennent en compte au travers de votre vie, du passé au futur en passant par le présent, ceux-là même qui satisfont votre besoin à tout moment donné sont suffisants. Les intellectuels essaient de reformer l'Islam mais il est parfait comme la pleine lune. Il est impossible de reformer l'Islam avec les idées de Marx, Lénine ou d'autres doctrines socio-politiques telles le communisme, le socialisme ou même la démocratie ou les idéologies libérales. Il faut plutôt apporter quelque chose de spirituellement plus intense et de façon modérée et accessible à tous.

En plus de ce qui est mentionné dans le Saint Coran, Le Prophète ﷺ a rappelé dans plusieurs ahadiths que la meilleure manière de s'accomplir spirituellement est à travers le *dhikroūllāh*. Allāh ﷻ se décrit Lui-même pour nous avec quatre vingt dix neuf Beaux Noms. Il importe de savoir que la liste des Beaux Noms pour se souvenir de Lui est infinie avec le plus important étant *ismoullāh* c'est-à-dire «Allāh». «Lorsque le serviteur d'Allāh ﷻ se tint debout en prière» est une référence au Prophète ﷺ, celui qu'Allāh ﷻ a vêtu de tous les Beaux Noms et Attributs. Abdous-Salām s'abreuve du *tajallī* du Nom divin « as-Salam» mais «'AbdAllāh», le serviteur d'Allāh ﷻ s'abreuve des *tajallī* de tous les Beaux Noms et Attributs.

Ainsi les *awlīyā* sont en mutation constante en fonction du *tajallī* dont ils s'abreuvent. Qu'Allāh ﷻ nous purifie avec son Pouvoir incommensurable.
Faites attention à ce verset : *wa law istaqāmoū ʿalā at-tarīqati la asqaynāhoum māʾan ghadaqa*. Qu'Allāh ﷻ remplisse nos cœurs avec Ses Beaux Noms et Attributs.

Wa min Allāhi 't-tawfīq, bi hourmati 'l-habīb, bi hourmati 'l-Fātihah. Le succès vient d'Allāh ﷻ par l'honneur du Bien-aimé ﷺ, par l'honneur de la Fatiha.

Le dhikr est le pilier principal de la Tariqa

*A'oudhou billāhi min ach-Chaytān ir-rajīm.
Bismillāhi' r-Rahmāni 'r-Rahīm.
Nawaytou 'l-arbā'īn, nawaytou 'l-'itikāf, nawaytou'l-khalwah, nawaytou 'l-'ouzlah, nawaytou 'r-riyāḍa,
nawaytou 's-souloûk,
lillāhi Ta'alā fī hādhā 'l-masjid.
Ati' oūllāh wa ati'oū 'r-Rassoūl wa oūli 'l-amri minkoum.*
(4:59)

La *Rabita* (connexion spirituelle) est le canal qui vous relie au cheikh, et cela est établi lorsque vous lui tendez la main pour l'initiation. Par la même occasion, en établissant ce canal, le cheikh s'assure qu'il n'est pas défectueux et qu'il ne se brisera pas. Quant à la *Mouraqaba*, elle consiste à méditer et à observer scrupuleusement tant de la part du Cheikh que du mouride. En somme une vigilance bilatérale. Elle permet d'appréhender ce qui se déroule à l'instar d'une camera. Et toute fuite éventuelle sera perceptible.

Etant mouride, votre responsabilité dans cette observation consiste à réparer tout élément défectueux qui pourrait s'immiscer dans la connexion; le cheikh en fait de même à son niveau. Si vous décidez d'énumérer les imperfections qui existent dans la connexion qui vous relie au Cheikh, vous réaliserez qu'il y a beaucoup de cavités et de fuites dans ce canal et que rien ne pourra maintenir son intégrité sans une intervention divine. Ce pilier on ne peut plus important, cette intervention divine est le *dhikroūllāh*.

Pour faire le *dhikroūllāh*, il faut être dans un état propre. Récitez le *dhikroūllāh* est synonyme de frappez à la porte pour qu'elle s'ouvre à vous. Allāh ﷻ dit dans le Saint Coran:

> *Alladhīna yadhkouroūnoullāh qiyāmān wa qou'oūdan wa 'alā jounoūbihim wa yattafakkaroūna fī khalqi 's-samawātī wa 'l-ard, rabbanā mā khalaqta hadhā bātilan soubhānaka fa qinā 'adhāba 'n-nār.*
> Ceux qui se souviennent d'Allāh debout, assis, couchés sur leurs côtés, invoquent Allāh et méditent sur la création des cieux et de la terre (disant): "Notre Seigneur! Tu n'as pas créé cela en vain. Gloire à Toi! Garde-nous du châtiment du Feu.

(Sourate Āli 'Imrān, 3:191)

Al-lazīna yadhkouroūnouallāh, «Ceux qui dans différentes postures mentionnent Allāh ﷻ avec leurs langues». Lorsque vous mentionnez Allāh ﷻ, vous accédez à ce pilier de la Tariqa. La Tariqa ne contredit pas la Chariah. La Chariah est la loi et la Tariqa est la voie. Vous ne pouvez changer ce qu'Allāh ﷻ nous a ordonné, la loi de l'Islam et ses obligations ni changer l'*Imān* que le Prophète ﷺ nous a prescrit. Vous ne pouvez non plus changer la constitution qu'Allāh ﷻ a donnée aux Musulmans, le Saint Coran et les Saints Hadiths du Prophète ﷺ!

La Tariqa est la voie qui permet d'exécuter ces lois. L'un des piliers principaux de la Tariqa est le *dhikroūllāh*, et Allāh ﷻ dit: «Le meilleur des *dhikr*s est de savoir que *La ilaha illa-Llah* (il n'y a d'Allāh ﷻ qu'Allāh)», qui représente le Niveau de l'Unité Divine (*Maqam at-Tawhid*). Ainsi, pour rapiécer et restaurer ce qui est brisé, retourner au *dhikroūllāh*. Je ne parle pas du *dhikroūllāh* que vous faites étant en groupe, mais plutôt du *dhikroūllāh* que vous faites lorsque vous êtes seul conformément à ce que le Prophète ﷺ a dit: *ij'al lisānak raṭban bi dhikroūllāh*, «Maintenez votre langue mouillée par le *dhikroūllāh*».

> Comment passons-nous nos temps? Avec le *dhikroūllāh* ou avec le *dhikr ad-dounya*, le souvenir d'Allāh ﷻ ou celui de la *dounya*? Dès que vous vous souvenez de la *dounya*, la nécessité de faire la grande ablution (*ghousl*) s'impose. Vous ne pouvez aller à la porte d'Allāh ﷻ avec la *dounya* en votre compagnie! C'est le Principe de la Tariqa (*Adab at-Tariqa*). Vous ne pouvez pas vous rendre à une assemblée de *dhikroūllāh* sans avoir fait le *ghousl*, la grande ablution. C'est pourquoi Sayyidina Shah Naqchband ق ne permettait à aucun de ses disciples de participer à ses assemblées sans avoir non seulement fait l'ablution normale (*woudou*) mais également la grande ablution (*ghousl*). Savez-vous pourquoi il est obligatoire de faire le *ghousl* après avoir eu des relations intimes avec vos épouses? Ce n'est pas seulement pour enlever l'impureté (*najasah*), car cet acte est un acte pur et propre. Vous faites le *ghousl* en disant: «O mon Seigneur! (*Ya Rabbi!*) Je m'éloigne du désir inné pour ma famille vers Ton désir», le souvenir d'Allāh ﷻ pour que la porte s'ouvre à moi.

Al-Qouchayri ق, un des grands savants du Tassawwouf, a dit:

Lam adkhoul fī houdoūri 'ch-cheikh illa ṣā'iman moughtasilan. «Je ne suis jamais allé en présence de mon Cheikh sans avoir au préalable pris une douche et observer le jeûne, et toute les fois que je me rends à son école, j'entre par la porte qui mène au lieu où il s'assoit et, observant le respect pour lui, je rebrousse chemin par révérence pour lui, car je suis inquiet de me présenter en compagnie de mon ego ou ma *dounya*».

Aujourd'hui, comment allons-nous à la porte du Cheikh? Quel est le facteur qui détermine l'entrée chez le cheikh? C'est celui qui paye le plus d'argent qui a la permission d'entrer!

Imām Al-Qouchayrī ق continue:

«Si j'insiste et ai le courage d'entrer, dès que j'y suis, je me sens paralysé par les manifestations divines (*Tajalli*) qui déferlent sur mon Cheikh et qui me font fuir en frémissant».

Cette attitude est le début du voyage. En cette époque marquée par l'ignorance, nous sommes fortunés. En effet, Grandcheikh ق a dit: «C'est la raison pour laquelle Allāh ﷻ a grandement ouvert Ses portes de Miséricorde, et du fait de cette grande Miséricorde, il n'y a plus de protocole, et cette éthique qui jadis était une condition obligatoire a désormais disparu. Un enfant gâté respect-il l'éthique d'entrée dans la chambre de son père? Que son père puisse être président ou roi, nul ne peut l'en empêcher. Similairement, aujourd'hui, nous sommes dans de telles conditions, celles de non respect d'éthique avec cette avalanche de Miséricorde divine qui s'abat sur nous.

De ce fait, les *awlīyāoullāh* ne mettent pas l'accent sur le comportement de leurs disciples. «Ils sont plutôt tolérants» du fait de l'émanation de cette immense miséricorde qui s'abat sur la communauté du Prophète ﷺ, *oumma-t-an-Nabi* et sur ce monde. A l'époque, les disciples n'osèrent faire aucun mouvement déplacé par respect et vénération au cheikh; le disciple Al-Qoushayrī ق fut paralysé à la vue de son cheikh et rebroussa chemin. Celui qui a assez d'eau peut en utiliser pour irriguer des champs, mais lorsque celle-ci devient une denrée rare, il l'économise. Les *awlīyāoullāh*, jadis préservaient la miséricorde pour leurs disciples, mais elle est devenue maintenant une pluie diluvienne. Laissez-les donc s'en imprégner.

Al-Qouchayrī ق continu:

«Je ne suis jamais venu en présence de mon Cheikh sans avoir au préalable pris une douche ou jeûner».

O mourides! Comment osez-vous frapper à la porte d'Allāh ﷻ représentée par le *dhikroūllāh*? Comment pouvez-vous vous y rendre sans jeûner (en vous privant de nourriture) mais aussi de tous vos désirs? Rendez-vous y plutôt en état de pureté. Dès que vous vous asseyez dans le cercle du *dhikroūllāh*, vos pensées vous assaillent et vous mènent par-ci par-là. Allāh ﷻ a fait du *dhikroūllāh* une obligation.

Yā ayyouha 'Lladhīna āmanoū 'dhkouroūllāha dhikran kathīra wa sabihoūhou boukratan wa assīla. Hoūwa 'Lladhī yousalli 'alaykoum wa malā'ikatahou li youkhrijakoum min az-zouloumāti ila 'n-noūr.

Ô vous qui croyez! Evoquez Allāh d'une façon abondante et glorifiez-Le à la pointe et au déclin du jour. C'est Lui qui prie sur vous, - ainsi que Ses anges, - afin qu'Il vous fasse sortir des ténèbres à la lumière; et Il est Miséricordieux envers les croyants. (Sourate al-Ahzāb, 33:41-43)

Ces versets exhortent au *dhikr* non seulement au moyen de la langue mais au moyen de tous vos sens, tous vos organes, votre corps en entier, votre âme, bref avec tout ce qu'Allāh ﷻ vous a donné! Le rappel ne se limite pas seulement à la mention de Son Nom mais aussi consiste à pénétrer dans l'Océan de la Vision à pouvoir découvrir les imperfections en vous et en votre âme et entrer dans la Présence Divine. Faites [le rappel] en vous et non en présence des autres. *Dhikroun Kathira* signifie «le *dhikr* en excès». Comment faites-vous le *dhikr*? Seulement pour dix à quinze minutes, alors que *Dhikroun Kathira* n'a pas de fin; c'est le souvenir ininterrompu et permanent d'Allāh ﷻ, de nuit comme de jour! Si vous y mettez fin, vous allez à l'encontre de Son ordre.

C'est là la différence entre les *awlīyāoullah* et le commun des gens ; les *awlīyāoullah* sont constamment en *dhikroūllāh* tandis que nous ne faisons le *dhikr* que pendant un bref moment. Leur cœur est permanemment en état de souvenir. *Kathira* signifie «sans limites». Ensuite *sabihoū boukratan wa assīlā*. Il y a d'abord le *dhikroūllāh* car Allāh ﷻ a dit: «*Nous sommes plus proches de lui que sa veine jugulaire*» (al-Qaf, 50:16). Cela signifie: «Ne sort pas de Ma Présence!». Allāh ﷻ a l'exclusive possession de Son serviteur: Il n'admet pas que le cœur de celui-ci soit exclusivement possédé ou occupé par autre que Lui. Il veut que les *awlīyā*oullah Lui soient exclusivement dévoué.

> *Qoulnā 'ihbitoū minhā jamī'an fa imma yātīyannakoum minnī hudan faman tabi'a houdāya fa lā khawfoun 'alayhim wa lā houm yahzanoūn.*
> *Nous dîmes: «Descendez d'ici, vous tous! Toutes les fois que Je vous enverrai un guide, ceux qui [le] suivront n'auront rien à craindre et ne seront point affligés».* (Sourate al-Baqara, 2:38)

Point de tristesse pour les *awlīyāoullah* car ils sont pris en charge par Allāh ﷻ qui fait d'eux des serviteurs proches de Lui. Il y a une discipline plus rigoureuse requise des mourides se trouvant dans la proximité immédiate du Cheikh.

w'a'dhkouroullāha dhikran kathīra wa sabihoūhou boukratan wa asīla, «Et chante Ses louanges et glorifie-Le le matin et le soir». Il y a le souvenir du matin et celui du soir.

> *Yā ayyuha 'Lladhīna āmanoū 'dhkouroūllāha dhikran kathīra wa sabihoūhou boukratan wa asīla. Hoūwa 'Lladhī yousalli 'alaykoum wa malā'ikatahou li youkhrijakoum min az-zouloumāti ila 'n-noūr.*
>
> *Ô vous qui croyez! Invoquez Allāh d'une façon abondante et glorifiez-Le à la pointe et au déclin du jour. C'est Lui qui prie sur vous, - ainsi que Ses anges, - afin qu'Il vous fasse sortir des ténèbres à la lumière; et Il est Miséricordieux envers les croyants.* (Soūrat al-Ahzāb, 33:41-43)

C'est ce qu'on appelle le «pilier de la Tariqa» (imād at-tarīqah). Ensuite Allāh ﷻ vous amène en Sa Présence après que vous vous êtes souvenu de Lui et l'ailliez glorifié sans cesse, matins et soirs. Qu'advient-il ensuite? Allāh ﷻ et Ses anges enverront Leurs bénédictions sur vous, *Inna Allāha wa malā'ikatahou yousalloūn*, Il vous élèvera afin de vous relier au Cœur de Sayydina Mouhammad ﷺ. Il ordonne à Ses anges d'invoquer des bénédictions tant sur le Prophète ﷺ que sur vous afin de vous élever, de vous sortir des ténèbres à la lumière. Mais que représente cette obscurité? Elle est celle de la dounya qui n'a aucune valeur aux yeux des *awlīyā*s. C'est pourquoi ils sont devenus des ascètes; ils ont abandonné la dounya et ceux qui s'en sont épris on fait une erreur. Notre devoir est d'abandonner les désirs de la dounya; par contre si Allāh ﷻ vous assujetti la dounya, faisant d'elle une esclave à votre service, il n'y a pas de mal en cela.

Hoūwa 'Lladhī yousalli 'alaykoum wa malā'ikatahou li youkhrijakoum min az-zouloumāti ila 'n-noūr. «Il est Celui Qui vous supporte et vous sort de l'obscurité à la lumière». Lorsqu'Il vous prend de l'obscurité à la lumière, *wa kāna bil-mou'minīna Rahīmā*, «Il vous fait montre de Sa Miséricorde». Cela signifie: «Tu te souviens de Moi! Alors J'ordonne à Mes anges de prier pour toi et de faire pleuvoir cette Miséricorde sur toi».

Lorsque les *awlīyā* sont témoins de ceci, ils corroborent le fait que le *dhikroūllāh* est le Pilier de la Tariqa. Ils n'ordonnent pas aux disciples de s'intéresser à l'*irchad* car ce n'est pas pour le lot des communs mais ils leur ordonnent de s'atteler au *dhikr* afin d'en tirer profit.

Le Prophète ﷺ a dit:

> *yā 'bn ādam idhā dhakartanī faqad chakartanī kathīran wa idhā nasītanī kafarta, wa bich-choukrou tadoūm an-ni'am.*
> O fils d'Adam! Si tu Me mentionnes, cela signifie que tu Me remercies. En remerciant Allāh, les Faveurs Divines ne cesseront jamais de t'atteindre».

Et le Prophète ﷺ a dit dans un saint hadith:
O fils d'Adam! Si tu Me mentionnes alors tu Me remercies, et si tu remercie quelqu'un pour un bienfait il t'en donnera plus».

Qu'en est-il d'Allāh ﷻ alors? Si vous Le remerciez, vous recevrez plus de Faveurs, alors se souvenir de Lui est synonyme de remerciement.

wa idhā nasītanī kafarta. «Et si vous arrêtez de vous souvenir de Moi, cela ne fait pas de vous nécessairement un mécréant». Ici, *koufar* ne signifie pas «mécréant» mais plutôt «commettre une gaffe» ou «ignorer mes bienfaits sur vous».

Lorsque vous manquez de gratitude à celui qui vous manifeste de la générosité, alors quelle réaction attendez-vous de ce dernier? Votre ingratitude n'est point un souci pour vous. Dans ce contexte, le terme *Kafartani* signifie «ingrat»; ce n'est nullement «devenir non-Musulman». Vous êtes ingrats lorsque vous L'oubliez; témoignez alors de la gratitude à Allāh ﷻ!

Le Prophète ﷺ a dit:

khayrou 'l-'amal dhikroūllāh. La meilleure des actions est le souvenir d'Allāh ﷻ.
wa qāl an-nabī li koulli shay'in saqālan wa saqāl al-qouloūb dhikroūllāh. Il y a une manière de polir toute chose et la manière de polir le cœur est le dhikroullah.

Cette métaphore est telle celle du diamant dans son état originel dans la roche; il faut l'extraire de la roche ensuite le polir. Similairement, le Cheikh nous polit telle cette pierre précieuse. Nombreux sont ceux parmi nous qui se présentent (au cheikh) comme des tyrans. Que fait le cheikh? Il nous brise et nous tape dessus. Les mourides s'exclament: «Pourquoi le Cheikh nous tape dessus?» Il le fait parce qu'il vous aime et veut vous aider. Lorsqu'il vous crie dessus, ne vous énervez pas car il endosse vos problèmes! Il y a une manière de polir toute chose, et pour le cœur, c'est le *dhikroūllāh*.

Le Prophète ﷺ a dit:

> O mes Compagnons! Si vous trouvez Riyād al-Jannah, Les Jardins de Paradis sur terre, restez-y, asseyez-vous et demeurez-y. Ils lui demandèrent: «Est-ce qu'il y a des Jardins de Paradis sur terre?». Il répondit: «Oui, les groupes de dhikroūllāh».

Cela signifie le *dhikroūllāh* (souvenir) du Saint Coran, des Saints Hadiths, des Noms et Attributs Divins ou des Saints prophètes. Lorsque vous découvrez de tels groupes, asseyez-vous en leur compagnie, car ils représentent le Paradis sur terre.

Voulez-vous le Paradis sur terre? Les gens en cherchent partout. Soyez avec ceux qui sont humbles et qui ont le cœur brisé: soyez avec les gens du *dhikroūllāh*. C'est ce dont nous avons besoin. Nous ne recherchons point la compagnie des présidents ou rois. Ceux-ci iront les mains vides (à leur mort). Par contre ceux qui participent aux sessions de *dhikroūllāh* ont trouvé le Paradis sur terre où ils purifient leurs cœurs pour leur Seigneur qui s'y manifeste.

wa qīla man kāna yourīd an ya'rif manzilatahou 'indallāh fal yanzour ilā manzilatillāhou fī qalbih. «Autant nous maintenons Allāh ﷻ en nos cœurs, autant nous Lui sommes chers». Dites la vérité: d'Allāh ﷻ et nos enfants, lequel nous est chers? Nos avons toujours l'amour de nos enfants en cœurs.

Un des *awlīyā*oullah, Aboū 'Ali ad-Daqaq ق, a dit: «Le *dhikroūllāh* est la consécration de la sainteté («*dhikroūllāh manchoūr al-wilāyah*»). Cette grande consécration est partout manifeste, et à travers les cercles de *dhikr*, ils savent que vous êtes des walis. Votre rang est perceptible dans ces cercles car vous appartenez au rang des Abdal, Noujaba, Nouqaba, Awtad, Akhyar, et Qoutb, Qoutb al-Bilad, Qoutb al-Aqtab, Qoutb al-Irshad, Qoutb al-Moutasarrif. Chacun connait son rang. *wa man outīyya dhālika al-manchoūr...* «Et quiconque maintient son *dhikr* a cette consécration»; quiconque est devenu *soulib*, celui dont le cœur est dépourvu de *dhikroūllāh* c'est-à-dire qui a été «limogé», celui-ci n'est plus de ce cercle paradisiaque sur Terre.

Il est dit que le *dhikroūllāh* est mieux que la réflexion (*fikr*). En effet, au moyen de la réflexion, l'on extrait des informations ou des connaissances mais celles-ci ne sont relatives qu'à ce bas-monde (*dounya*). La réflexion ne fournit pas de secret. Par contre avec le *dhikr*, Allāh ﷻ vous ouvre l'interprétation du

Saint Coran et des Saints Hadiths ainsi qu'une compréhension de ce que les *awlīyā*oullah ont dit.

> *Allāh ta'alā yousaf bihi wa lā yousaf bil-fikr.*
> «Allāh n'est pas décrit par la pensée mais plutôt par le souvenir de Sa Présence».

Vous ne pouvez pas Le décrire avec votre pensée car celle-ci est très limitée. Grandcheikh ق a dit: «La punition pour un *walī* est d'être coupé du *dhikr*», car Allāh ﷻ dit:

> *F'adhkouroūnī adhkourkoum*
> *Souvenez-vous donc de Moi et Je me souviendrai de vous.*
> *Mentionnez-Moi et Je vous mentionnerai.* (Surat al-Baqara, 2:152)

O disciples de Mawlana Cheikh Nazim ق! Nous sommes bénis et fortunés d'être reliés à un tel *walī* qui lui-même appartient à la Chaine d'Or à travers deux grands océans: Sayydina Aboū Bakr as-Siddiq ؓ et Sayydina 'Ali ؓ, *maraj al-bahrayn yaltaqiyyān,* «deux océans qui se touchent et entre eux se trouve une barrière très fine». Ces deux océans représentent deux connaissances qui se touchent comme il est mentionné dans Sourate ar-Rahman où Allāh ﷻ a rapproché les deux océans et a placé une barrière très fine qui les séparent.

> *maraja al-bahrayni yaltaqiyāni baynahoumā barzakhoun lā yabghīyān.*
> *Il a donné libre cours aux deux océans de se rencontrer;*
> *il y a entre eux une barrière qu'ils n'outrepassent pas.*
> (Sourate ar-Rahmān, 55:19-20)

Ces océans représentent le *bahr* (océan) de Sayydina Aboū Bakr ؓ et celui de Sayydina 'Ali ؓ! Ces deux océans convergent en

Sayydina Jafar as-Sadiq ق. Qu'Allāh bénissent ces deux grands Compagnons et tous les autres Compagnons du Prophète de même que Ses Députés ق et ceux qui désirent une vie normale et non celle d'extrémisme!

Wa min Allāhi 't-tawfīq, bi hourmati 'l-habīb, bi hourmati 'l-Fātihah. Le succès vient d'Allāh par l'honneur du Bien-aimé , par l'honneur de la Fatiha.

Les Caractéristiques et Niveaux du Dhikroullah

*A'oudhou billāhi min ach-Chaytān ir-rajīm.
Bismillāhi' r-Rahmāni 'r-Rahīm.
Nawaytou 'l-arbā'īn, nawaytou 'l-'itikāf, nawaytou'l-khalwah, nawaytou 'l-'ouzlah, nawaytou 'r-riyāḍa, nawaytou 's-souloûk,
lillāhi Ta'alā fī hādhā 'l-masjid.
Ati' oūllāh wa ati'oū 'r-Rassoūl wa oūli 'l-amri minkoum.
(4:59)*

Chacun de nous nourrit l'intention d'aimer Allāh ﷻ, notre Prophète ﷺ, notre cheikh ق et tout le monde. Cependant, nous ne sommes que de très faibles serviteurs qui ne pouvons aller au-delà de nos forces. Il serait intéressant de connaitre la position des *awlīyāoullāh* sur ce qui échappe à notre conscience. Leur connaissance est d'un niveau supérieur comparativement à notre compréhension limitée. Le Prophète a dit:

> et ch«*innama al'amālou bin-niyyāt*, toute action n'a de mesure que l'intention qui l'accompagne aque homme est pleinement tributaire de son intention»[5].

Nous avons mentionné dans la séance précédente l'importance du *dhikroūllāh*, un élément primordial pour toute personne désirant s'embarquer sur le chemin de la spiritualité.

---
[5] Bukhari and Muslim.

Chouyoūkh at-tā'ifa, les cheikhs de Tassawwouf, sont différents les uns des autres avec chacun sa voie de *dhikroūllāh* qui lui est propre. Cette multitude de voies offre aux gens le choix d'étancher leur soif à la source qui leur convient. Cette multitude de voies de dhikr conduit à Lui, Celui qui ne peut être décrit, l'Exalté. On ne peut Le décrire à travers aucune pensée. *Lā yassifahou bil-fikr*, «Allāh ﷻ n'est descriptible que de la manière dont Il se décrit Lui-même» c'est-à-dire par Ces Beaux Noms et attributs. Par contre Son Essence n'est pas cernable.

Les *awlīyāoullāh* naviguent dans ces océans pour en extraire les trésors, et *koullamā taqaraboū wajad al-masāfa ab'ad*, au fur et à mesure qu'ils avancent, leurs objectifs s'éloignent à l'infini. Au cours du Mi'rāj, le Prophète Mouhammad ﷺ atteignit *qāba qawsayni aw adnā*, très proche, «*deux coudés d'arc ou moins*». Cette proximité Néanmoins, qui ne sied qu'au Prophète ﷺ, demeure elle aussi, lointaine de la réalité de l'Essence d'Allāh ﷻ. Nul ne peut atteindre ce niveau. A quelle distance se trouve la Présence Divine ? Seul le Prophète ﷺ en a la connaissance, même bien au-delà de sa connaissance. C'est pour cette raison qu'Allah ﷻ déverse différents types de savoir dans le cœur du Prophète ﷺ et ceux des *awlīyāoullāh* parce que l'ascension est continuelle. A cet effet, le Coran dit:

> *Tout savant est coiffé par un autre savant.*
> (Soūrat Yoūssouf, 12:76)

Ce verset signifie qu'à chaque instant, une connaissance supérieure est révélée. C'est pourquoi les écrits des *awlīyās* relèvent du passé et ne sont attribuables qu'à leur époque mais demain une nouvelle connaissance est révélée. Grandcheikh ق dit à ce propos: au temps du Mahdi ﷺ vous ouvrirez les livres et ne trouverez rien, ce savoir sera caduque, et la nouvelle connaissance qui apparaitra sera appelée *Khāmis al-Coran* (Le secret du Coran). Le secret ou 12000 à 24000 océans de connaissance sans fin jailliront de chaque lettre du Coran avec leurs significations enfouis aux cœurs de ceux qui sont sur la voie. Ceux qui vivront cette période atteindront instantanément le niveau de saint.

(Quelqu'un dans l'assemblée éternue), *Yarhamakoullāh*! Je ne vous ai pas entendu dire *Alhamdoulillāh*, et cela constitue un péché de ne pas dire *al-hamdoulillah*. Lorsque quelqu'un éternue, il lui incombe de dire *Al hamdoulillāh* et à nous de répondre: «*yarhamoukallah*». Nous ne sommes pas tenus de le faire s'il ne s'exécute pas.

Allāh ﷻ dit:

Souvenez-vous de Moi donc, Je me souviendrai de vous. Remerciez- Moi et ne soyez pas ingrats envers Moi.
(Soūrat al-Baqara, 2:152)

Pour les nations qui ont précédées celle du Prophète ﷺ, l'injonction fut: «*adhkouroūnī*» «Mentionnez-Moi», mais pour *Oummat an-Nabī* ﷺ Allāh ﷻ ajouta «*adhkourkoum*, Je vous mentionnerai»! Cette injonction apparait dans le verset suivant où Allāh ﷻ dit:

Récite ce qui t'est révélé du Livre et accomplis la Salat. En vérité la Salat préserve de la turpitude et du blâmable. Le rappel d'Allah est certes ce qu'il y a de plus grand. Et Allah sait ce que vous faites. (Soūrat al-ʿAnkaboūt, 29:45).

Allāh ﷻ se souvient de la *oumma*, mais lorsqu'Il vous mentionne, cela a une portée haute et grande. Mais de quelle hauteur et grandeur? Sa grandeur est infinie. Il dit: وَلَذِكْرُ اللَّهِ أَكْبَرُ. A chaque instant que vous vous souvenez de Lui, vous devenez «Abd» c'est-à-dire serviteur et votre «*ibādah*», service ou adoration, est limitée. Si vous dites «*Ya Allāh*» ou «*lā ilāha illa-Llāh*», Allāh ﷻ vous le rend infiniment jusqu'au jour du Jugement. Il vous assigne des anges qui prient pour vous indéfiniment. Ainsi pour une louange singulière d'Allāh ﷻ, Il vous repaye infiniment. Alors, ensemble disons: «*Yā Rabb! Yā Rabb!* O Allāh! O Allāh!» C'est bien là une bénédiction ultime pour vous. C'est pourquoi une assemblée de dhikr est source de lumière, un lieu d'adoration fréquenté à tout moment par les anges, et voilà pourquoi il est conseillé de consacrer un recoin de sa maison dévoué exclusivement au souvenir d'Allāh ﷻ car ce lieu devient un lieu de fréquentation perpétuel des anges. Vous y entrez avec *adab* c'est-à-dire avec discipline. N'y entrez pas dans votre apparat mondain de tous les jours car ce lieu est spécial et est objet de visiteurs célestes. C'est ainsi que la niche de Sayyida Maryam (Marie) ﷻ devint sacrée: «*koullamā dakhala ʿalayha zakarīyya 'l-mihrāb wajada ʿindahā rizqā*, chaque fois que Zacharie ﷻ entrait chez elle, il trouvait une provision céleste». Il comprit dès lors que ce lieu était sacré et y étant, demanda à Allāh ﷻ un fils, et son vœu fut exaucé. Allāh ﷻ lui donna Sayyidina Yahya ﷻ. Il est alors important d'avoir chez soi un lieu de prière *makān al-ʿibādah* qu'Allāh ﷻ consacrera en *maqām al-ʿibādah*, un sanctuaire où les manifestations des anges déferleront sur vous.

Un des saints a dit ceci: «*koullamā dakhala 'alayha zakarīyya 'l-miḥrāb wajada 'indahā rizqā*. Si ce n'était pas une obligation de se souvenir d'Allāh ﷻ par la mention de Ses Beaux Noms et Attributs, par récitation du Saint Coran, je ne L'aurais pas fait!» Le rappel ou dhikr est mentionné dans 50-60 versets dans le Saint Coran. Ce saint dit qu'il n'aurait pas mentionné Allāh ﷻ si ce ne fut un ordre. Il serait important de savoir Pourquoi?

Il dit:

Lorsque vous Le mentionnez, vous entrez en Présence Divine. Comment oser évoquer Son Illustre Majesté avec toute la révérence que je Lui porte, *ijlālan*? Comment une personne minable peut mentionner le Nom de Son créateur? J'en ai honte. Je me dois de laver ma bouche millier par millier de fois, *alfou alfou*, avant d'évoquer ou de proférer Son Nom.

Aujourd'hui nous venons au *dhikr* avec indolence. Pourquoi cette paresse? D'après ce *walī*, c'est parce que nos âmes témoignent de notre faiblesse et ont honte des actes posés par nos corps qui sont en contradiction avec ce que préconise Allāh ﷻ. Notre corps est absorbé par le désir de ce bas-monde tandis que nos âmes ont une inclinaison pour l'au-delà. Alors, lorsque vous venez à la séance de dhikroullah, assurez-vous d'être propre. Comme déjà mentionné auparavant, dans les temps antérieurs, les disciples devaient changer leurs habits dans une chambre adjacente puis se revêtir d'habit extrêmement blanc avant d'entamer le dhikr. Allāh ﷻ est miséricordieux, de nos jours, les critères sont moindres.

Il fut demandé à une personne: «*a'anta sāimoun*, jeûnes-tu? Il répondit: «*anā sāimoun bi dhikrillāh*» c'est-à-dire «je jeûne car je me souviens de Lui par le *dhikrillāh* à chaque moment. Je ne suis pas avec vous mais plutôt en présence de mon Seigneur. Si je me souviens de quiconque autre que Lui, alors je romps le jeûne». Contrairement à nous, notre jeûne consiste à nous abstenir de manger. Pour lui c'est l'interruption de Son souvenir qui rompt le jeune. Combien de fois mentionnons-nous autre que Lui dans nos journées? Peut-être 23H:59 minutes.

Un *jawārih* (celui dont les organes sont absorbés par le *dhikroūllāh*) dit :

> Il y a avait parmi nous un homme qui aimait réciter «Allāh, Allāh» et la branche d'un arbre s'abattit sur sa tête et la fendit. (A cette époque il n'y avait pas de possibilité de coudre la fracture). Ainsi le sang coula de son crâne et se mit à écrire sur le sol: «Allāh Allāh».

Voici là quelqu'un qui mentionnait Allāh pendant 23 heures et 59 minutes; en sommes tout pour lui se faisait avec *dhikroūllāh*. Similairement en Egypte, il y eut une dame (qui mourût récemment) qui ne parlait qu'avec référence au Saint Coran. Tout ce qu'elle disait en provenait, même mentionnant la nourriture, et elle ne mangeait que ce qui avait été mentionné dans le Coran. Allāh ﷻ a fait *halal* pour vous toute sorte de nourritures, viande, poissons, fruits dans le Coran. Jamais elle n'a prononcé autre chose que les versets coraniques, même pour répondre aux autres. Où sont ces genres de personnes aujourd'hui?

Allāh ﷻ a permis à la Communauté du Prophète ﷺ de Le mentionner en tout temps, par cœur (silencieux) comme par la langue (audible) contrairement à celles qui l'ont précédées qui le faisaient en temps précis et de façon limitée.

Allāh ﷻ dit dans le Saint Coran:

Al-ladhîna yadhkurûnallâh qîyâman wa qu'ûdân wa 'alâ junûbîhim wa yattafakkarûna fi khalqi 's-samâwâtî wa 'l-ari, rabbanâ mâ khalaqta hadha bâṭilan subhânaka fa qinâ 'adhâba 'n-nâr.

Ceux qui, debout, assis, couchés sur leurs côtés, invoquent Allah et méditent sur la création des cieux et de la terre (disant): "Notre Seigneur! Tu n'as pas créé cela en vain. Gloire à Toi! Garde-nous du châtiment du Feu. (Soûrat Âli 'Imrân, 3:191)

Il y a le dhikr du cœur, le dhikr de la langue, le dhikr de l'âme. Lorsque le dhikr du cœur et de la langue coïncident, cela permet à l'âme de se souvenir d'Allāh ﷻ comme c'est le cas de la Oummat du Prophète ﷺ durant son sommeil. En effet, au cours de leurs sommeils, leurs âmes s'élèvent jusqu'au Trône d'Allāh ﷻ pour s'y prosterner. Au cours de cette prosternation, l'âme en présence Divine, se souvient d'Allāh ﷻ sans restriction. Ainsi dans la *Salat al-Najat*, votre âme n'est plus avec vous dans la prosternation, elle est sous le Saint Trône. Les saints, au cours de cette prosternation emportent avec eux les âmes de leurs disciples pour se prosterner sous le Trône dans cette Présence divine. Ainsi soyez très attentifs et craintifs au cours de cette sajda, que votre cœur et vos pensées soient pleinement focalisés sur Allāh ﷻ. Les saints sont dans un état de frayeur au cours de cette prosternation, à la pensée du temps perdu dans cette vie mondaine. La dou'a au cours de cette prosternation est acceptée, mais ne demander pas uniquement pour ce bas-monde, mais plutôt ainsi: «*Seigneur! Accorde nous belle part ici-bas, et belle part aussi dans l'au-delà; et protège-nous du châtiment du Feu!*» (Soûrat al Baqara, 2:201).

Du vivant de Grand cheikh 'AbdAllāh ق, lorsque nous prions *Salāt an-Najāt*, sa prosternation durait une heure de temps. Nos fronts, genoux et pieds perdaient leur sensibilité mais nous ne pouvions relever nos têtes (avant Grand cheikh). Les *Awlīyāullāh* connaissent l'importance de ce moment et nous disions «*Amin*» à son dou'a. C'est son dou'a qui est important même si nous faisons aussi le nôtre; il est celui qui est sous Le Trône en ce moment. Ce n'est pas si simple.

Le premier niveau de *dhikroūllāh* est donc le dhikr avec la langue, *bil-lisān*. Et il est appelé «le niveau de l'Indolence, *maqām of ghaflah*», le niveau du commun. Il est le même pour tous les disciples, la première étape parce que votre cœur n'est pas encore à mesure de se focaliser entièrement sur Allāh ﷻ. Un exemple en est que vous dites «Allah, Allah, Allah» et les yeux sont fixés sur la télévision. Combien d'entre vous le faites? N'aillez pas peur, levez la main! Il est aussi appelé «*dhikrou 'l-'ada*, le dhikr de l'habitude» telle la prière par habitude, alors que vous ne priez pas vraiment. Alors, nous demandons à Allāh ﷻ de nous pardonner et de changer notre imitation, notre *dhikr al-qalb* en *dhikr* réel.

Le deuxième niveau de *dhikr* fait usage de la langue et du cœur. Dans l'Ordre Naqchbandi, ils vous apprennent à faire le dhikr par la langue et avec le cœur en vous assignant de réciter «Allāh» 2500 fois de manière audible avec la langue et

2500 fois avec le cœur (silencieux) en collant la langue au palais jusqu'à ce que vous ressentiez votre cœur vibrer au rythme «Allāh, Allāh». C'est le dhikr de l'élite, *dhikrou 'l-khawās* assigné à certains mourides par le Cheikh. Il est appelé le *dhikrou 'l-'ibādah*, le Dhikr de l'adoration réelle dont la finalité est: «*wa la-dhikroūllāhi akbar*» c'est-à-dire Allāh ﷻ vous mentionnera en une présence meilleure que la vôtre.

Puis vient le troisième niveau, *dhikr al-khawās al-khawās*, c'est le «dhikr de l'élite des élus» ou «*dhikr al-mouhabbatoullāh*, Dhikr de l'amour d'Allāh» dans lequel chaque cellule de votre corps s'engage en plein *dhikr*. Ce dhikr est pour les saints d'Allāh ﷻ. Lorsque le dhikr du cœur et de la langue sont concomitants, vous accédez à la Présence Divine, au meilleur dhikr. Allāh ﷻ dit à ce propos:

wadhkour rabbaka fī nafsika taïarou'an wa khīfatan wa doūn al-jahri min al-qawl bi'l-ghoudoūwi wa'l-āšāl wa lā takoun min al-ghāfilīn.

Et invoque ton Seigneur en toi-même, avec humilité et crainte, à mi-voix, le matin et le soir, et ne sois pas du nombre des insouciants. (Sûrat al-Ā'râf, 7:205).

Ce verset appelle à faire le dhikr en soi-même sans hausser la voix. Ne faites pas étalage de votre chapelet car c'est un signe de vanité, donc de plaisir pour l'ego. Cheikh Houssein ق tout comme Cheikh Nazim ق est un représentant de Grand cheikh ق ; Je ne l'ai jamais vu avec un chapelet à la main au cours de la journée. Il a dit: «Nous ne nous montrons pas; fait ton dhikr la nuit jusqu'au lever du soleil». De nos jours vous pouvez voir des gens étaler leurs canons de chapelets de 500 grains voir 1000 à tout bout de champ.

taḥarou'an wa khīfatan wa doūn al-jahri min al-qawl, Mentionne ton Seigneur en toi-même. Cours à Lui au moyen de ton cœur, demandant Son pardon, par crainte de perdre Son amour. Assure-toi que ton *dhikr* est inaudible c'est-à-dire n'ouvre pas la bouche afin de n'attirer l'attention de personne. Rends-toi et ne te montre pas à tout bout de champ avec orgueil et arrogance.

wa qawlouhou 'alayhis salām khayrou 'dh-dhikr al-khafī. Le meilleur dhikr est le dhikr caché, secret.[6]

dhikr al-qalbi youda-ifou bi saba-ina' di'fan ala dhikri lissan, il est dit que le dhikr du cœur est 70 fois supérieur. 1000 fois un dhikr par cœur se multiplie par 70 de manière exponentielle. Ainsi votre nom est mentionné de manière illimitée en Sa Présence, sans comparaison à notre propre souvenir de Lui, dont nous sommes autant fiers! Jettera-t-Il dans le feu un tel serviteur? Disons: Yā Allāh, Yā Rabb! O Allāh! O Notre Seigneur! Allāh ﷻ Lui-même a dit: «Mentionnez-Moi et Je vous mentionnerai». Mentionner une fois «Allāh», et Il vous mentionnera, et cela est assez pour votre vie entière.

wa 'dh-dhikr al-qalbi 'lladhī lā yasma'u al-hafaza 'alā min dhikrou 'l-lisān.
Le Dhikr du cœur est supérieur au dhikr de la langue que les anges scribes entendent.[7]

---

[6] Ibn Hibbān

[7] Rapporté par Aicha dans Bayhaqī

Wa min Allāhi 't-tawfīq, bi hourmati 'l-habīb, bi hourmati 'l-Fātihah. D'Allāh vient le secours, par l'honneur du Bien Aimé et par l'honneur de la Fatiha.

Devoirs Des Guides Et Des Disciples

*A'oudhou billāhi min ach-Chaytān ir-rajīm.
Bismillāhi' r-Rahmāni 'r-Rahīm.
Nawaytou 'l-arbā'īn, nawaytou 'l-'itikāf, nawaytou'l-khalwah, nawaytou 'l-'ouzlah, nawaytou 'r-riyāḍa,
nawaytou 's-souloûk,
lillāhi Ta'alā fī hādhā 'l-masjid.
Ati' oūllāh wa ati'oū 'r-Rassoūl wa oūli 'l-amri minkoum.
(4:59)*

Mawlana ق dit qu'il faut toujours demander «*Madad*», l'aide des amis d'Allāh ﷻ, *awlīyāoullāh*. C'est l'étiquette, l'*adab*, qui le requiert et eux demandent l'aide du Prophète ﷺ qui, lui, demande l'aide d'Allāh ﷻ. Ce faisant, nous demandons l'aide et le support de notre Grandcheikh ق et de Mawlana cheikh Nazim ق et de chaque *walī* (saint) à la porte du Prophète ﷺ. Ils sont nos modèles à suivre, et les disciples essaient de les émuler afin d'atteindre la Présence divine. Nul n'atteint la présence divine sans son maître parce que le maître y est déjà. Ils forment un seul ensemble mais ils ont des méthodes différentes. Ils sont amis les uns des autres mais n'outrepassent pas leurs limites respectives.

Les cheikhs de *tazkīyat an-nafs* forment un sous-ensemble des *shouyoūkh at-tā'ifa* dont Aboū Bakr al-Chibli ق fait partie.

Aboū Bakr al-Chibli ق disait:

«Je te mentionne verbalement parce qu'il est facile à ma langue de repêter ton Nom mais ce n'est certainement pas que je t'ai oublié même pas pour une fraction de seconde».

Ce genre de discours est la marque d'un dialogue avec Son Seigneur.

«*Fa lammā zajadta annaka hādiran chahidta annaka mawjoūd fi koulli makān*». «Lorsque Ta présence me devint manifeste, Elle m'apparut non comme réduite en un point donné mais comme une omniprésence. Je parlais à chacun sans proférer de mots. J'observais chacun sans user de mes yeux».

Ils profèrent ce genre de discours lorsqu'ils sont dans un état de transe ou similaire. Lorsqu'ils n'arrivent plus à se contrôler, indubitablement ils révèlent le contenu de leurs cœurs contiennent.

Beaucoup se souviennent de leur Seigneur en période d'épreuves. Bien qu'ils n'aient pas atteint le lot de la sainteté, ils éprouvent le besoin de recourir à leur Seigneur en l'implorant en période de calamité car ils Le savent à l'écoute. Mais en temps ordinaire, cette dounya occulte ce besoin de recours à Lui.

En présence d'un défunt qui vous est cher, vous ressentez la manifestation des Attributs Divins, al-Qahhār (Le Dominant), al-Jabbār (Le Contraigneur), al-Qādir (Le Puissant), «Celui dans La Main de qui demeure toute chose», et cela se manifeste par la frayeur vis-à-vis de la mort, voire ne pas même vouloir entrer dans la pièce où se trouve le défunt. A cet instant précis, l'on se souvient d'Allāh ﷻ.

Les saints sont à tout moment dans cet état de retour à Allāh ﷻ, contrairement au commun des gens qui désirent une espérance de vie au-delà de celle de sayyidina Nouh ﷺ!

Le saint, ce guide, le mourchide dont le mouride a besoin doit avoir des bases solides dans la Charia Islamique, en particulier la doctrine de la foi et les lois, *f'il-'aqāid wa fi'l-fiqh*, doctrine et loi afin de pouvoir répondre aux questions de ses disciples. Dans le cas contraire, le mouride pourrait avoir des doutes sur son cheikh. Mawlana Khalid al-Baghdadi ق l'exprime (il ramena la Tariqa de l'Inde) en fit l'une des conditions de cheikh de la Ṭarīqat an-Naqshbandīyya. Il a dit:

> Il doit être un savant dans la Charia, autrement, qu'il défère son statut de cheikh à celui qui a cette aptitude. Il doit pouvoir être à mesure d'inculquer le plus haut niveau de perfection et de discipline aux cœurs de ses disciples. Il doit connaitre la discipline du cœur et tous les maux de la personnalité, *afāt an-noufoūs* afin de diagnostiquer son disciple et savoir comment remédier à ses états. Subséquemment à son devoir à les guider, il doit pourvoir à leur besoin. Il doit être en mesure de lui pourvoir même de l'argent, *Wa li-koulli min imkānahou la-atāhu min al-māl*. Il ne laisse pas dans le besoin.

Allāhou akbar! Vous pouvez constater ceci avec Mawlana Cheikh Nazim ق! Les gens viennent à sa porte pour de l'argent. Nous disions pourquoi Mawlana donne de l'argent? Mais il donne tel un océan, il ne s'en fait aucunement, il est différent de nous. Allāh ﷻ lui pourvoit et il nous donne.

Allāh ﷻ donne à ce *Walī* le pouvoir de voir tous les mauvais traits de son mouride qu'il ne révèle jamais, l'adab parfait du cheikh le demande.

Une fois, en Angleterre, une personne m'a révélé certains problèmes avec un certain *mouqaddam* qui se considérait parvenu au sommet spirituel. Cette personne me pria d'en parler à Mawlana Cheikh Nāzim ق. Je lui dis que je le ferai lorsque je serai à Chypre, car on ne peut parler de ce genre de problème au téléphone. Ce fut une chose qui me fut confiée, *amana*, et lorsque j'arrivai à Chypre, j'en parlai à Mawlana Cheikh Nāzim ق. Un acte aussi simple, mais Mawlana Cheikh Nāzim ق me répondit: «Non, je n'en ai jamais vu ni entendu parler. Je n'y crois pas. Que l'accusateur vienne me le dire lui-même». Il préfère voiler que de mettre à nu. Les *Awlīyā* n'aiment pas exposer leurs mourides, ils préfèrent voiler les problèmes afin de ne pas créer d'hostilité. Peu à peu, ils essayent de remédier à la situation.

Aux Etats-Unis, quelqu'un m'a dit que dans le milieu politique, on maintient les ennemis autour de soi pour ne pas qu'ils créent trop de problèmes. Alors, dorlote ton lion, garde donc ton ennemi proche de toi afin de neutraliser ses gaffes! Les *Awlīyāoullāh*, les saints, nous dorlotent afin de nous ménager. Mawlana GrandCheikh ق nous disait: «Je suis avec les mourides 99 pourcents de leurs pas; je vais selon ce qu'il ou elle aime. Lorsqu'ils me font confiance, alors je les attrape. Je suis 99 de leurs pas mais au 100ième, ils me suivent».

En outre, le caractère du cheikh doit être enrichi de la plus belle manière et il ne doit jamais être irascible sauf lorsqu'il y a enfreinte à la loi d'Allāh ﷻ. Pour les affaires mondaines, le cheikh pardonne toujours.

Quels sont les devoirs du *mourchide* à l'égard de son mouride? Ils sont au nombre de trois:

1. Au début, il doit montrer au mouride où commencer et le mettre sur la bonne voie dans sa recherche de la vérité pour le guider à travers le labyrinthe.
2. Puis il doit informer le mouride lorsque celui-ci atteint son but et lui donner les responsabilités qui s'ensuivent pour qu'il puisse guider d'autres dans divers endroits du monde; le cheikh le décore de l'aptitude à guider.
3. Enfin, le cheikh le protège lorsqu'il est dans l'accomplissement de cette tâche à travers le monde.

Les devoirs du mouride envers le Cheikh:
1. L'écouter sans discuter et accepter tout ce qu'il dit. Allāh ﷻ dit dans le Saint Coran: *Obéissez à Allāh ﷻ, obéissez au Prohète et à ceux qui détiennent l'autorité' parmi vous* » (Sourat an-Nisa 4:59). « L'autorité» ici fait référence au cheikh. Ainsi vient l'ordre d'Allāh ﷻ. Notre réponse doit être « *sami'nā wa ata'nā*; j'entends et j'obéis». Le pouvez-vous? Non. C'est difficile, car même quand vous le faites, vous avez des doutes. Vous grommelez: «je ne le conçois pas, ce n'est pas

acceptable»! Si le cheikh dit mange, boit ou prie, quel que soit l'ordre, on obéit.

2. Le second devoir du mouride envers son cheikh est *kitmān sirr ach-Cheikh,* protéger les secrets du Cheikh, ne pas l'exposer au monde même si on n'aime pas ce qu'on a vu car on ne connaît pas la sagesse cachée de ces événements. Mawlana GrandCheikh ق a dit qu'une fois, il était en réclusion sur ordre de Cheikh Charafouddine ق. Ce dernier entra sans s'annoncer et lui dit [en réclusion, ton cheikh peut te rendre visite à son gré mais pas les autres]: «Abdoullah Effendi!», c'est à dire Maître Abdoullah, «apprête-toi à sortir avec moi demain». Il ne ressentit aucun doute, même surpris qu'il fallait sortir de sa retraite, sa confiance en son cheikh était totale, immuable, et ceci depuis son enfance.

Un jour, des oulamah (savants), assis en compagnie de Cheikh Charafouddine ق lui demandèrent: « Oh Cheikh Charafouddine! Vous donnez tant d'importance à ce jeune homme, pourquoi? Et de loin, ils aperçurent Cheikh Abdoullah ق venir. Cheikh Charafouddine répondit: parce que celui-ci que vous voyez au-bas de la colline, si je lui envoyais une personne lui dire: «ton cheikh te donne l'ordre d'aller à la Mecque, immédiatement il marcherait en direction de la Mecque sans discuter ni venir s'enquérir auprès de moi». Faisons un regard rétrospectif sur nous comparativement à lui. Pouvons-nous le faire? Non. Pourquoi prétendre alors que nous sommes Cheikh et *walī*. Nous ne faisons que rouspéter. Aujourd'hui, peut-on dire à une personne: Ferme tout et suis-moi pour un mois? Cette personne te répondra: comment payerai-je mon loyer?

Lorsqu'en 2005 Mawlana Cheikh Nazim ق m'ordonna la retraite spirituelle à Damas, il m'a dit: «Je veux que tu rendes visite chaque Vendredi à Mawlana Cheikh Khalid al-Baghdadi ق [au haut de la montagne] et au Cheikh Mouhyiddine Ibn Arabie ق [au-bas]. S'ils le commandent, alors on sort de la retraite sans problème, mais on ne peut pas le faire sous sa propre initiative.

Cheikh Charafouddine ق vint donc, prit GrandCheikh AbdAllāh ق et l'emmena au bazar d'Istanboul, Kapalı Çarsa un souk de 5-6 km de long à l'intérieur d'une enceinte avec une énorme porte cochère qu'on ouvre au matin et qu'on ferme au soir. Tout genre de personnes y vient. Lorsqu'ils arrivèrent à l'entrée, Cheikh Charafouddine ق lui dit: «Donnons-nous la main», et ils se tendirent les bras. Quoique la porte fût énorme, l'on pouvait constater que leurs deux mains touchaient les deux bords de la porte. En outre Allāh ﷻ leur donna une taille au-dessus de la normale à tel point que tous ceux qui rentrèrent et qui sortirent devraient passer sous leurs mains. GrandCheikh AbdAllāh ق ne demanda point à Cheikh Charafouddine ق la sagesse pour ces actions. Il suivit à la lettre et exécuta les ordres de son cheikh sans poser la moindre question. Tel est son devoir, *imtithāl al-amr*, obéir sans hésitation, et *kitmān sirrih*, ne pas révéler ce qu'il voit.

3. Le devoir suivant du mouride à l'égard de son cheikh est *t'azīm qadr ach-cheikh*, d'accorder une importance capitale aux ordres du cheikh et lui

vouer de même le plus grand respect possible. Beaucoup objecteraient si le Cheikh leur disait de se mettre debout à l'entrée du souk comme le fit GrandCheikh AbdAllāh ق. Ils diraient: ils me croiront fous ou quoi? Pas question que je le fasse. GrandCheikh AbdAllāh ق fit *t'azīm amr ach-cheikh*, il éleva et honora tout ce que le cheikh fit.

A la fin de la retraite, Cheikh Charafouddine dit : «Abdoullah Effendi, sais-tu pourquoi je t'ai demandé de le faire? Je fus ordonné de tenir ces deux portes pour que chaque personne qui passe par cette porte puisse nous voir, et Allāh ﷻ par Sa volonté, les guidera à l'Islam par la lumière qui émane des cœurs des *Awlīyā*oullah.

GrandCheikh ق a dit que: «si quelqu'un regarde avec amour un *walī*, ce *walī* sera responsable de lui dans ce monde et dans l'autre». Lorsqu'une personne vous aime, c'est parce qu'elle ressent cette familiarité, cette lumière en vous. C'est ce même effet que les gens ressentent en compagnie de Mawlana Cheikh Nazim ق. Ils sont attirés par son humilité et son amour. Une fois attirés, les *awlīyāoullāh* commencent à travailler sur le cœur de l'individu.

Les trois éléments à retenir ici sont: Obéir au cheikh, le respecter et l'honorer, protéger son secret, ensuite le mouride doit rester discipliné et respectueux envers Allāh ﷻ et le Prophète ﷺ ainsi que le cheikh et les oulémas pieux. Tels sont les directives pour atteindre le niveau de dhikr dans le cœur et être accepté.

A l'image des locomotives et des avions qui sont respectivement maintenus sur les rails ou sur le système de pilotage automatique par un ordinateur lorsque le conducteur ou le pilote se repose, les mourides sont connectés avec la même fidélité au système «auto-pilote» des cœurs des *Awlīyā* qui en sont responsables.

Cheikh Mouhyiddin Ibn Arabi ق rédigea ses *Foutouhat al-Makkiyya* (12 volumes), les Ouvertures Mecquoises – incompréhensibles à la plupart des gens, Musulmans et non-Musulmans, même en son temps il y a 1000 ans ou 800 ans. Que dire alors des *awlīyāoullāh* d'aujourd'hui? S'ils ouvraient ce genre d'océans de savoir, tous se noieraient.

«*Yajib 'alā cheikhin idhā ra'ā cheikhan ākhar fawaqhou an yamsaha wa yalzama khidnata zalika cheikh ākhar houwa wa talāmizatouhou*, il incombe au cheikh, à la rencontre d'un autre cheikh plus savant que lui, de se mette à son service avec ses disciples». «*Fa innahou salaahoun wa saadatoun fi haqqihi wa haqqi ashābih*, c'est source de justice et de bonheur pour lui et ses disciples. C'est cela la rectitude car il ne se proclame pas cheikh suprême».

Ceux qui prétendent au niveau de cheikhs et découvrent un cheikh plus savant qu'eux, se doivent de le suivre pour leur félicité et celui de leurs disciples. «*Wa mattā lam yaf'al hadhā fa laysa bi mounsifin wa māsihim li nafsihi wa lā sahbihi himmatih*, s'il ne le fait pas, il se fait injustice, il dégringole de son piédestal, tombe dans l'abîme et a ainsi échoué à sa mission ou l'ordre reçu».

De même pour les mourides, celui qui est en présence d'un autre mouride plus avancé, qu'il le suive et ainsi de suite. Dans le cas contraire, ce serait *houbban li 'r-riyāssah*, juste pour «l'amour de vouloir présider». S'il n'a pas la connaissance du *fiqh* et des *haqaiq*, la Loi et les Réalités spirituelles, quel est le bénéfice? Un de ses attributs est la connaissance du *fiqh*, de la *charia* et des principes de la foi. On ne peut se proclamer simplement musulman sans connaître la doctrine islamique c'est-à-dire les croyances en Islam. Le Prophète ﷺ a dit : «si Moïse était vivant, il n'aurait d'autre choix que de me suivre». (Ahmad, Aboū Yaʿala, al-Bazār).

Selon ce hadith, un cheikh doit apprendre avec un autre plus savant que lui. C'est la raison pour laquelle Cheikh Houssayn Zakarīya n'a pas adhéré à la Tariqa Tijaniyya qui est pourtant bien établie au Ghana. En effet, à l'âge de 14 ans, il a rêvé recevoir l'initiation de la main d'un cheikh Naqchbandi. Des années plus tard, Mawlana m'ordonna de le trouver avec une photo à l'appui. Ce que je fis après beaucoup de difficultés. Une première personne qui fut envoyée pour le retrouver au Ghana le chercha six mois durant sans succès. Lorsque j'ai atterri à Accra, il m'attendait à l'aéroport. Pensez-vous qu'il soit venu de lui-même ? Quand il m'a vu il n'a pas objecté à me suivre car je venais de la part de Mawlana. Il était cheikh avec des mourides mais il avait découvert un cheikh plus savant.

Ceci s'applique en outres aux héritiers spirituels du Prophète ﷺ de ces temps-ci, faute de quoi on a abandonné ses responsabilités par amour d'être leader.

En Islam, il y a une pyramide; le leadership n'est acceptable en Islam qu'à travers une hiérarchie, du bas au haut de la pyramide. Le cheikh doit faire preuve d'humilité. Si les présidents et rois de ce monde faisaient preuve d'humilité, le monde entier serait en paix. Les frontières entre pays seraient éliminées et les pays Musulmans en bénéficieraient. Pour effectuer un voyage au Pakistan ou en Afghanistan, non seulement il vous faut un visa mais aussi vous êtes soumis à toutes sortes de vérifications. Eh! Allez vérifier ceux qui vivent chez vous et qui causent toutes ces explosions. Récemment, ils ont causé une explosion du mausolée de Cheikh Ali Houjwayri ق que vous appelez Data Ghanj Bakhsh. Les *Awlīyā* n'aiment pas ces événements, leur punition s'abat sur la population sans distinction entre les bons et les mauvais. Deux mois après avoir mis une bombe au mausolée de ce saint, la punition divine ne s'est fait pas attendre. Une inondation ravagea le Pakistan, entraînant tout sur son passage. Ne vous rebellez pas contre les *Awlīyāullāh*. Après la mort, ils sont encore plus puissants.

wa fawqa koulli dhi 'ilmin 'Alīm. Au-dessus de tout connaissant il y a plus connaissant. (Soūrat Yoūssouf, 12:76)

Tous les Prophètes ﷺ sont sous Sayyīdinā Mouhammad ﷺ. Ces principes de la Tariqa sont importants pour ceux qui veulent comprendre la discipline, surtout les Chouyouk de Tariqa. Tous doivent être sous un seul.

Qu'Allāh ﷻ bénisse ce cercle et tous ceux qui recherchent Son Seuil, et qu'Il bénisse Mawlana Cheikh Nazim ق sans fin et ceux qui le suivent, par l'honneur du Bien-Aimé ﷺ et l'honneur de la Fatiha!

Les Types de Baya'a, leurs Conditions et Statuts

A'oudhou billāhi min ach-Chaytān ir-rajīm.
Bismillāhi' r-Rahmāni 'r-Rahīm.
Nawaytou 'l-arbā'īn, nawaytou 'l-'itikāf, nawaytou'l-khalwah, nawaytou 'l-'ouzlah, nawaytou 'r-riyāḍa, nawaytou 's-souloûk,
lillāhi Ta'alā fī hādhā 'l-masjid.
Ati' oūllāh wa ati'oū 'r-Rassoūl wa oūli 'l-amri minkoum.
(4:59)

Comme nous l'avons dit auparavant, le Saint Prophète ﷺ a dit: «Si Moise vivait, il n'aurait d'autre choix que de me suivre» (Musnad Ahmad), car il faut suivre celui qui est au-dessus de soi. Dans la Charia, il faut suivre celui qui est plus savant que soi. De même en *haqiqa*, il faut suivre celui qui est plus savant que soi et dont le niveau spirituel est plus élevé que le sien. Un des grands savants de l'Islam, Cheikh Abd al-Wahhab al-Shaarani ق (d. Caire 973 AH) a dit: «Si je vois un qui sait plus que moi dans la voie, je l'écoute même si j'ai une permission d'enseigner et de conduire le *dhikr* dans la Tariqa.

La Voie est pleine de difficultés sans fin auxquelles il faut faire face jusqu'à atteindre le summum de sérénité. La vie du Prophète ﷺ fut marquée d'obstacles malgré sa perfection et malgré qu'il fût le Sceau des Prophète ﷺ. Allāh ﷻ l'a créé pour être l'être humain parfait (*insan kamil*). Faisant de lui l'être parfait signifie qu'il ne s'apparente plus à la vie mondaine mais plutôt à celle de la Présence Divine où rien moins que la perfection n'est accepté.

Dans l'au-delà, Allāh ﷻ parfait les croyants avant de les faire entrer au paradis ; autrement ils ne peuvent Le voir selon ce qu'a dit le Prophète ﷺ: «Allāh ﷻ sera vu au Paradis» (Boukhari, Mouslim, Sunan, Musnad). Le Paradis du Prophète ﷺ est le plus Haut, et il y a différents niveaux de paradis en-dessous. Le plus parfait des paradis est celui où ils peuvent voir Allāh ﷻ Tout-Puissant.

De son vivant dans ce monde d'ici-bas (dounya), le Prophète ﷺ a atteint le plus haut niveau de perfection lorsqu'il fut pris en Israa et Mi'raaj pour atteindre qaaba qawsayni aw adnaa, la Distance Entre Deux Arcs ou plus Proche Encore. Il est par conséquent celui qu'il faut suivre. Les saints disent alors que ce chemin est long du fait de la difficulté d'atteindre la perfection. Allāh ﷻ a dit: «*Au-dessus de tout savant, il y a un plus savant*» (Surah Youssouf, 12:76), au-dessus de chaque niveau, il y a un autre et ainsi de suite, sans fin; les niveaux n'ont pas de limite. Après chaque horizon un nouvel horizon émerge.

Le Prophète ﷺ fit face à des difficultés toute sa vie, et pour cela, il dit: «*laa raahata fid-din*, il n'y a pas de repos en religion», il faut constamment lutter afin d'arriver à la victoire. «*Quand viendra la victoire d'Allāh ﷻ et la conquête, tu verras de grands nombres de gens entrer dans cette religion, cette Voie*». Sourate al-Nasr. Cette victoire, Allāh ﷻ la donna au Prophète ﷺ et Il dota les héritiers du Prophète ﷺ de la capacité de la transmettre à leurs disciples afin que ces derniers puissent entrer dans le sanctuaire de leur jardin, la *hazhira* où ils seront en sécurité et pourront atteindre le Prophète ﷺ. C'est pour cela que Cheikh Chaarani ق a dit:

«iza raaytou ahadahoum aarafou mini bi-tariq, alamadhtou alayhi za law kountou ma'dhoun li qabla zalika cheikh akar- Si Je trouve quelqu'un de plus érudit que moi dans la voie, je deviens son élève».

Il n'a pas dit: «Non, jamais je ne serai pas son élève! Au contraire, s'il en sait plus, alors allez-vous asseoir dans son cercle; ne vous donnez pas des prétextes pour refuser une telle pratique et, surtout entre vous disciples, ne discutez pas mais mettez-vous plutôt à l'écoute les uns des autres. Vous pourriez recucillir de la sagesse.

Abd al Wahhab ach-chara'ni continue:

Même si je suis autorisé à enseigner et à conduire le dhikr et que je découvre quelqu'un de la tariqa plus savant que moi, j'irai l'écouter.

Même s'il y a un à l'Est, un à l'Ouest, un au nord et un autre au sud, il est recommandé d'aller écouter le plus savant d'entre eux. Ne dites pas: non, c'est moi le Cheikh.

Les niveaux accessibles au serviteur sont infinis. L'ascension est perpétuelle, recherchez donc les niveaux les plus élevés. Louange à Allāh ﷻ qui nous a guidés au niveau le plus élevé! Si vous êtes dans une assemblée mais pas en présence du Sultan des Saints, et s'il s'y trouve un représentant plus instruit que vous, alors écoutez-le et apprenez avec lui. Sachez que tout ne vous a pas été donné. Alors, cultivez l'humilité. *Fa idhan louzoūm khidmat ach-cheikh al-akmal minhou*, c'est une obligation pour celui qui se sait moins instruit d'apprendre auprès du cheikh plus savant comme le recommande le Saint Coran. Ces temps-ci, ils s'exclament: Sur la base de quelle preuve? Une fois autorisés à conduire le dhikr et à prêcher, certains s'estiment si importants au point qu'ils empêchent ceux qui sont en leur compagnie d'écouter qui que ce soit. Si tel était le cas (c'est-à-dire si une personne pouvait savoir tout), alors pourquoi Allāh ﷻ ordonna-t-Il à Moise de tenir compagnie à Sayyidina Khidr ؏? Moïse ؏, du point hiérarchique surplombe Sayyidina al-Khidr ؏, pourtant le dernier avait reçu une connaissance singulière, étrangère à Moïse ؏. Ainsi Allāh ﷻ ordonna à Moïse ؏: «Va le chercher et accompagne-le (c'est à dire instruit-toi auprès de lui)»; ce qu'il fit.

Chacun développe un goût qui lui est propre, intrinsèque et c'est ce qui transparait ici entre Sayyidina al-Khidr ؏ et Sayyidina Moïse ؏. C'est une leçon pour nous. Si nous sommes loin de notre guide parfait, Sultan al-*Awlīyā*, Mawlana Cheikh Nazim al-Haqqani ق, et s'il y a aux alentours quelqu'un de plus savant que nous, ce dernier doit prêcher et il nous incombe de l'écouter attentivement. De nos jours, malheureusement nombreux sont qui n'ont pas cette compréhension et on ne sait que faire.

Celui qui n'est pas humble et qui refuse d'écouter ceux qui sont plus savants que lui ne sentira jamais l'agréable parfum de la tariqa car en réalité il se refuse à gravir les échelons paradisiaques. En effet, un paradis conduit à un autre plus magnifié. Si vous accédez au premier, un second s'ouvre à vous, puis un troisième, ainsi de suite. Vous ne pouvez pas passer du premier directement au quatrième; c'est impossible.

Une illustration de ce procédé est le cas aujourd'hui des enfants [avec leurs jeux électroniques] – qui en savent plus que nous! Je les vois à Chypre jouer à ces jeux électroniques, aussitôt qu'un niveau est terminé un nouveau niveau s'ouvre. Gloire à Allāh ﷺ! C'est comme si les concepteurs (de ces jeux) étaient inspirés. On ne procède pas du premier au dernier niveau d'un seul trait. Sans finir le premier niveau on n'atteint pas son objectif ni son but.

Les saints ne donnaient jamais la Baya'a dans le passé avant que le mouride ait atteint un certain niveau; ce qui n'est pas le cas aujourd'hui où, vu l'ignorance prépondérante, Mawlana par sa sagesse a ouvert les portes à tous et à toutes afin de propager la Tariqa. Il fallait auparavant que le Cheikh reçoive une vision ou l'instruction du Saint Prophète ﷺ en rêve pour chaque Baya'a! Comme je l'ai plusieurs fois mentionné, Grandcheikh ق n'a donné aucune Baya'a à ma connaissance en récitant le verset de la Baya'a. Nous savons que seulement deux ont eu la Baya'a bien que tous ceux qui s'asseyaient autour de lui se réclamaient être ses disciples en l'appelant «Notre cheikh».

Auparavant, ils donnaient la Baya'a comme relaté dans le hadith de Sayyidina Jibril ﷺ par Sayyidina Oumar. En effet, le hadith rapporte qu'il apparut au Prophète ﷺ et aux Compagnons [en forme humaine] portant des habits d'une blancheur immaculée, quasiment impossible à trouver à cette époque en ce lieu, le désert, rempli de poussière. De surcroît, il ne portait aucune trace de voyage. Il vint s'asseoir devant le Saint Prophète ﷺ, Genoux contre genoux, leurs mains sur les cuisses! De même dans la Tariqa, le Cheikh doit avoir au préalable une autorisation du Prophète ﷺ à travers la prière d'Istikhara (demander à Allāh ﷺ de choisir pour nous) comme il a dit sur lui bénédiction et paix: «Nul ne perd à consulter Allāh ﷻ, *ma khaba man istakhaar wa-ma nadima man istashaar* (Tabarani, Quda'i). Cette réponse est d'origine divine. La seule fois qu'une telle *Baya'a* eu lieu fut avec Mawlana cheikh Nazim ق lorsque dans sa jeunesse à Istanboul, il voulut que cheikh al-Alsouni ق l'initie à la tariqa Naqchbandi. Le cheikh lui répondit:

- Mon fils, ton trésor n'est pas avec moi mais avec le cheikh AbdAllah al-Daghistani ق à Damas, va chez lui – [il ne fit pas comme c'est le cas aujourd'hui, nous nous précipitons sur le mouride pour l'ajouter à notre liste]! Comment le savait-il alors qu'il n'avait eu aucun contact antérieur avec celui-ci? C'était pendant la deuxième guerre (1944). Les Français et les Anglais se combattaient les uns contre les autres pour le contrôle de Damas. Mawlana se déplaçait d'un refuge à un autre jusqu'à atteindre Homs où il prit une chambre au Maqam de Sayyidina Khalid b. al-Walid ﷺ. Il étudiait la Chari'a. Puis il vint à Damas, au quartier du Midane (vieux quarter très pieux) sans savoir où aller. Allāh ﷻ le guida, et il demanda aux gens: y a-t-il un cheikh de Daghistan ici? Pourquoi n'est-il pas allé dans un autre quartier, soit à Roukn ad-Din ou Romana? Parce qu'Allāh ﷻ le guida. Il arriva finalement à la porte de Mawlana Cheikh AbdAllah ق qui lui ouvrit et dit:
- «Entre».

Mawlana cheikh Nazim ق dit:
- Sayyidi, j'étais en route pour la Hijra à Madinatou 'l-Mounawara et on m'a guidé à vous. Celui-ci répondit:

- Je ferai la prière de consultation cette nuit, va te reposer, je vais te faire à manger.

C'est cela la voie formelle et *mā khāba man istikhār*, celui qui demande à voir le Prophète ﷺ ne sera pas déçu. Ils ne conversèrent plus jusqu'au lendemain, puis après le Fajr, il lui dit:

- O mon fils! Il n'y a pas de permission pour que tu ailles à Médine, repars chez toi à Chypre où ils ont plus besoin de toi.

Il donna la *Baya'a* à cheikh Nazim ق et le renvoya à Chypre où la guerre faisait rage.
Mawlana Chaykh Nazim ق ne fit aucune objection. Ce fut sa première rencontre avec le cheikh, et voilà que celui-ci le renvoya d'où il était venu. Considérez une telle foi! L'intention qui l'animait, et certainement les jours qu'il comptait à la pensée d'aller à Madinatou 'l-Mounawarrah et être auprès (*moujaawar*) du Prophète ﷺ! Avec l'ordre de Grandcheikh, ce fut comme si toutes ses espérances avaient volé en éclats. C'était un enseignement que Grandcheikh ق lui donnait. «Ce n'est pas selon tes espérances mais plutôt selon notre décision»; c'est ainsi qu'agissent les *awlīyā*: ils refondent nos projets.

Description de la *Baya'a*

La *Baya'a*: ils te font t'asseoir, te prennent la main droite comme pour te saluer, puis te dictent la *chahada* et l'*istighfar*, verset de la *Baya'a*, Ayat al-Baya':

Innal-ladhīna youbaī'oūnak innamā youbaī'yoūnallāh.
yadoullāhi fawqa aydīyhim faman nakatha fa innamā

*yankouthou 'alā nafsihi wa man awfā bimā 'ahada
'alayhoullāh fa-sayou'tīyhi ajran 'azīmā.*

Ceux qui te prêtent serment d'allégeance ne font que prêter serment à Allāh: la main d'Allāh est au-dessus de leurs mains. Quiconque viole le serment, ne le viole qu'à son propre détriment; et quiconque remplit son engagement envers Allah, Il lui apportera bientôt une énorme récompense. (Soūrat al-Fath, 48:10).

Puis ils ferment leurs yeux. Aussitôt par le pouvoir du cheikh, les yeux du cœur s'ouvrent. C'est ainsi que la *Baya'a* officielle, la *Baya'a* puissante s'opère. Par le pouvoir du Prophète ﷺ, le cheikh ouvre les yeux du cœur du mouride. Ainsi, le mouride se voit dans un tout autre niveau, indescriptible, qui donne la chair de poule, le corps perd toute sensation, il reçoit le dhikr d'Allāh ﷻ par le Nom d'Allāh ﷻ, *dhikroullah bi-ism adh-dhaat*. Le cheikh donne le *Talqin* comme on le fait à la tombe d'un défunt, c'est-à-dire la déclaration:

yaa 'AbdAllah! qoul ach-hadou an laa ilaaha illa-Llah... rappelle-toi serviteur d'Allāh ﷻ que tu as été créé par Allāh ﷻ etc.

Le font-ils aujourd'hui? À peine le mort enterré, les uns s'empressent à s'accaparer son héritage, les autres à s'empiffrer de riz et de viande. Ce *talqin, dhikroullah bi 'ism adh-dhaat* – je parle ici de l'Ordre Naqchbandi – comprenant les Noms Divins et les Attributs, passe de la bouche du cheikh au cœur et à la langue du Mouride, avec *madd* et *houdour*: Présence du Cœur – comme s'il était présent en la présence Divine, voyant les anges, voyant ce qu'il ne pouvait pas voir auparavant. Le

cheikh place le nom d'Allāh ﷻ ...
Allaaahouououououououououououououou (trois fois),
......HAQQ. Ce que le mouride reçoit à ce moment est un trésor caché que le mouride n'a aucun droit de dévoiler à quiconque.

Cette description jette la lumière sur la compréhension individuelle de chacun sur la *Bayaʿa* et da sa réalité. Comparez et voyez laquelle est plus forte: ce que vous recevez aujourd'hui ou ce qu'ils recevaient auparavant? En réalité, ce que vous recevez aujourd'hui est encore plus fort mais cela ne vous est pas perceptible. Ces réalités ou cette *Bayaʿa* vous sera donnée à votre insu. Auparavant, on vous le donnait ouvertement et votre corps était à mesure de s'en rendre compte, et vous pouviez ressentir cette extase quotidiennement. Vous visualisez les étapes du moment et celles à venir. Pourtant, cette initiation ou *Bayaʿa* ne vous ait accordée qu'à la condition d'avoir franchi les étapes que voici: l'étape des *mouhibbin* (aimants), *Darajat al-Moubtadi'īn* (celle des débutants), *Darajat al-Moustaʿid* (celle des aguerris) et enfin *Darajat al-Mourīdīn* (celle des mourides).

En fait, le mouride dans la Tariqa Naqchbandie est comme un cheikh. Il n'est véritablement initié (c'est-à-dire reçoit la *Bayaʿa*) que lorsqu'il est fermement établi. De nos jours, ils (les cheikhs) donnent la *Bayaʿa* à tous car l'ignorance prévale partout, mais les disciples n'ont pas accès aux trésors qu'ils reçoivent car ils sont comparables aux enfants à qui on ne saurait donner la garde de diamants. En substance, les *awlīyā* vous disent: «ceci est votre coffre-fort et on le garde pour vous». Auparavant, on vous le remettait puisqu'il vous était requis de passer les trois premiers niveaux. Aujourd'hui, ceux qui atteignent le niveau de *mouhibb* – celui qui aime – s'en contentent et pensent avoir accomplir quelque chose de grand. Le cheikh inculque aux cœurs des disciples dhikr «ismou 'dh-dhaat» en disant «Allāh Hou ou .... ou, ...Houou». Et ce beau nom conduit plus loin à l'insondable, la « Réalité de l'Essence» comme consignée dans la sourate al-Ikhlās, la sincérité: «**Qoul Hoūwa**» c'est-à-dire «**Dis, l'Insondable**» qui n'est autre qu'Allāh. Comme mouride, il faut procéder inversement c'est-à-dire commencer par «Allāh». Il est descriptible au moyen des 99 Noms et Attributs: Allāh, ar-Rahmān, al-Qouddoūs, as-Salām etc... Allāh **vous guide à travers Ses 99 Beaux Noms et Attributs vers Sa Réalité**, qui du reste, demeure insondable à jamais car c'est son affaire exclusive. À ceux qui demandent qui est Allāh, Allāh leur répond: «Ya Mouhammad! Répond leur que: «L'Inconnu *Hou* ou l'Insondable est Allāh». Nous commençons donc avec «Allāh» pour finir avec «Houououou .... Mais dans le saint Coran, c'est l'inverse. On commence avec Houououou... pour finir avec «Allāh». Ainsi le mouride se voit doté d'attributs divins et observe des visions multicolores de la présence Divine. À ce point, le mouride fera *«istighfar»* (demandera au Seigneur l'absolution de ses péchés, il lira la sourate *Ikhlas* [sourate 112] et se verra relié au maillon (*rabitah*) de la chaîne (la *silsila*) de son cheikh. Tout ce procédé n'aura pas lieu si le cheikh n'a pas la certitude que le mouride a passé le niveau de la foi chancelante mentionnée par Allāh dans le saint Coran:

> *thoumma āmanoū, thoumma kafaroū, Inna alladhīna āmanoū thoumma kafaroū thoumma āmanū thoumma*

kafaroū thoumma izdādoū koufran lam yakoūnillāhou li-yaghfir' lahoum wa lā li-yahdīyahoum sabīl.
Ceux qui ont cru puis sont devenus mécréants, puis ont cru de nouveau, ensuite sont redevenus mécréants et n'ont fait que croître en mécréance, Allāh ne leur pardonnera pas ni les guidera vers un chemin (droit). (Soūrat an-Nisā', 4:137).

En résumé, ce genre d'initiation (*Baya'a*) n'a lieu aujourd'hui que si et seulement si l'assurance est reçue que le mouride ne changera pas et qu'il se rende compte que son cheikh est un héritier du Prophète ﷺ et qu'il est *na'ib oul amr fī tarbīyyat al-khalq* (le gérant de la connaissance reçue du cœur du Prophète ﷺ aux fins de former ses mourides et les guider vers le droit chemin. Voici la raison pour laquelle le Prophète ﷺ a dit: «*Dhikroullah chifa'ou qouloub*, le dhikr "Allāh" est le remède des cœurs» [Daylami, Mousnad al-Firdaws]. Tout ce procédé trouve son Aboūtissement en la personne du Prophète Mouhammad ﷺ, le maillon principal, *Insān al-Kamil*, l'Homme Parfait.

En substance, l'initiation (*Baya'a*) d'autrefois avait sa saveur propre que tant l'âme et le corps pouvaient apprécier car le mouride recevait des visions nouvelles continuellement. Un mot de passe était donné au mouride, et il s'embarquait alors dans un voyage.

Aujourd'hui, la *Baya'a* est générale et elle est accompagnée de beaucoup de secrets dont l'accès n'est pas permis au mouride dû à la prévalence de l'ignorance. Il appartient au mouride de travailler d'arrache-pied pour obtenir la *Baya'a* réelle aux fin de savourer le fruit et non de seulement l'observer. C'est cela l'objectif des *awlīyā* pour leurs disciples, c'est-à-dire un jardin savoureux qui les conduit à un autre où ils se délectent de leurs fruits et son miel.

Qu'Allāh ﷻ nous bénisse et absolve nos péchés.

Wa min Allāhi 't-tawfīq, bi hourmati 'l-habīb, bi hourmati 'l-Fātihah. D'Allāh ﷻ vient le secours, par l'honneur du Bien Aimé et par l'honneur de la Fatiha.

Le Statut du Dhikroullah dans le Saint Coran et la Tariqah

*A'oudhou billāhi min ach-Chaytān ir-rajīm.
Bismillāhi' r-Rahmāni 'r-Rahīm.
Nawaytou 'l-arbā'īn, nawaytou 'l-'itikāf, nawaytou'l-khalwah, nawaytou 'l-'ouzlah, nawaytou 'r-riyāḍa, nawaytou 's-souloûk,
lillāhi Ta'alā fī hādhā 'l-masjid.
Ati' oūllāh wa ati'oū 'r-Rassoūl wa oūli 'l-amri minkoum.*
(4:59)

Nous devons demander l'assistance des *Awlīyāoullāh*, qui eux à leur tour demandent l'assistance du Prophète ﷺ. À cet effet, nous disons: «*Ati' oūllāh wa ati'oū 'r-Rassoūl wa oūli 'l-amri minkoum*» c'est-à-dire «*Obéissez à Allah, obéissez au Prophète et à ceux qui détiennent l'autorité parmi vous*» (4:59).

«Nous considérons que réciter «*A'oudhou Billahi min ach-Chaytaani 'r-rajim*» est *dhikroullah*, une mention d'Allāh ﷻ. Sa récitation enchaîne le Satan et l'immobilise. Ensuite on ajoute «*bismillah ar-rahman'r-Rahim*» dont la récitation ouvre les portes du Jardin d'Allāh ﷻ et au moyen duquel Allāh ﷻ a créé toute chose. En référence, le verset suivant fut révélé au Prophète ﷺ:

Iqrā bismi rabbik alladhī khalaq. «*Lis au Nom de ton Seigneur Qui a tout créé.* » (Soūrat al-Alaq, 96:1)

La création a été confiée au Prophète ﷺ et cela est apparent dans le premier verset révélé: «Lis» et le Prophète ﷺ de répondre: Que dois-je lire?» «*Lis au nom de ton Seigneur*».

«*Bismillah ar-rahman'r-Rahim*» est la clef du Paradis et de toute chose. Toute action (*amal*) qui ne commence pas avec Bismillah ne repose sur aucun fondement (maqtou'a); c'est à l'image d'un tuyau conducteur d'eau avec des points de fuite. L'eau n'arrive pas au point désiré. Par conséquent, toutes nos actions commencent avec *bismillah ar-rahman al-rahim*: le port de nos habits, manger, boire, sortir de chez nous, en somme toute entreprise car c'est la clef du succès. Les *awlīyā* savent que *bismillah ar-rahman ar-rahim* est ou représente le *dhikroullah* et en consequence, ils maintiennent le souvenir de leur Seigneur en leurs cœurs. À cet effet, le Prophète ﷺ a dit:

> *Dhikroul-anbiya min al 'ibadah, wa dhikr as-saalihin kaffaarah, le dhikr des prophètes fait partie de l'adoration d'Allāh ﷻ. Le dhikr des vertueux en revanche est une expiation, wa dhikr al-mawtou sadaqatoun, et la mention de la mort est un don de charité.*

Vous et tous ceux qui mentionnent Allāh ﷻ sont considérés pieux, leur dhikr est *kafaaratoun*, c'est-à-dire elle efface leurs péchés. Les prophètes sont sans péchés et donc elle (leur dhikr) est adoration pure et le Prophète ﷺ dit (continue le hadith):

> *wa dhikr al-mawtu sadaqatoun. Et la mention de la mort est un don de charité (sadaqa).*

Lorsque vous mentionnez Allāh ﷻ avec l'intention de vous souvenir de la mort, et que vous mourrez, ce dhikr est comme une *sadaqa* continue de votre part, c'est-à-dire qu'elle sera comme la zakat de toute votre vie; de même cette mention vous sauvera au Jour du jugement.

Wa dhikrou 'l-qabr youqarribukum mina 'l-jannah, Et le souvenir de la tombe vous rapproche du paradis.

Tant que vous vous souvenez qu'un jour vous partirez de ce monde, c'est une *sadaqa*, et:

Wa dhikrou 'l-qabr youqarribukum mina 'l-jannah et que vous vous souvenez de la tombe cela vous rapproche du paradis.

Qu'est-ce qu'il y a après la tombe? Comme le Prophète ﷺ a dit: «la tombe est soit un paradis soit une géhenne»[8] et il a dit aussi: «Les pieux, Allāh ﷻ libérera leurs âmes et transformera leurs tombes en une parcelle de Paradis»[9]. Le Prophète ﷺ dit également: «*le dhikr est préférable à la sadaqa*»[10]. Pendant le mois de Ramadan, les gens s'empressent à donner la sadaqah. Par contre c'est le contraire dès que ce mois s'achève. Pour préserver cette habitude de donner la sadaqah, les *awlīyā* disent: maintenez une boite chez vous à domicile et chaque, jour mettez-y une sadaqa. De même, le souvenir d'Allāh ﷻ est considéré une sadaqa continue pour vous, que vous le fassiez assis, debout, en marchant.

Il y a plusieurs ahadith et versets du Coran mentionnant le rappel d'Allāh ﷻ (dhikr):

Le dhikr (silencieux) que les anges-scribes n'entendent pas est 70 fois supérieur au dhikr (audible) qu'ils entendent:

Allāh ﷻ dit:

---

[8] Tirmidhi

[9] Ad-Daylami dans Musnad al-Firdaws.

[10] Abou al-Cheikh dans *Musnad al-Thawab*

Yā ayyuhalladhīna āmanoū 'dhkouroullāha dhikran kathīra.
O vous qui croyez! Évoquez Allāh d'une façon abondante (al-Ahzab 33:41)

Fadhkouroullaaha 'inda 'l-mash'ari 'l-haraam, Et invoquez-Le à Son lieu saint comme Il vous a montré la bonne voie (La vache 2 :198).

Al-ladhīna yadhkouroūna Allāh qiyāman wa qou'oūdan wa 'alā jounoūbīhim; Ceux qui invoquent Allāh debout, assis, et couchés sur leurs flancs (la famille d'Imran, 3:191).

Fa idhā qadaytoum manāsikakoum fadhkouroūllāh ka-dhikrikoum ābaoūkoum aw ashada dhikrā.
Et quand vous aurez achevé vos rites, alors invoquez Allāh (Suūrat al-Baqara, 2:200).

W 'adhkour rabbaka fī nafsika taïarrou'an wa khīfatan wa dūna 'l-jahrī mina 'l-qawli bi 'l-ghadoūwī wa 'l-āsāl, wa lā takun mina 'l-ghāfilīn. Et invoque ton Seigneur en toi-même, avec humilité et crainte, à mi-voix, le matin et le soir, et ne sois pas du nombre des insouciants. (al-Araf, 7:205).

Wa la-dhikroullāhi akbar. **Le rappel d'Allāh est certes ce qu'il y a de plus grand. (L'Araignée, 29:45).**

Tant de versets qui insistent sur l'importance de la mention d'Allāh ﷻ et la mention du cœur parce que le *dhikr* est le travail du cœur, l'acte du cœur, et le cœur est mentionné presque 100 fois dans le Saint Coran. Maintenez le *dhikroulillah* et vous serez sauvé dans cette vie et celle de l'au-delà. Foudayl ق, l'un des grands saints a dit: «Il nous a été rapporté d'Allāh ﷻ:

«O mon serviteur! Mentionne-moi une heure après la prière du matin et une heure après la prière de l'après-midi (Asr)»[11]

Voilà pourquoi les *Awlīyā* observent une heure de dhikr après la prière de l'aube comme après celle de l'après-midi (Asr). Ces deux moments sont importants et très recommandés dans la tariqa. S'y conformer garantit la sécurité de ta journée entre ces deux moments, ne serait-ce pendant cinq minutes après le fajr et de même après l'Asr. C'est ce que disent les *Awlīyā*, ne soyez donc pas paresseux.

«Wa qāla ghanīmatouh majālis adh-dhikrou'l-jannah Sûrement, les trophées des cercles de dhikr sont le Paradis». (Ahmad et Tabarani).

Si vous désirez par conséquent le paradis dans ce monde et dans l'autre, faites le dhikr. Tout le Tassawwouf ne se résume pas seulement à l'excellence morale qui d'ailleurs ne s'acquiert pas aisément mais s'obtient plutôt avec le cœur qui bat au rythme de dhikroullah. Un tel cœur entre en présence Divine et par conséquent les jardins du Paradis deviennent pour vous comme un «pâturage» et un lieu de promenade *(yartāh fi'l-jinān)*. Dans dounya (ce bas-monde), ce tajalli du Paradis (manifestation paradisiaque) vous accompagne tant que vous vous souvenez d'Allāh ﷻ. Il est aussi dit que le Prophète ﷺ dit:

---

[11] Abou Nou'aym, *Hilyat al-Awliya*.

«Law anna rajoulayn aqbala āhadahumā min as-soūq fī hijrihi danānīr you'tīhā, wa'l-ākhir yadhkourallāh kāna dhākiroullāhi afial.
S'il y a avait deux hommes, l'un détenant une somme d'argent qu'il distribue aux gens et un autre assis se souvenant d'Allāh ﷻ, celui qui distribue de l'argent serait inférieur à celui qui se souvient d'Allāh ﷻ.

Cela pour nous encourager au dhikr. Le soufisme (*Tassawwouf*) est fondé sur le dhikr. Sans dhikr il n'y a pas de soufisme. L'excellence morale s'acquiert par le bon comportement qui n'est autre que le souvenir d'Allāh ﷻ usant de Ses Beaux Noms et Attributs. Lorsque vous vous souvenez d'Allāh ﷻ en utilisant Ses 99 Noms, leur *tajalli*, émanation, vous envahisse, vous donne la chair de poule, résultante de la présence des anges qui vous revêtent d'ornements spirituels. C'est ce qui vous permet de vous détacher de vos mauvais traits vers les bons traits indépendamment de votre volonté.

Une fois, lorsque j'étais jeune, je reçus l'ordre de Grandcheikh ق de me couvrir en faisant le dhikr dans un souci de réclusion. Similairement, la retraite spirituelle est préférable dans un espace exigu.

En 1997, je reçus l'ordre de Mawlana Cheikh Nazim ق d'aller en retraite spirituelle à Istanbul. Je me rendis dans la mosquée désignée, et sur le toit de celle-ci j'ai découvert qu'ils avaient construit une tombe à la dimension de ce *minbar*, six pieds de longueur et quatre pieds de largeur (le cheikh montre du doigt le minbar de la mosquée). On s'y assied à l'étroit. Lorsque j'appelai Mawlana cheikh Nazim ق au téléphone, il me demanda:

- Que t'ont-ils dit?
- j'ai dit: «Ils m'ont donné une tombe sur le toit».
- «Que vas-tu faire?» demanda-t-il?
- «Je vais y entrer»; ai-je répondu.
A vrai dire, cette tombe était effrayante; on la referme sur toi et tu n'en sors que pour utiliser les toilettes ou faire tes ablutions.

- Puis Mawlana ق me dit: «tu as réussi ton épreuve, prend plutôt une chambre».
Il m'épargna ainsi cette épreuve. Par le passé cependant, la retraite spirituelle avait lieu au cimetière, dans une fosse creusée pour vous à cet effet avec un conduit d'air, parmi les morts. Allez voir ce que vous entendez la nuit des différentes tombes. C'était difficile. Voilà pourquoi pour émuler un tel effet, il est conseillé de se couvrir. Si vous le faites, vous verrez ce dont je parle. Voulez-vous une vraie *baya'a*? Couvrez-vous, et vous verrez ce qui ne peut être vu.

J'avais 20 ou 22 ans et me couvrais en faisant le dhikr: *la ilaha illa Allāh, la ilaha illa Allāh, la ilaha illa Allāh* .... Par *adab* les Naqchbandis commencent avec ce dhikr à l'image des autres Tariqas, puis le Nom de l'Essence (*ism adh-Dhaat*) Allāh, Allāh qui est le dhikr Naqchbandi proprement dit. Je récitais avec mélodie à voix haute. A ce moment, je sentis quelque chose hors de l'ordinaire et ressentis une certaine frayeur. Je tremblotais et voulu retirer la couverture parce qu'elle devint difficile et lourde – Ce fut comme la première *rakaat* de la prière de l'aube ce matin, que je fis silencieusement tant bien que j'entendais cheikh Sahib dire *Allahou Akbar, Allahou Akbar*. Je fus complètement enveloppé de leur présence. La deuxième *rakaat* par contre fut à voix haute d'où la prosternation de l'inattention (*sahouw*) – A la fin, je ne pouvais plus résister, je sentis que le Prophète ﷺ entrait et cette présence me pénétra par la tête; je tremblais de tous mes membres, en même temps je sentais la beauté ineffable de ce moment qui me posséda entièrement puis eut lieu ce qui eut lieu. Ainsi quand vous faites le dhikr en vous couvrant, c'est-à-dire en vous détachant du monde, alors les *Awlīyā* et la présence du Prophète ﷺ sont présents pour vous atteindre. Ce fut une faveur du Prophète ﷺ et de notre cheikh sur moi. Le Prophète ﷺ prit entière possession de mon corps, et je sentis cette beauté plusieurs jours par la suite.

Lorsque vous vous détachez de ce bas-monde, vous serez à mesure de vous débarrasser de vos mauvais traits parce que chaque Nom et Attribut a sa propre saveur et effet vous guérissant de toutes les maladies spirituelles; celles-ci sont au nombre de 800 selon les *awliyya* et leur seul remède est le dhikr. D'où le dhikr hebdomadaire des Vendredi, Jeudi ou Samedi à l'image des *Ahlou'l-Tariqah*. En plus, le plus Haut Nom (que nous expliquerons plus tard) qui regroupe tous les Beaux Noms et Attributs, *ismoullah al-jam'i lil-asma was-siffat* est ALLĀH. C'est pour cela que les cheikhs Naqchbandis y vont directement, portant la responsabilité de leurs disciples par la récitation de ce Nom, car sous ce nom, tous les autres Noms et Attributs se retrouvent. Certains cheikhs assignent 5000 par jour, d'autres 10000 par jour, et pour les débutants d'autres disent 1500 par jour.

illa an yashā Allāhou wa 'dhkour rabbaka idhā nasīta wa qul 'asā an yahdīyanī rabbī li aqraba min hādhā rashada «Sans ajouter: «Si Allāh le veut», et invoque ton Seigneur quand tu oublies et dis: «Je souhaite que mon Seigneur me guide et me mène plus près de ce qui est correct» (Al-Khaf, 18-24).

Itbaʿ as-sayīāt al-hasanat tamhoūhā. Fais suivre la mauvaise action immédiatement d'une bonne action qui l'efface.

Lorsque vous commettez un péché, faites-le suivre immédiatement par «*Astaghfiroullah*». Ne dites jamais: «j'ai trop de péchés». Ne vous plaignez pas comme pour contredire le verset du Saint Coran cité ci-dessus (18:24). Allāh ﷻ l'a dit, et c'est ce que nous croyons. Chacun sait quand il commet une erreur, et réciter *Astaghfiroullah* effacera tout. Il ﷺ dit aussi: «*Qui aime retrouver Allāh ﷻ, Allāh ﷻ aime à le retrouver et qui hait rencontrer Allāh ﷻ, Allāh ﷻ hait à le rencontrer*»[12].

Narré par Boukhari Mouslim et d'autres sur l'autorité de A'isha: *man aatʿaʾAllāh faqad dhakr-Allāh wa in qallat salaatahou wa siyaamahou wa tilaawata 'l-qurʾan. wa man ʿasa 'Llah faqad nasiy 'Llah wa in kathurat salaatuhu wa siyaamahu wa tilaawata 'l-qouran* «*Qui obéit à Allāh ﷻ se souvient d'Allāh ﷻ, même s'il n'a pas de prières volontaires ou de jeunes volontaires ou de lectures de Coran volontaires à son actif*». (Bayhaqi, Ibn Moundhir, Sa'id ibn Mansour, Tabarani). En d'autres termes, lorsque tu obéis à Allāh ﷻ, tu te rappelles de Lui, et lorsque tu te rappelles de Lui, tu L'obéis.

---

[12] Muslim, Ahmad and Tirmidhi.

lā yaqouʿd qawmun yadhkouroūn Allāha Taʿalā illa hafathoum al-malāʾikata wa ghashīyahoum ar-rahmata wa nazalat ʿalayhim as-sakīnata wa dhakarahoumoullāha fīman ʿindah. «Jamais un cercle de gens assis ne se rappelle d'Allāh ﷻ sans que les anges les encerclent, la miséricorde et la tranquillité descendent sur eux, et Allāh ﷻ les mentionne à ceux qui sont en Sa Présence».[13]

Pensez-vous alors que vous serez punis? Quand vous allez voir le Roi et qu'il vous pare d'une tunique magnifique avec une médaille puis vous revenez le jour d'après revêtu de ces apparats royaux, que font-ils? Les portes vous sont ouvertes aussitôt sans la moindre question. Similairement, peut-on vous empêcher d'entrer au Paradis lorsque vous est revêtu de la tunique de Sa miséricorde, le *dhikroullah*! Mieux et plus, vous serez mieux traités. Dire seulement une fois *la ilaaha illa-Llah* vous permet d'être revêtu de cette tunique de Sa miséricorde pour entrer au Paradis. A l'image des soldats dans l'armée avec leurs décorations reflétant leurs accomplissements, les croyants viendront parés au Jour du Jugement, et en fonction de leurs ornements, différentes portes du Paradis leur seront ouvertes. Qu'Allāh ﷻ nous donne de hauts niveaux au paradis.

Wasbir nafsak maʿ alladhīna yadaʿoūna rabbahoum bil-ghadāti wa ʾl-ʿachīyya yourīdoūna wajhahou wa lā taʿdaw ʿaynayka ʿanhoum tourīdou zīnat al-hayāt ad-dounyā wa lā toutʿi man aghfalnā qalbahou ʿan dhikrinā waʾt-tabaʿ hawāhou wa kāna amrouhou fouroubā.

---

[13] Muslim.

O Prophète ﷺ! «Fais preuve de patience [en restant] avec ceux qui invoquent leur Seigneur matin et soir, désirant Sa Face. Et que tes yeux ne se détachent point d'eux, en cherchant (le faux) brillant de la vie sur terre. Et n'obéis pas à celui dont Nous avons rendu le cœur inattentif à Notre Rappel, qui poursuit sa passion et dont le comportement est outrancier». (Al-Kahf, 18:28).

Allāh ﷻ insiste dans la sourate du Kahf sur la prééminence de ceux qui mentionnent le dhikr; par conséquent, il ne faut jamais abandonner le dhikr hebdomadaire sauf dans trois circonstances: en cas où vous recevez des invités, en cas de maladie et enfin au cas où vous êtes en voyage. Autrement ne le quittez jamais, seul ou en groupe, le dhikr est la plus importante et la plus grande et la meilleure et la plus complète adoration du point de vue de la purification des cœurs. Si vous voulez guérir et purifier vos cœurs des maladies de ce monde, gardez le dhikr d'Allāh ﷻ et aussi pour adoucir les cœurs et les parer de toutes ces perfections.

Il est dit que: «si les adorateurs s'attelaient à toutes sorte d'adoration nuits et jours, cela ne leur garantirait point la purification du cœur.» Ceci explique l'arrogance des savants qui s'estiment supérieurs aux autres. Les *awlīyā*oullah affirment que cette montagne d'adoration bénéficie rarement à extirper (du cœur) quelque déchet que ce soit, car «*qallama tahsalou tasfiyatou qouloubihim*», tamiser les cœurs permet réellement de préserver le bon qui s'y trouve et d'en extirper le mal.

Après leur prières et *ibadaat*, ceux qui mentionnent Allāh ﷻ sont affairés avec le dhikr. Ils ne disent pas comme certains fameux imams: faites vos prières, enfilez vos Blue jeans et allez vadrouiller dans les supermarchés. *fa amma adh-dhakiroon lamaa yashtaghill bi dhikrillah 'ala ad-dawaam laa yashudhou minhoum ahad illa hasal*, «ceux qui mentionnent Allāh ﷻ tout le temps obtiendront plusieurs secrets et seront connectés à la Présence divine» parce que le dhikr est le seul acte du cœur qui rassemble tous les différents principes du rappel d'Allāh ﷻ. Il vous rapprochera de plus en plus au «Niveau de la Certitude» (*Maqaam al-Yaqin*) qui inclut la «Connaissance de la Certitude» (*'Ilm al-Yaqin*), «la Certitude de la Vision (*'Ayn al-Yaqin*), «la Certitude de de la Réalité» (*Haqiqat al-Yaqin*). Le dhikr vous fait entrer dans ces trois océans. Allāh ﷻ vous emmènera de la cécité à la vision, de la surdité à l'ouïe, de l'aphasie à la parole. L'Attention d'Allāh ﷻ, *inayat*oullah, de manière impromptue, peut vous prendre du fin fond de la vallée et vous propulser au sommet de la montagne.

Grandcheikh ق dit que: «faire le dhikr en Jama'ah ou individuellement vous pare d'une médaille, et ainsi de suite d'une semaine à l'autre, et ceci quel que soit ce que vous avez fait. Ainsi, chaque dhikr hebdomadaire vous purifie de tous vos péchés de la semaine d'avant. C'est «lumière sur lumière».

Dans un hadith sacré, le Prophète ﷺ dit:

Lā ilāha illa-Llāh housnī wa man dakhala housnī āman min 'adhābī «La ilaha illa Allāh est Ma forteresse, celui qui la pénètre est en sécurité»[14].

Entrons-y donc tous! Disons (Mawlana se tient debout): *La ilaha illa Allāh Mouhammadoun Rassouloullah, La ilaha illa Allāh*

---

[14] Abou Nou'aym, *Hilyat al-Awliya'*

Mouhammadoun Rassouloullah, La ilaha illa Allāh Mouhammadoun Rassouloullah. Que nos chaykhs présentent pour nous cette attestation au Prophète ﷺ afin que nous soyons sauvés au Jour de la Résurrection.

Qoul Allāh thoumma dharhoum fī khawdihim yal'aboūn «Dis: ALLĀH, et laisse les dans leurs disputes à jouer» (al-Anaam, 6 :91).

«Dis ALLĀH». Comment peuvent-ils oser dire qu'il n'y a pas de *dhikr bi 'ism adh-Dhaat*? Les Wahabis s'opposent au dhikr avec le nom «Allāh» alors qu'Allāh ﷻ l'ordonne dans le saint Coran! Nous ne leur accordons aucune importance. Nous disons «Allāh» parce que nous suivons la voie de notre Cheikh et l'injonction d'Allāh ﷻ dans le saint Coran. Disons (le cheikh se tient debout): «Allāh», le dhikr par *ism adh-Dhaat* qui est d'une importance capitale dans la voie Naqchbandie. Les Wahhabis, quant à eux, peut-être qu'ils récitent pour dhikr: «*chaytan, chaytan*».

Qu'Allāh ﷻ nous pardonne et leur pardonne.

Wa min Allāhi 't-tawfīq, bi hourmati 'l-habīb, bi hourmati 'l-Fātihah. D'Allāh ﷻ vient le secours, par l'honneur du Bien Aimé et par l'honneur de la Fatiha.

Les Oceans de Sayyidina Ali ⚜ et Sayyidina Aboū Bakr ⚜

*A'oudhou billāhi min ach-Chaytān ir-rajīm.
Bismillāhi' r-Rahmāni 'r-Rahīm.
Nawaytou 'l-arbā'īn, nawaytou 'l-'itikāf, nawaytou'l-khalwah, nawaytou 'l-'ouzlah, nawaytou 'r-riyāḍa, nawaytou 's-souloûk,
lillāhi Ta'alā fī hādhā 'l-masjid.
Ati' oūllāh wa ati'oū 'r-Rassoūl wa oūli 'l-amri minkoum.
(4:59)*

Comme nous l'avons expliqué hier, Allāh ﷻ a dit: «*Dis (O Mouhammad!) ALLĀH, et abandonne-les à leur jeux*» (6:91) c'est-à-dire relie ton cœur à Moi et à rien d'autre.

La connexion du cœur est très importante comme cité dans le saint verset dans la sourate Kahf: «*N'obéis point à celui dont nous avons aveuglé le cœur envers notre rappel*» (18:28). Cela veut dire, maintenir le cœur en permanence dans le rappel d'Allāh ﷻ pour conserver cette connexion. Ce lien est déjà présent quand vous faites votre initiation avec le cheikh et du cheikh au Prophète ﷺ; seulement ne soyez pas inattentif à ce cordon spirituel;

un autre verset dit:

Afalā yatadabaroūna al-qour'ān aw 'alā qouloūbihim aqfālouhā.

N'étudient-ils point le Coran? Ou bien leurs cœurs sont-ils cadenassés? (47 :24)
Inna nahnou nazalnā 'dh-dhikri wa inna lahou la-hāfizoūn.
En vérité c'est Nous qui avons fait descendre le Coran, et c'est Nous qui en sommes gardien (de la corruption). (15:9)

C'est-à-dire ne veulent-ils pas entendre ce dhikr? Continuez donc de mentionnez Allāh ﷻ conformément à la Sourate de la Sincérité: «Dis (O Mouhammad)! Il est ALLĀH, l'Unique» (112 :1). Ne les laisse pas avec des cœurs refermés ni insouciants. Il est dit que: «Les cœurs sont des récipients; ils doivent être remplis: soit de vérité, soit de fausseté». Si tu remplis le tien de vérité, du rappel d'Allāh ﷻ, et ce procédé est graduel, il finira par déborder. Au cours de ce procédé cependant, ne vous plaignez pas de ne rien voir et n'arrêtez pas non plus, car l'objectif n'est pas de voir, et rien n'est demandé en retour - à l'image de Rabia al-Adawiyya ق qui a dit à son Seigneur: «Je ne T'adore pas de peur du feu ni par convoitise du Paradis mais seulement pour Ton amour». Ce faisant, continue à remplir ton récipient du rappel d'Allāh ﷻ. Continue ce procédé jusqu'à atteindre le sommet où facilement Satan apparaîtra et t'éprouvera: «Mais que fais-tu? Quelle folie et quelle perte de temps !» Si tu ne lui prêtes pas l'oreille et que tu continues à remplir, le récipient débordera. Alors, la lumière qui s'y trouvait voilée, la lumière de la réalité du *dhikroullah* se révélera et envahira tout ton corps, chaque organe et chaque membre deviendra illuminé et ceci en un clin d'œil.

Ce niveau n'est pas facile à atteindre parce qu'il faut contrarier l'ego et tous, nous luttons à ce niveau comme notre Grandcheikh ق l'a dit: *thoumma aamanou thoumma kafarou*, un moment un pas en avant, un autre moment un pas en arrière. Il y a deux façons de remplir ton récipient: soit de dhikr et ne pas être indolent, soit de Satan et du bas-monde; dans ce dernier cas, le cœur déborde de ténèbres qui se propagent dans ton corps. Mais notre devoir c'est de permettre à la lumière du dhikr de rejaillir. Allāh ﷻ est miséricordieux envers la Communauté du Prophète ﷺ. Il a dit: «*Souvenez-vous de Moi, et Je me souviendrai de vous*» (2 :152) et «*Et le Dhikr d'Allāh est le plus grand*» (29 :45). Qu'en dites-vous? Son dhikr est plus grand que le nôtre, ceci ne peut être exprimé ni être décrit. C'est au-delà de la raison.

Sahl ibn Abd Allāh al-Tustari ق a dit: «Il est interdit à un cœur qui aspire à la lumière de la réalité de contenir ce qu'Allāh ﷻ hait». Que hait Allāh ﷻ? Allāh ﷻ hait qu'on renie Sa miséricorde. Et qui est cette miséricorde? C'est Sayyidina Mouhammad ﷺ au sujet duquel Il a dit:

> *Wa ma arslanāka illa Rahmatan lil-ʿalamīn.*
> «*Nous ne t'avons envoyé qu'en tant que Miséricorde pour les mondes*». (Soūrat al-Anbiyā, 21:107).

Soyez heureux car vous ne reniez pas la miséricorde d'Allāh ﷻ; mais ceux qui le font, qu'ils se repentent car Allāh ﷻ n'est pas satisfait d'eux. Nous disons: La paix et le salut sur toi O notre Maître ﷺ! O Messager d'Allāh ﷺ! Nous t'aimons ainsi que ta famille et espérons être à tes pieds ici et dans l'au-delà, et nous aimons notre cheikh Mawlana Cheikh Nazim ق et que Allāh ﷻ lui donne longue vie!

Un des grands saints, l'Imam al-Zouhri ق a dit: «Réparer les cœurs une heure vaut mieux que l'adoration des hommes et des jinns toute entière depuis notre seigneur Adam jusqu'à la Résurrection». Ceci n'est que ce qu'un saint décrit et éprouve en une heure, imaginez alors combien d'heures de dhikr vous faites dans la khalwa où il ne vous est permis que deux heures de sommeil? Lorsque l'autorisation d'entrer en khalwa (retraite spirituelle) vous est donnée, vous ressentez que vous avez le pouvoir de ne pas dormir ni manger, mais de lire le Coran, réciter des prières sur le Prophète ﷺ, faire le rappel avec les Beaux Noms et Attributs d'Allāh ﷻ. Tout ceci est dhikroullah et est meilleur que l'adoration des hommes et des jinns mise ensemble. Lorsque cela a lieu, Allāh ﷻ vous revêt de Sa Miséricorde, c'est-à-dire de Sayyidina Mouhammad ﷺ. Par conséquent, vous voyez et entendez des choses qui ne se sont jamais produites auparavant.

Il est dit que dans notre voie, la seule requête que le cheikh réclame du mouride est d'abandonner tout ce qui est interdit. Notre Grandchaykh ق disait: il y a 800 interdits dont il faut se défaire, et en abandonner un seul est mieux que l'adoration des jinns et des hommes! Cela ne veut pas dire qu'il faut abandonner les prières. Non, les obligations sont en place et intouchables; mais Allāh ﷻ vous donnera ce que nul œil n'a vu, ce que nulle oreille n'a entendu, et ce que nul cœur n'a jamais imaginé comme récompenses, pour avoir abandonné une seule interdiction. Abandonner un seul des 800 interdits est mieux qu'accomplir 500 actes méritoires parce que vous purifiez votre récipient en l'exposant aux lumières des Attributs et Noms d'Allāh ﷻ, et en empêchant Satan de se jouer de vous.

Que dit Sayyidina Ali ؓ? (nous savons que ce savoir spirituel nous vient de sayyidina Aboū Bakr ؓ et de Sayyidina Ali ؓ.) Il a dit: «O Prophète ﷺ! Guide-moi vers le plus proche chemin à Allāh ﷻ et le plus facile». Un autre hadith mentionne un autre compagnon qui vint au Prophète ﷺ et «se plaignit du poids des obligations en Islam et la profusion des injonctions!» En vérité, aujourd'hui, les gens sont engloutis dans l'océan du libéralisme et du bas-monde au point de ne désirer que la voie facile et de rejeter celle des *Awlīyā*. Pourtant Allāh ﷻ dit:

ʿalā inna awlīyāullāh la khawfan ʿalayhim wa lā houm yahzanoūn «Vraiment les Awlīyā n'ont ni crainte ni tristesse» (Soūrat Yūnus 10:62).

Mais ils n'en veulent pas ! Portez des Blue jeans et allez vadrouiller dans les supermarchés, cela est suffisant, affirmait un savant. Nous disons non à cela, cela ne peut pas être suffisant. Abandonner un seul interdit est mieux que l'adoration des jinns et humains. Le Prophète ﷺ répondit au Compagnon: «Garde ta langue toujours moite du souvenir d'Allāh ﷻ».

Wadhkour rabbaka fī nafsika taïaruʿan wa khoufīyā wa doūn al-jahri min al-qawl wa lā takoun mina 'l-ghāfilīn «Mentionne Allāh ﷻ *en toi-même avec crainte et ferveur et silencieusement et ne sois pas parmi les indifférents».* (7 :205).

Je Me manifesterai en toi. Dans le hadith, le Prophète ﷺ lui dit de le faire par la langue, car il savait qu'il n'arriverait pas à le faire par le cœur. De ce fait, Sayyidina Ali ؓ demande la voie la plus facile. Le Prophète ﷺ répondit: Ton devoir est de sans cesse mentionner Allāh ﷻ dans l'isolation c'est-à-dire maintient toujours son souvenir. Toujours quand tu peux le faire, fais-le! C'est-à-dire en secret. Le cas de Sayyidina Ali ؓ est d'un niveau plus élevé que garder la langue moite du dhikr: en secret ici signifie dans le cœur, quoique tu fasses; même lorsque tu es en compagnie des gens, ton cœur doit être avec Allāh ﷻ comme il est rapporté que le Prophète ﷺ a dit: «j'ai un visage tourné vers Allāh ﷻ et un visage tourné vers les gens» ou «une heure avec Allāh ﷻ et une heure avec les gens». Où préserver un secret? On l'enferme dans le cœur. Et comment y parvenir? Grandcheikh ق nous enseigna: Dès que nous faisons le dhikr (de même que nos *dou'a* et prières), nous l'envoyons immédiatement comme dépôt enfermé au Prophète ﷺ afin d'éviter que Satan s'en empare, car celui-ci est en permanence à l'affût pour vous décevoir en vous proposant en échange du dhikr tout ce qui est alléchant de ce bas-monde.

Ali ؓ demanda: «Comment dois-je faire ce dhikr»? Le Prophète ﷺ répondit: «ferme les yeux et répète 3 fois ce que je vais te dire». Pourquoi le Prophète ﷺ lui conseilla de fermer les yeux? En effet, fermer les yeux est synonyme de rompre complètement avec ce bas-monde.

Inna as-samaʿ wa'l-basar wal-fou'ād koullou oūlāika kāna ʿanha mas'oūla. « L'ouïe, la vue et le cœur – tous seront objet d'interrogation au Jour du jugement » (17 :36).

Qu'Allāh ﷻ nous pardonne! Nous disons: O Rassouloullah! Nous t'aimons. Allāh. Allāh *Allāh ala koull man tagha ww tajabbbar ala anfoussina*, Allāh est plus Grand sur tout ce qui se rebelle, sur nous-mêmes!

Les yeux sont le conduit par lequel nous sommes le plus sujet à l'influence extérieure. C'est pour cela que les *Awlīyā* comme Mawlana en font usage principalement pour attirer les gens vers eux. C'est pour cette raison que Grandcheikh ق et cheikh Sharafouddin ق se sont une fois arrêtés à l'entrée du grand souk d'Istanboul, les mains reliées sous forme d'arche sous lesquelles passaient les gens. Quoi de plus amusant pour les gens que de voir ces enturbannés avec le sourire aux lèvres, mais dès que leurs yeux croisaient ceux de ces deux cheikhs, ils étaient attirés vers l'Islam.

Inna ad-dīn ʿindāllāh al-Islām. The religion before Allāh is Islām. (Sûrat ʿĀli ʿImrān, 3:19)

Le Prophète ﷺ lui dit donc: «Ferme les yeux et répète après moi 3 fois: *La ilaha illAllah Mouhammadoun Rassouloullah.* » La dounya est abandonnée et tu es avec Celui que tu mentionnes. Deux choses: rupture avec ce bas monde en fermant les yeux puis entrez dans le jardin de la proximité divine, même sans rien voir (pour nous mais pas pour sayyidina Ali ﷺ). Le Saint Coran dit:

*Fa'lam annahou lā ilāha illa-Llāh w'astaghfir li-dhanbik
wa li 'l-mou'minīna wa 'l-mu'mināti w 'Allāhou ya'lamou
muqalliboukoum wa mathwākoum.*
Sache donc qu'en vérité, il n'y a point de divinité à part
Allāh, et implore le pardon pour ton péché, ainsi que pour
les croyants et les croyantes. Allāh connaît vos activités
(sur terre) et votre lieu de repos. (Sūrat Muḥammad,
47:19)

Lorsque tu es investi de ce pouvoir, demande pardon pour toi-même et pour les croyants. C'est la plus grande faveur qu'Allāh a donné à la nation du Prophète. Allāh aime pour eux cet acte car cela à trait à l'unicité d'Allāh (*maqam al-tawhid*). C'est le message de l'Islam: de savoir qu'il n'y a autre créateur qu'Allāh. Ali le répéta trois fois, les yeux fermés. Lorsque vous le faites dans le dhikr, le Prophète est présent et Sayyidina Ali doit être aussi présent, et cela vous transporte en présence Divine où vous ne pouvez rien voir, cependant Allāh vous voit et vous entend dire qu'il n'y autre Allāh que Lui.

Nous déclarons de même que nous acceptons et suivons cet enseignement toute notre vie, et si nous l'oublions, nous disons: O notre Seigneur! Comble nos lacunes aux moyens de Tes anges. Cela est la mention audible, à haute voix du dhikr. Tous ceux qui sont reliés à Sayyidina Ali dans toutes les voies soufies ont pour cela *La ilaha illAllah* comme dhikr. L'autre porte est celle de Sayyidina Aboū Bakr al-Siddiq: elle Aboūtit aussi au Prophète mais par un autre chemin: ceux qui sont reliés à la voie Naqchbandie combinent ces deux voies qui se retrouvent dans la personne de Sayyidina Jaafar al-Sadiq, l'un des « 12 imams » de l'Islam. A cette époque elle s'appelait la Siddiqiyya, et parce qu'elle passe aussi par Sayyidina Ali ﷺ, elle s'appelle la Voie Dorée.

maraj al-bahrayni yaltaqīyān. Il a donné libre cours aux deux mers pour se rencontrer (Soūrat ar-Rahmān, 55:19)

Maraja al-bahrayn. Allahou Akbar, Allāh ﷻ est grand! La langue anglaise emprunte une terminologie du Coran; le français de même! L'océan de Sayyidina Aboū Bakr ﷺ et l'océan de Sayyidina Ali ﷺ fusionnent pour donner l'océan doré dont la valeur est indescriptible.

Qu'Allāh ﷻ nous pardonne. Nous continuerons plus tard. Pour l'honneur du Bien-Aimé, pour l'honneur de la Fatiha.

O Notre Allāh ﷻ! Bénis notre Seigneur Mouhammad. *La ilaha illallah, La ilaha illallah, La ilaha illallah*. Dites Allāh, Allāh, Allāh, et ceux sur internet le disent et l'écrivent aussi; leur récompense continue jusqu'au Jour de la Résurrection, car l'écho de leur voix s'éternise. *La ilaha illallah* conduit à Allāh ﷻ. InchaAllāh, nous expliquerons cela demain pour l'honneur du Bien-Aimé et de la Fatiha.

Les quatres Niveaux de Dhikr et le Cœur de Sayyidina Ali ﷺ

*A'oudhou billāhi min ach-Chaytān ir-rajīm.
Bismillāhi' r-Rahmāni 'r-Rahīm.
Nawaytou 'l-arbā'īn, nawaytou 'l-'itikāf, nawaytou'l-khalwah, nawaytou 'l-'ouzlah, nawaytou 'r-riyāḍa, nawaytou 's-souloûk,
lillāhi Ta'alā fī hādhā 'l-masjid.
Ati' oūllāh wa ati'oū 'r-Rassoūl wa oūli 'l-amri minkoum.
(4:59)*

Nous devons toujours avoir la présence d'esprit de demander le soutient (*madad*) de nos chouyoukh, et eux le demandent du Prophète ﷺ, lui qui a reçu autorité sur toute cette création et en est le caliphe ; plus encore, il est «la Miséricorde pour les mondes» *Rahmatan li 'l-'alamin* qui peut être aussi lu: *rahmatan li 'l-'alamayn*, les deux mondes: les humains et les jinns; ou bien ce monde (*moulk*) et l'autre (*malakout*), le monde céleste. Il est la miséricorde des deux; et nul ne sait quand Allāh ﷻ très haut a créé Son bien-aimé Prophète ﷺ, et ce dernier fut doté du savoir des premiers et des derniers, *'ouloom al-awwalin wal-'akhirin*. Tout ce que nous pouvons dire est qu'il est le Caliphe d'Allāh ﷻ dans ce monde et celui de l'au-delà. Qu'Allāh ﷻ nous bénisse par sa bénédiction! Vers lui convergent toutes les portes, petites et grandes, dont les *Awlīyā* ont connaissance.

Nous avons mentionné l'importance de Sayyidina Ali ؓ en tant que porte d'accès au Prophète ﷺ et comment le Prophète ﷺ lui apprit le dhikr *la ilaha illallah*. Il est aussi mentionné dans plusieurs ouvrages antérieurs écrits par les Saints aussi bien que par Grand cheikh et Mawlana Cheikh Nazim que le dhikr a plusieurs formes et niveaux. L'un de ces niveaux, *dhikr al-lissaan*, est de toujours garder la langue moite avec le dhikr des Noms et des Attributs qui permettent de pénétrer dans cette réalité.

La récitation constante de *La ilaha illalah* est tel un sabre qui tranche l'attachement de l'ego à ce bas-monde.

Avant donc de mentionner le cas de la porte de Sayyidina Aboū Bakr al-Siddiq ؓ, disons que l'un des dhikrs est le dhikr de la langue qui est considéré comme le premier pas vers les Océans Célestes. Les *Awlīyā* puisent cette compréhension du Saint verset du Coran de la Sourate Rahman (55:19-20):

> *maraja al-bahrayni yaltaqiyaanī baynahoumaa barzakhoun laa yabghiyaan*
>
> *Il a fait les deux océans contigus sans que l'un des deux domine l'autre.*

Le *barzakh* est une zone intermédiaire qui prévient les deux océans de se mêler l'un (la Méditerranée) et l'autre (l'Océan Atlantique); si vous voulez y entrer, vous commencez avec l'un et ne continuez à l'autre qu'avec permission. Les scientifiques ont trouvé qu'il y a une ligne invisible entre elles. De même pour la faune des océans respectifs, ces animaux n'outrepassent pas leurs limites pour s'aventurer dans l'autre océan. Ils entrent dans la zone intermédiaire pour s'y accommoder avant d'entrer dans l'autre océan. Ainsi, ceux qui récitent *la ilaha illallah*, le dhikr de la langue, sont dans l'océan de Sayyidina Ali ؎. C'est la raison pour laquelle dans l'Ordre Naqchbandi, lorsque nous faisons le dhikr en congrégation, nous commençons avec le dhikr *la ilaha ilaha* puis abordons le dhikr «ALLAH»; Cependant, lorsque le dhikr est fait individuellement, nous commençons par «Allāh ؎». En effet, en groupe, ensemble, nous procédons avec *la ilaha ilaha, la ilaha ilaha, la ilaha ilaha* d'un océan jusqu'à la zone intermédiaire proche de l'océan d'Aboū Bakr al-Siddiq ؎. On s'y arrête pour être examiné: êtes-vous prêts à entrer dans l'océan d'Aboū Bakr ؎ ou faut-il rester en quarantaine? L'océan d'Aboū Bakr ؎ est celui où le dhikr est *Ism adh-Dhaat*, «Allāh». C'est à cet effet qu'il est dit: Garde le dhikr de la langue (*dhikr al-lisan*) jusqu'à ce que tu arrives au dhikr du cœur (*dhikr al-jinan*).

Le dhikr de *la ilaha ilaha*, l'Unicité d'Allāh ؎ consiste à renier l'ego, Satan et tout ce qui contredit la voie d'Allāh ؎ et associe un partenaire à Allāh ؎. Allāh ؎ est Celui qui t'a sauvé de l'enfer, de la punition puis a fait de toi un membre de la communauté de Sayyidina Mouhammad ؎. Ce dhikr donc t'emmène vers le dhikr du cœur, le jardin où la seule mention est Allāh, Allāh, Allāh. Pour les saints Naqchbandis, le premier pas que le cheikh effectue pour le mouride est de le faire passer la quarantaine en un clin d'œil et le précipiter directement dans l'océan d'Ism *adh-Dhaat*, le dhikr ALLAH. Ainsi, silencieusement, certains 1500 fois, d'autres 2500 fois, d'autres 5000, d'autres 10000 fois ou plus.

Grandcheikh ق dit: «O serviteurs d'Allāh ﷻ! Courez donc vers ces cheikhs Naqchbandis et respirez leur beauté et l'arôme de sainteté provenant d'eux, car c'est la fragrance d'amour de la Présence Divine; elle est pure et reflète la pureté d'Allāh ﷻ. Vous ne trouverez jamais de joyau comparable qui lève tout obstacle sur la voie; et leur voie, la voie Naqchbandie, est la plus facile. Ils ne demandent ni faim ni vigiles à leurs mourides. La modération est leur voie.

lā youkallifoullāh nafsan illā wous'aha. «Allāh ne fait pas porter à une âme plus qu'elle ne peut supporter» (2:286).

Ils portent pour vous ces fardeaux et vous donnent en échange une voie modérée qui permet des progrès rapides. Toute mosquée pour eux est une zawiya c'est-à-dire où qu'ils soient et où qu'ils aillent, ils peuvent faire leur dhikr à l'insu des gens car leur dhikr est silencieux (*khafi*).

Wa man dakhalahou kāna āminan w 'alā an-nāsi hajj al-bayt man istaṭa'a ilayhi sabīlā «Et quiconque y entre (la Kaaba) est en sécurité. Et c'est un devoir envers Allāh ﷻ pour les gens qui ont les moyens, d'aller faire le pèlerinage de la Maison» (Ali Imram, 3:97).

Quiconque y entre (la Kaaba) est en sécurité. Allāh ﷻ dit au Prophète ﷺ dans un hadith Qoudsi:

Ma wasi'anī ardī wa lā samā'ī wa lākin wasi'anī qalbī 'abdī al-mu'min «Ni mes cieux ni Ma terre ne Me contiennent, mais le cœur de mon serviteur croyant Me contient»

Cela signifie que si vous laissez votre âme entrer dans ce cœur épuré de l'ego, vous y trouverez la sécurité tels les *Awlīyā* qui ont purifié leurs cœurs de leurs ego par l'amour, le respect et l'obéissance. Les *Awlīyā* ont trouvé la sécurité car leurs egos ne peuvent pénétrer leurs cœurs. Allāh ﷻ leur a frayé une voie facile pour dominer leur ego et leur permis d'entrer dans la sécurité de leurs cœurs.

Wa man dakhalahu kaana aaminan w 'alaa an-naasi hajj al-bayt man istita'a 'ilayh sabeela, c'est un devoir de visiter la Maison d'Allāh ﷻ à Makkatou 'l-Moukarrama, et étant croyant, une obligation s'impose à nous de visiter la «Maison du Cœur». La circumambulation autour du cœur est synonyme de la circumambulation autour des lumières qu'Allāh ﷻ y a déposés et l'acquisition de celles-ci. Allāh ﷻ veut que Ses serviteurs visitent Sa maison; *istita'a 'ilayh sabila*, ceux qui en sont capables, en réalité signifie ceux qui piétinent leur ego et non ceux qui, bien qu'accomplissant leurs prières, sont séduit par cette vie matérielle. Certes, vous priez, mais vous n'obtiendrez pas ces lumières sans piétiner votre ego. Le dhikr est la clef de cette porte conduisant à la lumière. Quiconque y entre, trouvera la sécurité. Allāh ﷻ veut que vous fassiez la circumambulation autour de cette Maison. En effet, la circumambulation est un genre de mouvement qui exprime la joie de percevoir ces lumières, et l'extase comme dans la hadra qui est une expression d'amour. Ce n'est pas une danse mais plutôt un mouvement d'exaltation, de circumambulation autour de la Maison que Allāh ﷻ a établi en vous. C'est pour cela qu'ils ont dit que le dhikr est de quatre genres, que vous fassiez *laa ilaha illa-Llah* ou *Allāh, Allāh*:

- Le premier est *dhikroun tadhkourouhou, dhikr tatroud al-ghaflah* celui par lequel on fait la mention d'Allāh ﷻ par un de Ses Attributs ou la *salawaat* par exemple. C'est le dhikr lui-même que tu fais, et il abolit l'inattention.

- Le second est, *tadhakkour madhdkoorin imma al-adhab aw imma al-qourb*, la mention d'Allāh ﷻ elle-même, et procure la proximité d'Allāh ﷻ et demande de vous sauver de la punition.
- Le troisième type est *wa dhikroun yadhkourouka*, le dhikr d'Allāh ﷻ pour vous, car Il a dit: «Mentionnez-Moi et Je vous mentionnerai» (2 :152). Lorsque vous Le mentionnez à travers Ses Beaux Noms, Il vous mentionne en retour.
- Le quatrième type est *houwa dhikroullahi li ʿabdihi wa laysa li ʿabdihi moutaʿallaq*, le dhikr d'Allāh ﷻ au profit de Son serviteur sans que ce dernier ait mentionné Ses Noms, ni Son amour, ni Sa punition ou récompense.

Qui est le «vous» dans le dhikr où Il vous mentionne? C'est celui qui est mentionné dans le verset:

Ma wasiʿanī ardī wa lā samāʾī wa lākin wasiʿanī qalbī ʿabdī al-mouʾmin

Certes, Allāh ﷻ et Ses anges bénissent le Prophète ﷺ, O vous qui croyez! Envoyez vos bénédictions sur le Prophète ﷺ et adressez-lui vos meilleures salutations» (Al-Ahzaab 33:56).

C'est le don absolu (*wahban*) qu'Allāh ﷻ donne de Lui-même sans cause et qui est centré sur le Prophète ﷺ sans que celui-ci ait fait quoi que ce soit. C'est pour cela que les saints disent que les représentants du Prophète ﷺ ont été choisis indépendamment de leur volonté et sans qu'ils n'aient œuvré à cet effet. Qui peut s'en plaindre? C'est le plus haut niveau du dhikr, qu'Il les mentionne. Ceci réjouit les *awlīyā* car ils sont mentionnés par le biais du Prophète ﷺ.

> *Qoul in kountoum touhibboūn-Allāha fattabiʿoūnī youhbibkoumou Allāhou wa yaghfir lakoum dhounoūbakoum w'Allāhou ghafoūroun Rahīm.*
> «O vous qui croyez! Bénissez-le!». Et aussi: Dis-leur: «Si vous aimez Allāh, suivez-moi, et Allāh vous aimera et vous pardonnera vos péchés. Il est très indulgent et miséricordieux» (Al-Imran, 3:31).

Et le Prophète ﷺ dit: «Lorsque je vous aime, Allāh ﷻ vous aime».

Pour cela, le Prophète ﷺ a rendu sa voie très facile, et il a dit: «Suivez mon cousin et beau-fils, Je suis la cité de la connaissance et Ali ؑ en est la porte. Ouvrez-la et entrez-y. Si vous désirez l'autre voie, la voie cachée, suivez Aboū Bakr al-Siddiq ؑ». C'est à cet effet que les *Awlīyā* et les savants disent qu'Allāh ﷻ a mentionné Aboū Bakr ؑ certainement dans le Coran dans les versets de la grotte de Thawr au cours de leur fuite de la Mecque à Medina. Le Prophète ﷺ dit: «O Aboū Bakr! Ne soit pas inquiet».

> *Illa tansouroūhou faqad nasarahou Allāhou idh akhrajahou alladhīna kafaroū thanīyy ithnayni idh houmā fi 'l-ghāri idh yaqoūlou li-sāhibihi lā tahzan inna allāha maʿanā fa-anzalā Allāhou sakīnatahou ʿalayhi wa ayyadahou bi-jounoūdin lam tarawhā wa jaʿalā kalimata 'Lladhīna kafaroū 's-soufla wa kalimatoullāhi hīya al-ʿoulyā wa 'Llāhou ʿAzīzoun Hakīm.*
> Deuxième de deux. Quand ils étaient dans la grotte et qu'il disait à son compagnon: «Ne t'afflige pas car Allāh est avec nous». Allāh fit alors descendre sur lui Sa

sérénité «*Sa Sakina*» *et le soutint avec des soldats (Anges) que vous ne voyiez pas*» (At-Tawbah, 9:40).

Fa awoū il al-kahf yanshur lakum rabboukoum min rahmatih wa yuhayyi lakoum min amrikoum mirfaqā. «*Réfugiez-vous donc dans la caverne: votre Seigneur répandra de Sa miséricorde sur vous et disposera pour vous un adoucissement de votre sort*» (Al-Kahf 18:16).

Le Prophète ﷺ avait-il besoin de chercher refuge dans la grotte? Comment celui qui alla seul au Miraj pourrait-il se cacher? Qui pouvait oser lui mettre la main dessus? Mais c'est pour une certaine raison qu'ils y entrèrent: pour conférer l'autorité à Aboū Bakr al-Siddiq ؓ et Il manifesta Sa *sakina*, la sérénité, l'amour et la miséricorde sur eux. Ils entrèrent dans la grotte de Sayyidina Mouhammad ﷺ, comme les Dormeurs d'Ephèse (*as-hab al-kahf*), les Compagnons de la Caverne.

Fa awoū il al-kahf yanshour lakoum rabboukoum min rahmatih wa youhayyi lakoum min amrikoum mirfaqā,

Et quand vous vous serez séparés d'eux et de ce qu'ils adorent en dehors d'Allah, réfugiez-vous donc dans la caverne: votre Seigneur répandra de Sa miséricorde sur vous et disposera pour vous un adoucissement à votre sort». (Sūrat al-Kahf, 18:16 «*Courez à (l'abri de) Allāh, O gens de la caverne!*» (51 :50).

Qui est cet abri? Cet abri est le Prophète ﷺ, de même le «vaisseau apprêté» (*al-foulk al-mashhoun*) dans le verset «*et Nous leur créâmes des semblables sur lesquels ils montent*» (36 :42).

L'arche de Nouh ﷺ. Que représente cette arche? L'arche de Nouh ﷺ symbolise le cœur de sayyidina Mouhammad ﷺ et elle est signe de sécurité si tu y accèdes. «*Nous avons créé quelque chose de similaire qu'ils peuvent appréhender*» c'est-à-dire les Deux Compagnons: Ali ؓ et Aboū Bakr ؓ, puis les *awlīyā* selon leurs niveaux, sont aussi chargés de conduire la communauté à la sécurité. Aboū Bakr ؓ entra dans l'arche et la grotte où Allāh ﷻ a envoyé cette *sakina*, la quiétude, et a vaincu leurs ennemis pour eux, c'est-à-dire l'ennemi qui attaque la croyance des gens, Satan. Ceux qui entrèrent en compagnie d'Aboū Bakr al-Siddiq ؓ demeureront avec lui dans cet abri, et plusieurs générations à travers les siècles, ceux qui ont reçu leur statut de saint par Aboū Bakr as-Siddiq ؓ détiennent la même autorité pour attirer les gens à la sécurité. Ils sont des flambeaux attrayants.

Sayyidina Ali ؓ est la porte de la Cité du Savoir, la porte qui mène au Prophète ﷺ. Il est la porte de la sécurité. Il est comme le garde du corps du Prophète ﷺ – non que le Prophète ﷺ en ait besoin – mais il est comme l'une des étoiles qui guident dans le firmament du Prophète ﷺ. En effet, le Prophète ﷺ a dit: «Mes Compagnons sont comme des étoiles. Vous serez certainement bien guidés par quiconque d'entre-eux que vous prendriez comme guide». Sayyidina Ali ؓ prit sa place dans le lit du Prophète ﷺ durant la ruse des Qouraysh pour assassiner le Prophète ﷺ. Est-ce un lit ordinaire ou spécial? C'est le lit de la prophétie, et il en reçut les secrets. Lorsqu'ils ouvrirent la porte, cherchant le Prophète ﷺ, ils furent surpris de voir Sayyidina Ali ؓ et ne purent atteindre le Prophète ﷺ. Il en résulte qu'aucun Satan ne peut passer à travers cette porte. Ce qui veut dire que «Je suis l'océan de la connaissance dans le cœur de chaque croyant et Ali en est la porte». Qui désire entrer dans son propre cœur, qu'il cherche la porte d'Ali. Dans la cité par contre, se trouve Sayyidina Aboū Bakr ﷺ. Cela ne veut pas dire que l'un est supérieur à l'autre. Le Prophète ﷺ les aime et les a tous guidés, mais il peut avoir plus d'amour familial envers Sayyidina Ali ﷺ, celui-ci étant à la fois son cousin et beau-fils puis le premier parmi les jeunes à accepter l'Islam.

Ainsi, le cœur du croyant est la maison d'Allāh ﷻ et la cité de la connaissance où on entre à travers Sayyidina Ali ﷺ afin de recevoir ce que les *Awlīyā* reçoivent. Qu'Allāh ﷻ nous ouvre cette cité! Cette cité regorge de sécurité et elle peut être élargie immensément ou rétrécie selon la capacité des cœurs.

Nous continuerons plus tard et aborderons ce que le Prophète ﷺ a mis dans le cœur de Sayyidina Aboū Bakr as-Siddiq ﷺ.

Wa min Allāhi 't-tawfīq, bi hourmati 'l-habīb, bi hourmati 'l-Fātihah. D'Allāh ﷻ vient le secours, par l'honneur du Bien Aimé et par l'honneur de la Fatiha.

Comment entrer par la porte et demeurer dans la cité

*A'oudhou billāhi min ach-Chaytān ir-rajīm.
Bismillāhi' r-Rahmāni 'r-Rahīm.
Nawaytou 'l-arbā'īn, nawaytou 'l-'itikāf, nawaytou'l-khalwah, nawaytou 'l-'ouzlah, nawaytou 'r-riyāḍa, nawaytou 's-souloûk,
lillāhi Ta'alā fī hādhā 'l-masjid.
Ati' oūllāh wa ati'oū 'r-Rassoūl wa oūli 'l-amri minkoum.
(4:59)*

Madad ya Sayyidi, Sultan al-*Awlīyā* Cheikh 'Abdallāh al-Fa'iz ad-Daghestani ق et Sultan al-*Awlīyā* Cheikh Mouhammad Nazim al-Haqqani ق

Obéissez à Allāh, obéissez au Messager d'Allāh et à ceux qui détiennent l'autorité parmi vous. (4:59).

Ceux qui détiennent l'autorité ont reçu la clé de la porte du Prophète; cependant, il y a plusieurs autres portes menant à cette porte du Prophète que nous avons mentionnées auparavant. Différents groupes de gens sont attirés à chacune de ces portes qui mènent à la porte principale. Ces portes sont les *Awlīyā* et cette porte principale est celle que le Prophète a mentionné dans le hadith sur sayyidina Ali :

«*Anaa madinatou'l-'ilmi wa 'aliyyoun baabuhaa*,
Je suis la cité du savoir et Ali en est la porte».

A l'intérieur de cette cité, ils trouveront celui qui est en permanence en compagnie du Prophète, celui qui émigra en sa compagnie de la Mecque à Médine, Sayyidina Aboū Bakr al-Siddiq ☙.

Si vous voulez atteindre cette cité, la procédure est facile. D'abord utilisez le dhikroullah que le Prophète ☙ a enseigné à Sayyidina Ali ☙, lui disant: «Ferme les yeux et répète trois fois ce que je te dirai: *La ilaha illallāh*». Pourquoi 3 et non 4 fois ou 2 fois? Parce que «*li-anna Allāhou witroun wa youhib al-witr*, Allāh ☙ est impair et aime tout ce qui est impair». La première récitation de *La ilaha illallāh* est pour renier tout ce qui est du bas-monde. «O mon Seigneur! Je dirige ma face vers Toi et viens à Toi en délaissant le monde; le second *la ilaha illallāh* est «Je viens à travers le Bien-Aimé Sayyidina Mouhammad»; le troisième est «pour que Toi mon Seigneur m'ouvre la porte de Sayyidina Ali ☙». Tel est le code, 3 *la ilaha illallāh* pour ouvrir le loquet de cette porte; Lorsqu'elle s'ouvre, ce qui s'y trouve est indescriptible.

Au pèlerinage, au jour d'Arafat, à la première heure, ils ouvrent la porte de la Kaaba pour la laver. Qu'y a t-il à l'intérieur? Le cœur symbolise la Kaaba. Tout cœur contient des sentinelles: Sayyidina Ali ☙, Sayyidina Aboū Bakr ☙, Sayyidina Mouhammad y sont. Lorsque vous enlevez la première serrure, vous y entrez par la voie que le Prophète ☙ a montrée à Aboū Bakr al-Siddiq ☙ pour atteindre la présence Divine. Une fois cette formule prononcée, la porte du Prophète ☙ s'ouvre, et vous voyez alors toutes ces manifestations qui sont dans la Kaaba.

Le Prophète ☙ a dit à Sayyidina Ali ☙ entre autres:

ma fadalakum abu bakr bi chay'in min salaat wa sawam wa lakin hajattan fi qalbih –

«Aboū Bakr ﷺ ne vous a point surpassé par la quantité de prières ou de jeûnes mais à cause d'un secret qui est enraciné dans son cœur».

Quelque chose qui a «*waqara*» dans son cœur: qui a pris racine profondément en lui permettant d'approcher d'avantage le Prophète ﷺ et Allāh ﷻ. (Mawlana éternue, *al-hamdoulillah Rabb al-alamin*, et dit que c'est est une confirmation de nos paroles et qu'Aboū Bakr al-Siddiq ﷺ observe ce que nous disons). C'est ce qui le différencie des autres.

Le Prophète ﷺ enseigna le dhikr de la langue, *Dhikr al-Lisaan, La ilaha illallāh* à Sayyidina Ali ﷺ, et il enseigna à Sayyidina Aboū Bakr ﷺ le dhikr caché (silencieux), *Dhikr al-Jinaan*, le dhikr du cœur. Le dhikr silencieux ne se fait pas avec la langue dans la mesure où la langue est la porte d'entrée principale. Quand vous y entrez, alors vous entamez le dhikr par *ismoudh-Dhaat*, vous faites le dhikr du Nom de Majesté «*Allāh*» (le dhikr de Sayyidina Aboū Bakr as-Siddiq ﷺ). Ce nom englobe tous les autres noms, *lafdhoul-Jalaalah*. Voilà pourquoi Allāh ﷻ a dit dans le saint Coran: «*Dis «Allāh» et laisse-les à leurs vains amusements*» (Sourat al-An'am 6:91). Cet ordre n'est-il pas une prédiction de notre situation aujourd'hui? Gloire à Allāh ﷻ! Cette inspiration émane de Mawlana cheikh Nazim! Il est mentionné dans le saint Coran il y a 14 siècles qu'il viendra un groupe qui vous préviendra de faire le dhikr par *Ismou 'l-Jalaalah*, mentionner Allāh ﷻ à haute voix! Autant les ignorants au temps du Prophète ﷺ niaient l'existence d'Allāh ﷻ, autant de nos jours existent des gens qui s'opposent au dhik qui utilise seulement le nom «Allāh», le Non de l'Essence même si le dhikr est silencieux : ils le taxent de *bid'a, koufr, chirk,* et *haraam*. Et Allāh ﷻ a prévenu déjà Son Prophète ﷺ de les ignorer il y a 14 siècles: ««*Dis «Allāh» et laisse-les à leurs vains amusements*» (Sourat al-An'am 6:91). Gloire à Allāh ﷻ!

Pourquoi Allāh ﷻ ordonna le Nom «Allāh» et non un autre tel que al-Rahman, al-Rahim, al-Malik, al-Qouddous, al-Salam, al-Mouhaymin...? Pourquoi le nom Allāh alors? Parce ce qu'à chaque prophète, Allāh a donné un Nom par lequel Il se manifeste à celui-ci. Il peut se manifester de même à plusieurs prophètes des 124000 prophètes sous un même Nom. Donc chaque prophète et Messager est «sous» un Nom particulier. Par contre, pour le Saint Prophète ﷺ, parce qu'il est le plus haut de tous les prophètes, Allāh ﷻ lui a donné le plus haut Nom par lequel Il se manifeste et par lequel il surpasse tous les autres prophètes, car tous les autres Noms sont sous ce Nom, «Allāh», Le Seul, l'Unique. Différents Noms donnent accès à différentes portes. C'est la raison pour laquelle les *Awlīyāoullah* sont les héritiers des prophètes dont ils acquièrent ces Noms Magnifiques. Quel que soit le nombre d'*Awlīyā* qu'il y ait, il y a toujours un qui préside tout comme dans le cas des prophètes. En l'occurrence c'est le Sultan al-*Awlīyā* selon Sayyidina Mouhyiddin Ibn Arabi ق. Pour les prophètes, il n'y a qu'un seul avec le niveau de *Khatam al-Anbiya*, «Sceau des prophètes», et Sultan al-Anbiya, «Roi des prophètes».

Le Saint Prophète ﷺ a quelque chose de spéciale qui le distingue des autres: Il partage avec les autres prophètes ce qu'il reçoit; ce qui n'est pas le cas pour les autres. Il y a un

Nombre infini de Noms, mais Un seul Nom les regroupe tous, c'est «Allāh». Le Prophète ﷺ est sous l'*ism al-jam'i lil asma wassifat*. Il lui dit donc: Dis «Allāh!». Pourquoi ne lui dit-Il pas de dire «ar-Rahman»? Parce qu'ar-Rahman est un attribut, c'est un descriptif; par contre «ALLĀH ﷻ» est le Nom principal. Par conséquent, Il dit: «Viens à Moi directement à travers le Nom «Allāh ﷻ» car il n'y a pas d'obstacle pour toi O Mouhammad! Toutes Mes Portes te sont ouvertes, et Je t'ai revêtit de la manifestation de ce Nom lorsque Je t'ai fait venir à Moi durant l'Isra' et le Miraj. Le Coran en donne la preuve:

«*Et quand le serviteur d'Allāh s'est mis debout pour L'invoquer, ils faillirent se ruer en masse sur lui*» (Al-Jinns, 72:19).

Allāh ﷻ L'a-t-il ainsi nommé littéralement *'abdAllāh* (Serviteur d'Allāh ﷻ) quelque part d'autre? Ce titre est exclusivement pour le Prophète ﷺ et cela signifie qu'il est celui qui est sous le *tajalli* (manifestation) de ce Nom. Il est l'unique 'Abd, l'unique Serviteur par excellence; les autres sont des imitations. La référence «La Miséricorde pour les mondes, *Rahmatan li'l-'Alamin*» s'adresse à qui à part lui? Tous les savants vous répondront que c'est l'Être Parfait (*al-Insan kamil*). Il n'y a pas d'autre être humain plus parfait que le Prophète ﷺ Mouhammad! *Allāhouma salli 'ala Sayyidina Mouhammad (s)!*

Allāh ﷻ décrit Son Nom: «*Qoul Houwa Allāhou Ahad... Dis: Il est Allāh, Unique.*» (al-Ikhlaas, 112:1).

La Noble Essence, la Réalité ineffable est connue sous le nom d'Allāh ﷻ et l'expression de cet inconnu absolu est le pronom *HOUWA*. Dis-leur qu'Il est Celui qui n'a aucun partenaire, aucun associé, qui est l'inconnaissable absolu

ALLĀH » ﷻ. «Allāh» est plus grand que «Ahad», la description. De même Son serviteur, nul ne le connait vraiment car il est «le Seul (réel) serviteur d'Allāh ﷻ». Autant l'inconnaissable absolu est ALLĀH ﷻ, autant dans Sa création, l'inconnaissable absolu est *al-Insaan al-Kamil*, Mouhammad ﷺ. Allāhou Akbar! *al-'Ism ash-Sharif*, le Saint Nom qui nomme l'Essence est ALLĀH; Pour le comprendre cependant, il faut avoir recours aux Attributs. Le Nom de l'Essence, ALLĀH, comprend tous les Attributs de la Divinité et les Attributs de la Seigneurie (*Asma ar-Rouboubiyya*) et de la Majesté (*al-Jalal*), de la Beauté (*al-Jamaal*), et de la Perfection (*al-Kamaal*). Tout cela décrit Allāh ﷻ.

Wa houwa 'ismoun lidh-Dhaat al-Bouht : c'est le Nom donné à l'Essence Pure, intrinsèque. L'ineffable absolu, l'inconnaissable invisible (*'al-'Ama al-Moutlaq*) qui échappe même au Prophète ﷺ quoiqu'il soit sous la manifestation de ce Nom que nous venons de décrire, «Allāh». Ce Nom est plus haut que tous les autres Noms, d'où la supériorité du Saint Prophète ﷺ sur tous les autres prophètes et pour cela c'est lui qui est *la miséricorde pour tous les mondes* et tous viendront à lui le Jour de la Résurrection demandant son intercession, c'est-à-dire Sa miséricorde, demandant à Allāh ﷻ de les bénir par cette miséricorde. Pourquoi? Parce qu'il est sous la manifestation de ce Nom qui est le plus haut Nom. On considère dans les écoles juridiques, spécialement la Hanafite, que le nom ALLĀH est «le plus grand Nom» (*Ismoullah a'zham*) qu'Allāh ﷻ a manifesté sur Son Prophète ﷺ.

Sayyidina Moussa ﷺ demanda: «*O mon Seigneur! Dis-moi, quel est Ton Plus Grand Nom?*»

«Il dit: "O mon Seigneur! Montre-Toi à moi pour que je Te voie! Il dit: «Tu ne Me verras pas; mais regarde le Mont: s'il tient à sa place, alors tu Me verras». Mais lorsque son Seigneur Se manifesta au Mont, Il le pulvérisa, et Moïse s'effondra foudroyé. Lorsqu'il se fut remis, il dit: «Gloire à toi! A Toi je me repens; et je suis le premier des croyants». (A-Araf 7:143).

Il demanda à voir Allāh ﷻ et à connaître Son Plus Grand Nom. Tous les prophètes furent la même demande mais Allāh ﷻ lui répondit: «O Moussa! Ceci n'est pas pour toi mais pour mon Bien-Aimé Sayyidina Mouhammad ﷺ. Allāh ﷻ lui dit: «Pour toi, regarde donc la montagne». Allāh ﷻ envoya Sa manifestation sur la montagne et celle-ci fut détruite aussitôt, et Moussa ؑ s'évanouit parce qu'il avait enfreint ses limites. Sayyidina Jibril ؑ a dit au Prophète ﷺ au cours de l'Ascension: «Je ne peux aller plus loin, continue seul, je ne peux aller au-delà de cette limite.

«Quand il se réveilla il dit: O Mon Seigneur!, je me repens à toi!» (Al-Araf, 7:143).

Dans son *tafsir*, Ibn Abbas ؓ dit: «Lorsque Sayyidina Mousa ؑ s'est évanoui, il vit tous les prophètes en prosternation à l'exception de 313 qui demeuraient debout en prière». Ce qui est arrivé à Sayyidina Moussa ؑ n'est pas un péché pour les prophètes, mais plutôt une limite enfreinte. Selon l'école d'Aboū Hanifa an-Nouʿman, la réalité du plus grand Nom (*'Ismoullah al-ʿAazham*), «ALLĀH», s'est manifesté exclusivement sur Sayyidina Mouhammad ﷺ, autrement, il aurait perdu connaissance au cours de son Ascension. Quelle est notre fortune? Dans la Voie Naqchbandie, votre dhikr est «ALLĀH». Dès qu'il vous donne l'initiation, si ce Cheikh est connecté, aussitôt vous entrez dans cet espace unique réservé à Sayyidina Aboū Bakr ﷺ, vous passez la porte de Sayyidina Ali ﷺ qui dit: «C'est notre invité, laissez-le entrer». Comme dans le hadith de l'Ascension lorsque Sayyidina Jibril ﷺ et le Prophète ﷺ frappaient à la porte de chaque ciel, et les anges demandaient:

- Qui est avec toi Jibril ﷺ?
- Mouhammad! Répondait Jibril.
- Est-il invité? Les anges demandaient.
- Oui. Répondait Jibril ﷺ.
- Entrez!

Pensez-vous que les anges ne savaient pas qu'il était invité? Bien sûr que oui, mais c'était pour nous enseigner les règles et l'étiquette Divine et pour l'honorer encore plus.

O gens qui nous écoutez! Si vous prenez la *bayaʿ* par l'internet ou avec un représentant, cela signifie que vous avez une invitation pour entrer dans cette cité. Vous avez un médaillon sur lequel figure votre nom.

O Allāh ﷻ! Bénis Sayyidina Mouhammad! Cet être humain parfait sur qui s'est manifesté le Nom de Son Essence, «Allāh», est celui par qui nos chouyoukh nous disent de mentionner ce plus grand Nom chaque jour. Que représente ce nom? Il représente Celui qui a créé le Serviteur Parfait, ce serviteur parfait qui fut Prophète ﷺ quand Adam ﷺ était encore entre l'âme et le corps, cet être humain parfait est celui qui accumule tout du nom divin *al-Jamiʿi*, qui regroupe et comprend tous les niveaux divins (*maratib ilahiyya*), non seulement les niveaux célestes (*malakout*) mais les univers (*moulk*) dans leur totalité, car il est la manifestation du plus grand Nom Divin; plus encore, il contrôle tous les esprits, toutes les âmes et tous les cœurs des êtres humains. Il a la capacité de voir chacun d'eux par leur nom céleste. Tous ont été créés par Allāh ﷻ, et il (Mouhammad) est sous la manifestation de ce Nom, et il est Son Calife dans la création. Il Le représente au ciel et sur terre.

Nous continuerons demain inchaAllāh. De Lui vient tout succès, par l'honneur du Bien-Aimé, par l'honneur de la Fatiha.

Ceci n'est peut-être même pas une goutte de l'océan des *Awlīyā* et montre à quel point nous sommes ignorants. Cette connaissance est fraîche, elle est donnée puis disparaît, il est impossible de la répéter. La camera peut l'enregistrer mais pas nous. Cette connaissance est en notre cœur mais nous avons besoin de quelqu'un qui a le code nous permettant de la télécharger. Puisque nos cœurs ne sont pas en état d'éveil, on a l'impression que c'est un rêve. Parfois on peut ou on ne peut pas se souvenir d'un rêve. Lorsque les chouyoukh vous emmènent aux niveaux élevés, ils ferment davantage les portes des rêves. C'est un principe de la Tariqa. En effet, à votre insu, ils vous donnent par petite dose, car si vous en avez de trop, si Mawlana Cheikh Nazim ق ouvre ce que recèle votre cœur, vous perdriez vos sens et abandonneriez toute activité, étant dans un coma céleste. Réveille-toi! Te dira-t-on. Impossible, car contemplant perpétuellement l'invisible. Réveille-toi! Te dira-t-on.

Lorsque vous êtes initiés dans la tariqa, à vos début, ils vous font voir beaucoup de rêves afin que vous soyez motivé et content de vous mouvoir sur la voie; mais aussitôt sur l'autre rive, ils détruisent l'embarcation! Tel dans le coran, dans la Sourate Al-Kahf, lorsque Sayyidina Moussa ﷺ était en compagnie d'al-Khidr ﷺ dans une embarcation, celui-ci la sabota. Ils atteignirent l'autre rive mais l'embarcation coulait déjà, et le tyran ne pouvait plus l'utiliser. Similairement, les Chouyoukhs vous prennent avec votre ego jusqu'à l'autre rive puis mettent une brèche dans votre embarcation, ils détruisent tout moyen de retour. Dans une telle situation, vous vous énervez, mais le cheikh n'a que faire de votre colère. Ils vous mettent dans un champ de mines et vous disent de le traverser. Comment le faire? Il vous faut un plan. Ce plan est le *dhikroullah*. Tout cela doit entrer en vous, dans la Maison d'Allāh ﷻ, *baytoullah*, Kaaba, où les gens sont en circumambulation. Votre cœur est une copie conforme de cette réalité de la Kaaba, la Maison d'Allāh ﷻ, pour s'assurer que votre maison devienne *mazhar tajalliyaat min 'al-asmai wa 's-sifaat*, la Manifestation des Beaux Noms et Attributs d'Allāh ﷻ. Ainsi votre cœur s'apparente à la kabaa de la Mecque au sujet de laquelle Allāh ﷻ dit: la Kaaba: qui y entre est en sécurité, *aminan*. «Ni Mon ciel ni Ma terre ne Me contiennent mais le cœur du croyant Me contient». Entrez donc dans votre maison, dans votre auberge et soyez en sécurité.

Salam alaykoum à tous et puisse Mawlana être content de nous.

Qu'Allāh nous pardonne et nous bénisse par l'honneur du Bien-Aimé, par l'honneur de la Fatiha.

Les Secrets des Deux Océans

*A'oudhou billāhi min ach-Chaytān ir-rajīm.
Bismillāhi' r-Rahmāni 'r-Rahīm.
Nawaytou 'l-arbā'īn, nawaytou 'l-'itikāf, nawaytou'l-khalwah, nawaytou 'l-'ouzlah, nawaytou 'r-riyāḍa, nawaytou 's-souloûk,
lillāhi Ta'alā fī hādhā 'l-masjid.
Ati' oūllāh wa ati'oū 'r-Rassoūl wa oūli 'l-amri minkoum.
(An-Nisa 4:59)*

Allāh ﷻ Se manifeste par Ses beaux Noms à tous les prophètes. Il a donné à chaque prophète un moyen de porter et de revêtir un de Ses beaux Noms. Le Prophète mouhammad ﷺ est le Sceau des prophètes. Allāh ﷻ Se manifeste sur lui par le Nom qui regroupe tous les beaux Noms et Attributs: le nom «Allāh», qui est le Nom de l'Essence. Ce Nom investi le Prophète ﷺ d'une immense connaissance et sous ce Nom se placent tous les autres beaux Noms et Attributs.

Combien de lettres composent le nom «Allāh» en Arabe? Quatre? Cinq? «Cinq», nul ne connait. Quatre est le niveau qu'Allāh ﷻ a autorisé au Prophète ﷺ d'atteindre. Le cœur à cinq niveaux mais biologiquement le cœur comporte quatre compartiments, chacun représente une de ces lettres. *Alif* représente le premier secret; puis *Lam*; puis le second *Lam*; puis le *Ha'*. Le cœur et ses cinq niveaux:

les affaires du bas-monde au premier niveau; le second niveau: les secrets; il est donné à tous les prophètes et les *Awlīyā* qui ont hérité de ce niveau, les *Awlīyā* de toutes les Tariqas ont ce niveau; c'est la porte de Sayyidina Ali ﷻ que nous avons mentionnée hier avec le hadith: «Je suis la cité du savoir et Ali en est la porte» (Narré par al-Tirmidhi, al-Tabarani dans son Moujam al-Kabir, al-Baghawi dans les Masabih et al-Hakim. Déclaré authentique par Hafiz Ibn Hajar, al-'Ala'i, al-Zarkashi, al-Zourqani, et al-Shawkani). Si l'on veut pénétrer le secret, il faut passer par Sayyidina Ali.

Le troisième niveau est le secret des secrets. Aussitôt que la porte de la cité du savoir vous est ouverte, vous entrez dans le secret des secrets du dhikr d'Allāh, la négation et l'affirmation [La ilaha illallāh]: nul autre dieu (négation) qu'Allāh (affirmation). A ce niveau, vous êtes prêt a faire le dhikr avec *ismou 'dh-Dhaat* le nom qui englobe tous les noms divins: Allāh. Le secret des secrets est donné à Sayyidina Aboū Bakr al-Siddique, et il est donné à ceux qui suivent la Tariqa Naqchbandiyya. Ces deux océans [Ali et Aboū Bakr, qu'Allāh soit satisfait d'eux] fusionnent en Sayyidina Jafar as-Siddiq ق et vous amènent au niveau caché (*maqam al-akhfa*), le niveau du Prophète que nul ne peut atteindre et qui lui appartient exclusivement où il n'a pas égal ni de partenaire, *la charika lah*. Le Prophète n'a aucun partenaire dans sa servitude à Allāh.

Le cinquième niveau appartient à Allāh exclusivement: *khafa* - invisible absolu. [qalb – sirr – sirr al-sirr – akhfa – khafa]

Les quatre lettres d'«Allāh», leurs secrets vont dans les quatre compartiments du cœur où vous verrez ce qui ne peut être vu et entendrez ce qui ne peut être entendu (hadith du prophete au sujet du niveau de l'excellence morale). Quand vous dites ALLĀH, vous dites le Nom de L'essence. Sans *alif*, le Nom devient *lillah*: «à Allāh». Ce n'est plus son Nom mais cela réfère à ce qui Lui appartient. Qu'est-ce qui lui appartient? Tout. Mais Il n'en a pas besoin. Il le donne à Sayyidina Mouhammad ﷺ. Il a créé ce qui Lui appartient. Nous sommes Ses sujets; non seulement les êtres humains mais toute la création; notre imagination est limitée; nous ignorons les limites de tout ce qui Lui appartient et on ne saurait agrandir notre intelligence aux fins de cerner tout ce qui Lui appartient. Mais l'exemple qui suit peut l'illustrer. C'est l'une des descriptions de l'être humain parfait comme nous l'avons dit hier, le Prophète ﷺ, qui reçoit toute sorte de manifestations divines.

Jibril ؑ a demandé: «O Allāh ﷻ! Puis-je voir Ton royaume?» Allāh ﷻ dit: «Oui, Je te donne 600 «moteurs» ou turbines, 600 ailes». Lorsqu'il venait voir le Prophète ﷺ, il utilisait deux ailes depuis son lieu au-delà de cet univers – qui appartient au bas-monde – car les anges viennent d'au-delà de ce monde. Dès qu'Allāh ﷻ le lui ordonne, l'ange apparaît ailleurs. N'en soyez pas surpris, les scientifiques sont arrivés à mesurer la plus petite fraction d'une seconde, et ils ont trouvé 10 à la puissance -22 (10^{-22}); là, le temps disparaît et seule l'énergie demeure. Cette énergie qui se meut si vite, sans temps! Les anges se meuvent hors du temps avec l'énergie absolue comme quand Sayyidina Ibrahim ؑ a demandé comment Allāh ﷻ redonne la vie aux morts. Allāh ﷻ lui dit: «Ne crois-tu pas?» Sayyidina Ibrahim ؑ eut peur. Mais il ne pouvait plus retirer sa question, pareil aux ordinateurs aujourd'hui; aussitôt votre courrier envoyé, on ne peut plus reprendre cette parole de l'internet! Evitez le Facebook, c'est une technologie qu'Allāh ﷻ abhorre, que le Prophète ﷺ abhorre, et que les saints abhorrent. Il lui demanda donc: «Montre-moi comment Tu crées». Pourquoi? Ton cœur n'est-il pas rassuré, ton cœur n'est-il pas content? [Comme pour lui dire:] «Que veux-tu faire de ce savoir?» Il répondit: «Si, mais pour que mon cœur se rassure». Les prophètes d'Allāh ﷻ veulent nous éduquer, alors ils posent ces questions. Mais Sayyidina Mouhammad cependant, n'a jamais posé de telles questions, par respect! Le Prophète ﷺ n'a jamais dit que son cœur n'était pas satisfait. Allāh ﷻ ne lui en tînt pas rigueur: tu es Mon caliphe sur terre, Je te l'accorde: démembre quatre oiseaux et mets leurs morceaux sur des montagnes différentes et appelle-les à toi, ils viendront à toute vitesse.

Allāh ﷻ est le Créateur. Quand Jibril ﷺ demanda à voir Son royaume – car il voulait aussi le contentement – Allāh ﷻ lui ordonna d'utiliser non pas deux ailes mais 600. En un bref moment, il apparaissait au Prophète ﷺ avec seulement deux ailes; que croyez-vous que 600 «turbines» lui permettraient d'accomplir? Allāh ﷻ seul sait sa vitesse en un bref moment, et quelle distance pouvait-il parcourir ainsi? Est-elle calculable? Non, qu'il est immense, le royaume d'Allāh ﷻ; c'est bien au-delà de cette terre qui selon le *hadīth*:

> *Law kānati 'd-dounyā tazin 'indallāhi janāha ba'oūda mā saqā kāfir minhā shourbatou māi.*
> *Pour Allah ce monde d'ici-bas ne pèse même pas le poids de l'aile d'un moucheron à Ses yeux.*

Jibril se déplaça donc jusqu'à l'épuisement. Les anges s'épuisent? Non. Mais c'était au-delà de ses capacités car ce royaume est tellement immense! «Ce royaume, O mon

Seigneur, est au-delà de mes forces!» Il se déplaçait sans cesse et à la fin se retrouva épuisé – Si l'on ne se fatiguait pas on vivrait de très longues vies; cet épuisement se reflète sur les créatures d'Allāh ﷻ – Puis il demanda après 70000 ans: est-ce fini? Mais Allāh ﷻ répondit: «Tu n'as rien parcouru, même pas la portion la plus infime qui puisse être».

Pendant son voyage, Jibril ﷺ vit l'indescriptible; un océan de cristaux blancs, transparents, infiniment nombreux et au milieu un arbre avec un oiseau vert qui descendait, prenait un cristal dans son bec, retournait à l'arbre, l'avalait et retournait encore une fois. Jibril ﷺ ne vit rien d'autre. Il dit: «O mon Allāh ﷻ! Qu'est-ce que je vois?» La réponse: « O Jibril ﷺ! Chaque atome (*dharrah*) de ces cristaux est un univers à part entière». Allāh ﷻ qui peut rendre tout cet univers plus petit que le chas d'une aiguille ne peut-Il pas créer un univers à partir de chaque cristal? «Quel est cet oiseau?» demanda-t-il? La réponse: «O Jibril ﷺ! Cet oiseau est mon bien-aimé qui a été ordonné de descendre et avaler un cristal. Aussitôt qu'il avale, en lui, un univers est créé avec son propre caliphe.

Au jour de la Résurrection, les gens viendront au Prophète ﷺ demander son intercession. Ils sont en lui, alors comment Allāh ﷻ enverra quelqu'un en enfer alors qu'il est en son Prophète ﷺ, et Allāh ﷻ dit dans le Saint Coran: «*w'allamoū anna fīkoum rassoūloullāh, Sachez que le Prophète est en vous*» (Sūrat al-Houjurāt 49 :7); en vous c'est-à-dire vous êtes en lui aussi. Chaque fois que l'oiseau avale un crystal, il est Mon représentant dans cette création, c'est-à-dire Mouhammad ﷺ, l'être humain parfait, *al-insaan al-kaamil*: «*Wa laqad karamnā Banī Ādam, Vraiment Nous avons honoré l'être humain* » (Soūrat al-

'Isrā', 17 :70), au-dessus de toutes les créations. Même les anges n'ont pas reçu l'honneur que les êtres humains ont reçu. Tout cela, c'est à cause du Prophète Mouhammad ﷺ qui regroupe les niveaux humains et divins. Il est celui qui transcende toutes les âmes des êtres humains en lui, il peut atteindre n'importe qui. Allāh ﷻ lui a donné cette autorité.

Auparavant, on ne pouvait pas comprendre ce concept mais aujourd'hui, on peut le comprendre; on peut atteindre quiconque par le courrier électronique: si le serveur peut atteindre des milliers de personnes à travers un réseau, le Prophète ﷺ ne possède-t-il pas un serveur céleste pour se connecter à toute l'humanité? Son cœur est ouvert, mais c'est à vous de vous y rendre. Que faire donc ? Vous devez lui répondre sinon vous êtes perdant. Il est celui qui regroupe tous les niveaux divins dans le monde angélique, de même tous les cerveaux sont sous sa commande. Cette lentille à l'intérieur du cerveau qui représente l'intelligence est reliée à lui. Les cellules sont sous son contrôle jusqu'à la plus infime. «*Innī jaʿiloun fi 'l-arḍi khalīfah, Nous avons placé sur terre un caliphe*» (Soūrat al-Baqarah 2:30) – quelqu'un qui représente Allāh ﷻ. Toutes les catégories de l'existence, illimitées du reste, sont sous sa coupole car Allāh ﷻ est le Créateur absolu et donc Sa création est sans limite, et ce niveau est appelé «*al-Martabat al-ʿAmīyya, le niveau de l'aveuglement*» c'est-à-dire le niveau qui demeure invisible à tout autre que le Prophète ﷺ, nul autre peut le voir. C'est pour cela que le Prophète ﷺ devint le caliphe d'Allāh ﷻ (*Wa li-dhālika sār khalīfatoullāh*). C'est la raison pour laquelle Allāh ﷻ juxtaposa le nom du Prophète ﷺ au sien et ce depuis le commencement: *Lā ilāha illa-Llāh Mouhammadoun Rassoūloullāh*.

Personne n'a atteint son rang et cela expliqué pourquoi il ﷺ a pouvoir sur les cœurs en général.

Alif représente le Nom de l'Essence (Essence d'ailleurs insondable). « *Qoūl Hoūw Allāh: Dis l'Insondable se nomme «Allāh».* Si on enlève l'*alif*, il reste «*lillah*» c'est-à-dire «Lui appartient»; si on enlève le second «*lam*» nous avons «*lahou*» c'est-à-dire qu'il n'y a aucun partenariat possible. Tout est «*Lahou*», tu ne peux rien toucher. Si on enlève le second «*lam*» il reste «*Houw*», l'insondable Absolu. Ces quatre lettres ont été donné au Prophète ﷺ et represente *ismoullāh al-'Azam*. Et selon Sayyidina Aboū Hanifa ؓ: «Ce nom «Allāh» fut octroyé au Prophète ﷺ et usant de cela, il peut commander à toute chose d'être et elle sera: «*koun fayakoūn*» (S36:V82).

Selon Grandcheikh ق, ce Nom donné au Prophète ﷺ est contenu dans les lettres initiales des premiers versets de chaque sourate. Il m'a donné le carnet de note de son Maître: Cheikh Charafouddin ق. son maitre. Ces notes étaient d'une calligraphie savante et j'ai dû les réécrire car à l'époque les photocopieuses n'existaient pas encore. Ce carnet contient les premiers versets de chaque sourate, ainsi en les lisant, l'on passe par le grand Nom d'Allāh ﷻ sans pouvoir le localiser. C'est pour cela qu'il est recommandé de lire toutes ces lettres. Cela fut donné au Prophète ﷺ.

Sayyidina Ahmad Farouqi al-Sirhindi ق a dit que si l'aspirant dans son voyage dans notre voie, l'ordre Naqchbandie, ne se préoccupe pas de ce bas-monde, nous l'affaireront des choses divines. En sommes, il est demandé à l'aspirant de se détacher de ce monde aux fins de l'assujettir. Dans cette optique, les *awlīyā* ont tout abandonné pour Allāh ﷻ.

Ils n'ont plus de vie privée, elle a été «piratée» car ils sont accessibles par qui que ce soit.

Cheikh Ahmad al-Farouqi ق continue:

«Si l'aspirant se détache des choses de ce bas-monde, nous l'affairons des choses divines» par «*noushghilahoum bi wouqoūf al-qalbi*, une alerte permanente en son cœur» par l'enseignement qui lui est dispensé et par la focalisation de son attention: «*at-tawajjouh*». C'est ainsi que nous formons le disciple, nous l'amenons à se focaliser sur son entrée dans la réalité du secret de l'âme humaine, *ar-Roūh al-insāni*. Le «*Roūh*» humain n'a pas trait seulement à l'âme: l'âme de l'âme pour ainsi dire. «Nous montrons au disciple comment amorcer le voyage au sein de lui-même».

Les médecins aujourd'hui sont comparables à des espions du corps humain au sein duquel ils détectent les maladies. Ils écrivent leurs observations et vous constituent un dossier de santé. Cela est particulièrement vrai avec l'usage de l'Imagerie par Résonance Magnétique, en abrégé le «IRM». Vous êtes confinés dans une caisse aux allures de cercueil et ça rappelle la mort. Similairement, les *Awlīyāoullāh* sont des espions du cœur et ils ont aussi leurs propres IRM. En médecine, c'est la technique de point de l'heure. Pourtant, les *Awlīyāoullāh* usent de technique plus sophistiquée que le IRM pour scruter le «*Rouh al-insaani* pour revenir à ce qu'on a appelé «l'âme de l'âme». Les docteurs sondent tout le corps pour le débarrasser des éléments nocifs. De même, pour recevoir ces belles manifestations émanant des Beaux Noms et Attributs d'Allāh ﷻ, l'usage du cœur s'impose c'est-à-dire le «*wouqoūf qalbī*» qui demeure en dernier ressort la solution ou la clef de réception et non le chapelet ou autre chose. Lorsqu'ils constatent votre désintérêt de cette dounya, ils vous font amorcer le voyage. Le *Qalb* est la porte du fin fonds de l'âme humain. Dans un premier temps, le fin fonds de l'âme se trouve au sein du corps. Le *Roūh* se trouve emprisonné au sein de la cage que symbolise le corps mais sa vie est rattachée au cœur. Tout s'estompe s'il n'y a plus de battements de cœur. Si le cœur arrive à se dilater et que la porte s'ouvre, alors le fin fonds de l'âme sera libérée de la cage. Dans ce cas de figure, l'âme peut se déplacer partout au sein de l'individu et arrivera à se familiariser avec le fin fonds de l'âme.

Au début, cette âme est à l'intérieur de sa cage, la prison du corps mais sa vie est reliée au cœur et s'il s'arrête, cette vie est terminée. Lorsque la porte s'ouvre, vous pouvez libérer cette âme interne qui peut alors se mouvoir partout à l'intérieur et peut tout voir de sa propre personne. Voilà pourquoi le Prophète ﷺ dit:

Man 'arafa nafsahou faqad 'arafa Rabbahou,
Qui se connaît soi-même connaît son Seigneur.

Que connaissez-vous au sujet de votre être? Seulement vos péchés? Allāh ﷻ n'a en que faire. Mieux, Il veut vous montrer Sa miséricorde, l'existence du Saint Prophète ﷺ, Sa Lumière dans le cœur de tout être humain:

Allāhou Noūr as-samawāti wal-'ard.
Allāh est la lumière des cieux et de la terre. (Coran 24 :35).

Allāh ﷻ a dit directement au Prophète ﷺ dans un hadith Qoudsī :

> *Ma wasiʿanī arḷī wa lā samāʾī wa lākin wasiʿanī qalbi abdī al-mouʾmin.*
> Ni Mon ciel ni Ma terre ne me contiennent mais le cœur de Mon serviteur fidèle Me contient.

La Lumière d'Allāh ﷻ brille en vous. Oh ignorant et insensés ! Pensez-vous que la lumière d'Allāh ﷻ n'est pas en vous ? Elle y est pourtant et n'attend que vous. Allāh ﷻ ne regarde pas votre laideur mais Son Regard se pose sur tout ce qui est beau (*jamīl*) ! Voilà pourquoi Il dit :

> *wa laqad karamanā Banī Ādam.*
> Nous avons honoré les fils d'Ādam. (Soūrat al-'Isrâ', 17:70)

« Nous avons honoré les êtres humains avec *anwāroullāh*, les lumières d'Allāh ﷻ ». Chacun d'entre nous possèdent différentes lumières par lesquelles il est identifié et connu du Prophète ﷺ. Les lumières de chaque individu sont sans aucune ressemblance avec les lumières d'autrui. Essayez d'Imaginer combien d'océans infinis de lumières parent les êtres humains, eux qui sont la Création Parfaite d'Allah ! Au moment où elles lui seront révélées, ce serviteur, *ʿabd*, verra les lumières de son âme et la perfection de son être. C'est la tâche que le Prophète ﷺ a assigné par sa parole *man ʿarifa nafsahou faqad ʿarifa rabbah* ».

C'est pour cette raison qu'Allah assigne des renforts (les *awlīyā*) à cette âme pour vous aider à vous connaître et à connaître les lumières divines qui sont en vous. Le hadith ne signifie pas: «Connaît tes défauts pour connaître ton Seigneur». Au contraire, il signifie que vous devez connaître les lumières divines qui sont en vous pour connaître votre Seigneur. Chacun d'entre nous a une réalité dans la présence divine. Nous sommes connectés à cette réalité et dans ce monde matériel la réflexion de cette réalité est présente. Ces réalités, au Jour des Promesses furent interrogées: «Ne suis-Je pas Votre Seigneur»? Et chacunes répondit: «Certainement oui, Ya Rabbi». Même Iblis a dû le dire, mais il est maudit. Quand vous verrez ces lumières, vous serez guidés par elles vers votre Seigneur, l'aspirant découvrira alors tous ces Noms et Attributs autour de lui et saura le secret de toute chose créée, le secrets de tous les atomes, pourquoi ils ont été créés et leur glorifications d'Allāh : «Qui se connait soi-même connait son Seigneur» veut donc dire: «Quiconque découvre ses propres lumières découvre les lumières de son Seigneur»! Nous nous arrêtons ici et continuons demain.

Wa min Allāhi 't-tawfīq, bi hourmati 'l-habīb, bi hourmati 'l-Fātihah. D'Allāh vient le secours, par l'honneur du Bien Aimé et par l'honneur de la Fatiha.

Niveaux et Récompenses du Caractère Sublime

*A'oudhou billāhi min ach-Chaytān ir-rajīm.
Bismillāhi' r-Rahmāni 'r-Rahīm.
Nawaytou 'l-arbā'īn, nawaytou 'l-'itikāf, nawaytou'l-khalwah, nawaytou 'l-'ouzlah, nawaytou 'r-riyāḍa, nawaytou 's-souloûk,
lillāhi Ta'alā fī hādhā 'l-masjid.
Ati' oūllāh wa ati'oū 'r-Rassoūl wa oūli 'l-amri minkoum.
(An-Nisa 4:59)*

Nous avons mentionné au cours de nos sessions antérieures que le Prophète ﷺ est « l'Etre Humain Parfait», al-*Insan al-Kamil*. Comme il est dit: Allāh créa l'homme à son image, *aala souratih*. Ceci est mentionné dans la Torah (Genèse, début). Nous comprenons que c'est plutôt une métaphore mais en fait, Allāh manifeste et réfléchi de façon ininterrompus Ses Noms et Attributs sur le Prophète ﷺ comme expression de la réalité de Son Essence. L'*Insan al-Kamil*, l'être humain parfait est celui qui est doté de ces manifestations et les reflète sur la création entière. Le seul habilité à le faire est le Prophète ﷺ. Il est dit qu'il est le miroir sur lequel Allāh se réfléchit c'est-à-dire envoie Ses Images ou Ses Réalités, et l'*Insan al-Kamil* les renvoie aux besogneux dans les cieux et sur terre. C'est à cet effet que le Chaykh Mouhyiddin Ibn Arabi ق dit: «Quand Allāh veut observer Sa création, Il regarde Son miroir, le Prophète ﷺ qui est la réflexion de ces manifestations dans l'univers». J'espère que c'est bien compris. D'où il est dit que le Ghawth reçoit directement ces réflexions du Prophète ﷺ et les cinq Qoutbs les réfléchissent sur la création.

«Celui qui en reçoit une goûte» a accès à une source qui s'appelle *Salsabil* mentionnée «*ʿaynoun fīha tousamma salsabīla*» dans la Sourate al-Insan. *Salsabil* signifie le savoir et la réalité infinie. Quiconque en reçoit une seule goutte devient «un de parmi les serviteurs d'Allāh ﷻ» (Sourate du Kahf, référence à S. al-Khidr), et s'abreuve d'une source appelée sur terre la fontaine de jouvence mais dans les cieux, *Salsabil*. Ceux, *ibaadoullah*, qui étanchent leur soif comprennent la réalité de l'être humain parfait, *al-insanoul-kamil* à travers son caractère évidemment sublime. Au début de la Sourate al-Qalam:

> *Noūn wa al-qalami wa mā yasbouroūna mā anta biniʿmati rabbika bi-majnoūnin wa inna laka la-ajran ghayra mamnoūnin wa innaka la-ʿalā khoulouqin ʿazīm.*
> juré par la lettre N (Noun). (Soūrat al-Qalam, 68:1-4). Qu'est-ce que ce Noun? Allāh ﷻ sait mieux. Nous en parlerons plus tard. C'est le plus haut niveau céleste par lequel Allāh ﷻ jure: «O Mouhammad! Tu es d'un caractère éminent».

Sayyidina al-Khidr ؑ est l'un de ces serviteurs qui s'abreuva à cette fontaine de jouvence (*ma al-hayaat*) et a atteint la réalisation de soi (*tahaqqouq*) d'où il est dit: «*man tahaqaqa takhalaqa*, qui obtient la certitude, obtient le plus haut caractère (*takhallouq*)», de même: *ʿilm al-yaqin*, le savoir de la certitude; *ʿayn al-yaqin*, la vision de la certitude; *haqq al-yaqin*, la réalité de la certitude. Mouhīyiddīn ibn ʿArabī continue: «Quiconque hérite de cela, sera doté d'un caractère parfait». Tout ce qui advient de la création d'Allāh ﷻ n'est possible que par le miroir que représente le Prophète ﷺ. «*Wa man takhalaqa tahaqaqa*, celui qui hérite du caractère éminent du Prophète ﷺ sera pourvu indubitablement d'une faculté audio-visuelle».

Que faire donc? Avoir un bon caractère! L'avons-nous? Non. [Haussez-vous le ton sur votre épouse[15]? Parfois. Ne le faites pas]. Le mieux est d'être patient comme l'océan. L'océan ne se plaint jamais même si tous les égouts de la terre s'y déversaient! Quiconque se pare d'un excellent caractère (*wa-man takhallaqa*) sera mis en pièces (*tamazzaqa*), mais il sera mis en pièces dans la vérité, *tamazzaqa bil-haqq*, c'est à dire qu'il sera confronté à d'immenses épreuves et obstacles. C'est la raison pour laquelle les *Awlīyā* endurent beaucoup de souffrances pour atteindre ces réalités et toutes leurs vies sont jalonnées d'obstacles à l'image du Prophète ﷺ qui a dit: Je suis celui qui a subi le plus d'abus sur terre (Sounan al-Tirmidhi, Sounan Ibn Majah, Mousnad Ahmad).

L'érudit et saint al-Jili ق a dit:

«*istahdir dhihnaka ya mouchattat al-afkaar*,
Ouvre tes oreilles et concentre-toi sur nous; ne te laisse pas distraire par tes pensées! Focalise ton cœur».

Tous les connaisseurs d'Allāh ﷻ qui ont été couronnés du diadème de l'unicité et la connaissance (*Koulloul-a'rifīn al-mouwajihīn min al-haqq*), n'ont jamais agi dans le royaume divin parfait qu'avec les meilleures manières. Ces niveaux sont ceux des *aqtāb*, les cinq *qoutoubs*, le niveau de la perfection où ils héritent du Prophète ﷺ d'où il est dit de l'être humain parfait, *al-insanoul-kaamil*, que sa connexion est toujours avec les Beaux

---

[15] Le Cheikh s'adresse à un disciple assis à ses côtés.

Noms et Attributs d'Allāh ﷻ qui se manifestent sur lui, et les *Awlīyā* n'arrivent pas à compter combien de Noms et d'Attributs lui apparait à tout moment. Allāh ﷻ est Allāh Akbar! «*Qoul Allāh wa dharhoum fī khawdihim yal'aboūn. Dis Allāh, et laisse la création jouer*» (Soūrat al-'An'ām, 6:91) sans intervenir dans leurs affaires. Ne descends plus à leur niveau, car tu es à un niveau haut où tu es avec Allāh ﷻ. Dis Allāh, mentionne la source de tous les Noms et les Attributs qui a été octroyée au Prophète ﷺ d'où: «*inna Allāh wa malā'ikatahou youssalloūn, Allāh et Ses anges bénissent le Prophète*» (al-Ahzab 33:56). Allāh ﷻ leur ordonne de porter toutes ces manifestations qui viennent à tout moment et d'en revêtir le Prophète ﷺ qui est devenu le miroir de ces manifestations et qui n'ont aucune limite.

Selon les *Awlīyā*, [ce savoir est] une création continue qu'Allāh ﷻ manifeste sur Son Prophète ﷺ. C'est pour cela qu'il est dit que chacun a un nom spécial sous la manifestation des 99 Noms, et chacun a une manifestation différente de ce nom qui lui vient et le Prophète ﷺ a reçu la connaissance de ces manifestations. Nous n'avons pas encore décrit ces détails. Chacun est sous les manifestations de son nom particulier tel qu'*abdour-Rahman, abddour-Rahim, abdoul-Ghaffar* et en est le serviteur, chacun d'une façon différente même pour le même nom car chaque nom divin à un nombre infini de manifestations. Notre apparence résulte de la bénédiction de l'une de ces lumières. Les *Awlīyā* savent leur rôle ou leur rang à travers ces lumières. Le Prophète ﷺ est toujours relié à ces beaux Noms et Attributs par les réalités existantes (*al-a'yan wal-*

haqa'iq) qui sont les apparences réelles d'Allāh ﷻ sur Son Prophète ﷺ.

Ayons les meilleurs caractères, et ils sont innombrables. Les *awlīyā* ont dénombré 1000 traits, seul Allāh ﷻ sait combien. L'un d'eux a dit: «Le Prophète ﷺ a dit: *anna ahabakoum ilayya wa aqrabakoum majlisan akramakoum akhlāqan*, Celui qui s'assiéra près de moi le Jour de la Résurrection est celui qui aura les meilleurs caractères[16]. Nous n'avons pas ces traits. «Certains de ces caractères sont *al-hilm* (la douceur), *'ilm*, (la connaissance), la clémence, la miséricorde, l'indulgence, *al-ihsān* (la générosité – surtout envers ceux qui nous ont fait du mal) – ne pas rompre avec ceux qui nous abandonnent, *wa rahmāh li 'd-dou'āfa* (la pitié envers les faibles), *tawqīr macheikh* (le respect envers les cheikhs) – ils ne se nomment plus cheikh de nos jours mais plutôt «docteurs» – *al-ikhwān* (la fraternité), *wa 's-sabr* (la patience), *wa 'z-zouhd* (le renoncement), *qana'a, ridā, choukr* (le contentement, la gratitude); tout ceci, il faut que l'aspirant l'obtienne. Sont-ils de vrais mourides dans la tariqa comme ils le prétendent aujourd'hui? La *moujahada*, le travail spirituel n'est pas facile. Ils vous mettent en réclusion totale 40 jours ou 6 mois ou un an complet pour vous parfaire. Ils resserrent l'étau autour de vous pour peaufiner votre caractère et ce n'est pas simple, vous êtes constamment anxieux: vous comptez les jours, quand sortirai-je?

Khoudh il-'awfou w'amr bi'l-'ourfi w'arid 'an il-jāhilīn. Pardonne et recommande la clémence et détourne-toi des ignorants. (Soūrat al-'A'rāf, 7:199). Pardonnez, surtout sur l'internet quand

---

[16] (Sounan al-Tirmidhi, Mousnad Ahmad)

l'on vous insulte: ils prennent sur eux-mêmes vos péchés; priez pour eux car ils vous ont débarrassés de vos péchés. Ne soyez pas heureux quand ils vous complimentent, car ils mentent! Allāh et Son Prophète vous observent pour voir comment vous réagirez; comme hier, deux mourides, tous les deux de fortes corpulences se sont trouvés à la porte de la cuisine pour chercher de la nouriture. L'un d'entre eux bloquait le passage de l'autre. J'observais pour voir qui d'entre les deux serait plus patient que l'autre. Finalement, l'un d'entre-eux s'écarta du chemin.

Le Prophète dit: «*al-khoulouq afḍal manāqib al-ʿouboūdīyya*, l'excellent caractère est la plus prisée des adorations au Jour Dernier»[17]. Voilà pourquoi dans le Saint Coran Allāh le mentionna: «*wa innaka la-ʿalā khoulouqin ʿazīm, En vérité tu es d'un caractère éminent!*» (*Soūrat al-Qalam*, 68:4). Le Prophète est celui qui a passé à travers tous les royaumes de ce monde et de l'autre, que nul n'a jamais atteint sauf celui qui est doté d'un caractère parfait à l'image des anges. Le Prophète arriva là où même Sayyidina Jibril ne put accéder! *Ya Ayyouha al-Mouddathir, O celui qui est recouvert! Lève-toi!* (Sourate al-Mouddathir). Il frissonnait. Dans Mon royaume il faut toujours que quelqu'un se meuve, qu'il frissonne ou non! Glorifie Allāh, dis Allāhou Akbar, Allāh est le plus Grand, Sa Grandeur est Singulière. Va avertir les gens! Il a élevé le ciel et toute chose est en équilibre. Ne trépassez pas vos limites, ne soyez pas tyrans. Contrôlez vos actions, votre ego, votre égoïsme et vos péchés (Sourate al-Rahman). Faites-le en

---

[17] Mousnad Ahmad.

disant «Allāh est le plus Grand», chaque jour 100 ou 200 fois. *wa thīyābak fa-ṭāhhir*, purifie tes vêtements: pas vos vêtements mais les vêtements de l'ego, de la personnalité. Obtiens les meilleurs traits (*wa 'r-roujza fahjour*) comme les 1000 que j'ai cités ; et abandonne le mal une fois pour toutes, comme un émigré dans la voie d'Allāh, ne regarde plus ce bas-monde mais l'autre:

O toi enveloppé sous ton manteau ! Lève-toi et prêche ! Exalte le nom de ton Seigneur ! Purifie tes vêtements ! (al-Mouddathir 74 :1-4) Qu'Allāh soit glorifié!

> Le Prophète a dit:
> *sāhib housn al-khoulouq la-woussil sāhib as-sawmi wa 's-salāt*, Le serviteur d'Allāh doté du caractère d'excellence a le même rang que celui qui prie et jeûne constamment»[18].

Cela se traduit par le fait que même s'il commet des péchés et qu'il parfait son caractère et l'améliore, Allāh le récompense comme le meilleur adorateur. Nous ne voulons pas dire qu'il ne faut plus prier ou jeûner! Mais il atteint le même niveau que celui qui jeûne toute l'année et prie volontairement constamment. Voyez comme c'est facile: acquerrez seulement un seul bon trait de caractère ! Vous ne pouvez pas sourire davantage? Comme hier, celui qui voulait passer pour arriver à la table mais l'autre, plus grand, le bloquait en souriant comme pour lui dire: je te torture, je sais. Mais le premier patientait et souriait. Allāh accepte des deux car chacun a joué un excellent rôle. Le croyant qui a la meilleure foi est celui qui a le

---

[18] Sounan Abi Daoud

meilleur caractère. Que chacun observe l'équilibre ou choisisse de complètement perdre!

Le Prophète ﷺ a dit: «*L'avarice et le mauvais caractère sont deux traits qui ne se retrouvent jamais chez le croyant*».
Allāh ﷻ a dit:
«*Qālati 'l-ʿaraboū āmanā. Qoul lam tou'ouminoū wa lākin qoūloū aslamnā wa lammā yadkhouli 'l-īmānou fī qouloūbikoum*
Ne dites pas: nous croyons; mais dites: nous nous soumettons car la foi n'est pas encore entrée dans vos cœurs» (Sourate al-Houjourat 49:14). Dhoul-Noun a dit que ceux qui ont les plus grands problèmes sont ceux qui ont le pire des caractères. Vous pouvez voir ce mauvais caractère des parents rejaillir sur leurs enfants. Nous nous arrêtons ici et demandons à Allāh ﷻ de nous accorder les meilleurs caractères et de nous retirer les mauvais.

Wa min Allāhi 't-tawfīq, bi hourmati 'l-habīb, bi hourmati 'l-Fātihah. D'Allāh ﷻ vient le secours, par l'honneur du Bien Aimé et par l'honneur de la Fatiha.

Des exemples du caractère admirable et de l'indulgence des *Awlīyāoullah*

*A'oudhou billāhi min ach-Chaytān ir-rajīm.
Bismillāhi' r-Rahmāni 'r-Rahīm.
Nawaytou 'l-arbā'īn, nawaytou 'l-'itikāf, nawaytou'l-khalwah, nawaytou 'l-'ouzlah, nawaytou 'r-riyāḍa,
nawaytou 's-souloûk,
lillāhi Ta'alā fī hādhā 'l-masjid.
Ati' oūllāh wa ati'oū 'r-Rassoūl wa oūli 'l-amri minkoum.
(An-Nisa'. S4:V.59)*

Nous avons parlé du bon caractère, *al khoulouq al-hassan*, et avons cité le verset «*O toi qui es recouvert (d'un manteau)! Lève-toi et avertis ! Et de ton Seigneur, célèbre la grandeur. Et tes vêtements, purifie-les* ». (al-Mouddathir; 74:1-4). Allāh ﷻ donne des instructions au Prophète ﷺ: «O Mouhammad! Laisse ton lit», c'est-à-dire abandonne ce bas-monde et l'aisance qui l'accompagne.

Quand les gens veulent se détendre, ils vont au lit et disent: «je suis épuisé». Le bon caractère, *housnoul-khoulouq*, c'est bien qu'étant fatigué, tu ignores ton propre intérêt et sers l'humanité. «Lève-toi et va avertir...» Avertir qui? Pour le Prophète ﷺ, c'est la Oumma, mais pour nous il y a une autre interprétation, le soufisme c'est un goût, et les *Awlīyāoullāh* reçoivent par inspiration divine des significations nouvelles des versets du Saint Coran.

Allāh ﷻ a dit dans le Saint Coran:

Wa mā ya'lamoū tāwīlahou ill 'Llāh war-rāsikhoūna fīl 'ilmi yaqoūloūna āmana bihi koulloun min 'indi rabbinā wa mā yadhadhakkaroū illa oūloūl-albāb.

Alors que nul n'en connaît l'interprétation à part Allāh ﷻ. Et ceux qui sont bien enracinés dans la science disent: «Nous y croyons: tout est de la part de notre Seigneur!» Mais, seuls les doués d'intelligence s'en rappellent. (Sourate Al Imran; S.3:V7):

la ya'lamou tawilahou illa-Houwa.... ouloul-bab Nul ne sait son interprétation sauf Allāh ﷻ; *war-raasikhouna fil-'ilm yaqoulouna aamaanna*, et ceux qui sont comme des montagnes dans le savoir disent: *aamanna*, c'est-à-dire *sami'na wa ata'ana* « Nous croyons fermement en ce message». Il n'a pas dit: «dans la Charia » mais «dans le savoir», et Il n'a pas dit non plus «les Oulama». Allāh ﷻ Seul connaît son interprétation mais Il donna tout au Prophète ﷺ, Il lui donna *ouloom al-awalin wal-akhirin* – le savoir des anciens et des nouveaux. Grand cheikh a dit que Sayyidina Mahdi ؏ viendra en qualité d'héritier muni de l'interprétation de tous les versets et lettres du Coran!

Ceux qui sont comme des montagnes de savoir disent: «Nous croyons, c'est fini, tout vient d'Allāh ﷻ. Cependant, on peut lire le verset d'une autre façon sans pause entre «*illa Allāh war-raasikhoon fil-'ilm*, «sauf Allāh ﷻ et ceux qui sont comme des montagnes » [c'est-à-dire avec deux sujets pour l'exception]. Nul ne connaît son interprétation sauf Allāh ﷻ ET ceux qui sont comme des montagnes, ceux qui sont bien établis dans la connaissance du Coran avec la conjonction de coordination ET. Oh Mouhammad! Lève-toi et sois prêt à avertir la Oumma et [l'interprétation des *Awlīyā* ici est donc :]

chacun doit avertir son ego, *wa thiyaabak fa-tahhir* «et purifie tes vêtements». Comment les *Awlīyā* devinrent-ils parfaits? En réprimant leurs egos. Dis-leur d'œuvrer pour le meilleur caractère. S'ils le font, ils accompliront beaucoup.

Au début du Ramadan, nous avons mentionné les 5 qoutbs. Ces 5 avec les 5 autres groupes des grands Saints (*awlīyā*), *boudala*, *noujaba*, *nouqaba*, *awtaad*, *akhyar*, sont coiffés par le ghawth et surplombent eux-mêmes les 124000 *Awlīyā*. Tous possèdent un excellent caractère! Nous avons mentionné ces récits pour dire que ces saints ont perfectionné leur caractère à la suite duquel ils sont devenu des montagnes bien établies dans le savoir en présence d'Allāh ﷻ. Nous n'avons pas encore énumérez les manifestations des Noms d'Allāh ﷻ dont ils jouissent compte tenu du temps mais nous y parviendrons incha Allāh. Ainsi le meilleur d'entre nous est celui qui a le meilleur caractère. Allāh ﷻ dit au saint Prophète ﷺ: «O Mouhammad! Purifie ton habit». C'est un message qui s'adresse à toute l'humanité. L'habit, c'est le caractère, abandonne le mauvais caractère une fois pour toutes, émigre. Chaque mot de l'arabe du saint Coran a plusieurs significations. «Abandonnez-les [les femmes] dans leurs lits». (al-Nisa, S4 :V34) signifie aussi abandonnez ce que vous avez fait, ne (homme et femmes) soyez pas complètement submergés par le puits de Satan, les mauvaises manières.

On demanda à un *walī*: de qui appris-tu le bon caractère? Il dit: De Qays ibn Asim ﺭ. Comment? Il répondit:

J'étais assis avec lui un jour quand une servante vint lui apporter un plat très chaud (dans un récipient sur des charbons ardents); ce plat lui échappa des mains et tomba sur un de ses fils ainsi que les charbons ardents! L'enfant mourut. La servante fut terrifiée de ce qui allait lui arriver. Qays ق lui dit: N'aie pas peur. Je te libère pour l'honneur d'Allāh ﷻ.

Malgré son intense tourment, il voulut contrarier son ego. Comme les sirops pour supprimer la toux, nous avons besoin de remède pour supprimer l'ego. Les *Awlīyā*allāh possèdent ces remèdes, prêts! Donc pour s'opposer à son ego, il l'a libérée, car son ego vint lui dire: que c'est horrible! Elle a tué le garçon, donc tue-la! Ce n'est pas facile. Quelqu'un tue votre enfant et vous lui pardonnez. Aujourd'hui, ils vous trainent en justice pour des milliers et des millions d'Euros. Mais patientez et pardonnez. Votre compensation, vous l'obtiendrez au paradis, dans la tombe et même dans ce bas-monde; Allāh ﷻ vous récompensera.

Connaissez-vous Ibrahim ibn Adham ق? Il était roi et s'enivrait chaque nuit à outrance, vomissant et urinant sans cesse. Une nuit, à moitié mort, il entendit quelqu'un marcher sur le toit au troisième étage de son palais. Il y monta et vit un homme:
- Que fais-tu là, lui demande-t-il.
- Je cherche mon chameau, répond l'autre.
- Imbécile! Ton chameau, tu le cherches sur un toit?

Voyez comment nous voyons la poutre dans l'œil des autres et ne voyons pas la paille dans la notre! Fait preuve de détermination contre ton ego afin qu'Allāh ﷻ te transporte par Sa brise (*Rih al-Siba*) en un clin d'œil au rivage de Sa sécurité. Pour ce fait, l'assiduité **à accomplir les Awrad est importante.**

Cet homme répondit: «O Ibrahim ق! Je peux trouver mon chameau sur ce toit plus vite que tu pourrais trouver Allāh dans ton état! Cette réponse frappa son cœur comme la foudre.

On lui demanda plus tard: Le bas-monde t'a t-il réjoui O Ibrahim ق? Il répondit:

«Oui, à deux occasions. Une fois, j'étais assis (c'était après son repentir), j'avais prié le Icha et me couchais pour dormir; j'étais fatigué et avait froid mais le vigile de la mosquée me chassa. Je lui dis: je suis vieux, laisse-moi dormir. Le vigile répondit: même si tu étais Ibrahim ibn Adham ق je te chasserais. Il lui dit: Je *suis* Ibrahim ibn Adham ق. Ah! Tu mens en plus? Et non seulement il le battit mais il le chassa de surcroit. Ibrahim ق alla se coucher sous un arbre qui avait une hutte construite dessus, avec trois hommes qui y tenaient une beuverie. Alors qu'il voulait dormir, l'un de ces hommes lui urina dessus. Ibrahim ق dit de cet épisode: j'étais si content, je compris que Allāh me disait: libère-toi de toutes les toxines de ton mauvais caractère. Une autre fois, j'étais assis parmi des gens et un homme me gifla. Lorsqu'il me gifla, cela me fit prendre conscience qu'au jour du jugement, Allāh peut envoyer des anges me gifler sans cesse. De même ce fut un excellent jugement car je compris que cela valait mieux qu'un ange qui me gifle tout le long de mon séjour dans la tombe! Ces deux incidents furent mes meilleurs jours dans le bas-monde.

De nos jours même si c'était un nourrisson qui leur urinerait dessus, ils s'énerveraient et en viendraient aux mains; oui, ils le font dans certains pays!

Un jour, Ibrahim ق errait dans l'amour d'Allāh ﷻ dans une jungle, et un soldat vint à passer et lui demanda: où est la ville? Il lui dit: là, pas loin, indiquant... le cimetière! Le soldat se fâcha et le frappa sévèrement sur la tête avec son bâton. Pourquoi? Parce qu'Ibrahim ق lui montra le cimetière comme pour lui dire: voilà la ville où tu vivras. Le soldat crut qu'il se moquait de lui. Il le cru mort. Quand le soldat arriva à la ville et raconta l'incident, les gens lui dirent: Qu'as-tu fait? Tu as battu le plus grand ascète du Khourasan! Le soldat retourna pour s'excuser. Ibrahim ق lui dit: Ne t'excuse pas! Lorsque tu m'as battu, j'ai demandé à Allāh ﷻ le Paradis pour toi. [Que faites vous quand quelqu'un vous bat? Vous cherchez à lui nuire, à le faire jeter en prison]. Le soldat lui dit: «Pourquoi as-tu fais cela?» Ibrahim ق répliqua: «Parce que tu m'as permis d'avoir la récompense divine lorsque tu m'as bastonné; je ne voulais pas que ce soit (cette récompense) pour moi seul, et j'ai voulu la partager avec toi. De plus, je ne voulais pas être la cause de ta punition le Jour du Jugement dernier et ne voulais pas de compensation pour avoir été battu. J'ai donc demandé le paradis pour toi!

Demandez-vous le paradis pour ceux qui vous battent? Regardez aujourd'hui, ils enseignent aux enfants les arts martiaux pour «se défendre». Lorsque quelqu'un vous bat, soumettez-vous à la volonté d'Allāh ﷻ. C'est ainsi que les *Awliyā* agissent. Ibrahim ibn Adham ق pouvait lui souffler dessus et l'envoyez à une perdition lointaine, la désintégration!

Pourtant il ne le fit pas. Mais ces temps-ci, ils leur enseignent la colère et la violence et leur disent de combattre leur ennemi; oui mais ton ennemi c'est Satan! En dehors de lui, cultivez la paix.

On demanda à Hatim al-Asamm ق en quoi consistait le meilleur caractère. Il répondit: «Le meilleur caractère est de tout supporter de chacun et accepter ce qui vient d'eux, sauf une chose: ne tolérez pas celui qui vous emmène au feu. Qui est-ce? demanda-t-on. Il répondit: toi-même, ton ego. Car si vous tolérez les autres c'est pour l'amour d'Allāh ﷻ; mais contrarie ton ego, bats-toi, ne le tolère jamais!»

Malik ibn Dinar ﷺ, un autre ascète *walī*, était aussi juge. Un jour, une femme vint lui dire hargneusement: «*yā mouraʿī*, O Hypocrite vantard qui ne vaut rien!» Il la regarda et lui dit: Femme, qu'Allāh ﷻ te bénisse! *Wajadtou ismī al-ladhī aḷallahou Āhlou 'l-barrā*, les siens et moi avons retrouvé le nom que je portais jadis, celui d'hypocrite. Merci de me l'avoir rendu!»

Il n'appela pas la police après avoir été injurié mais il remercia[19] la femme qui l'avait insulté. Quel est ton nom donc [O Mouride!]? Hypocrite! Nous préférons les meilleures épithètes et abhorrons celui précité.

Louqman, prodiguant des conseils à son fils lui dit: «*thalatha la touʿraf illa ʿinda thalath. al-hilm ʿindal-ghadab*, trois choses exceptionnelles sont reconnues en trois circonstances;

---

[19] A ce point le Cheikh s'arrêta pour signifier la liberté d'expression en Islam surtout pour les droits de la femme contrairement à l'image qu'on veut en projeter de l'Islam ces temps-ci.

La première: la douceur quand on est en colère – plusieurs personnes nous envoient des emails pleins de colère, chacun se plaignant de son conjoint ou de sa conjointe, voisin etc... Plaignez-vous d'abord de vous-mêmes!

Le Prophète ﷺ dit:
man 'arafa nafsahou 'arafa rabbahou,
qui se connait soi-même connait son Seigneur.

Nous interprétons ce hadith comme «Celui qui connait ces mauvais caractères connait son Seigneur». Par contre les *awlīyā* l'interprètent différemment: Celui qui se connait c'est-à-dire qui est enveloppé des beaux Noms et Attributs d'Allāh ﷻ, percevra les lumières divines qui lui choient et ainsi celui-là connait son Seigneur. Allāh ﷻ ne s'intéresse pas à vos mauvais caractères. Vous ne saurez accéder à la Présence divine sans ces lumières ci-dessus mentionnées car elles constituent le code et le mot de passe nécessaire. C'est la raison pour laquelle pour la *Joumoua* (la prière du vendredi), il est recommandé de se baigner car ce bain vous purifie de vos mauvaises caractéristiques et vous prédispose à recevoir la manifestation de ces lumières divines et vous offre une opportunité de prière en présence divine. Soumettons-nous donc à la volonté d'Allāh ﷻ et évitons de nous plaindre constamment et d'être en colère, c'est-à-dire menons une vie de patience, sans querelle, sans dispute. Les *Awlīyā* se soumettent à la volonté d'Allāh ﷻ – Sayyidina Louqman ؑ conseilla à son fils de faire preuve de douceur quand il est en colère. Le Prophète ﷺ a averti Sayyidina Aboū Bakr ؓ du fait que la colère mène au *koufr*, la mécréance.

Deuxièmement: le courage pendant la guerre. Sommes-nous en guerre aujourd'hui? Oui, contre notre ego, non pas contre les innocents qu'ils vont faire exploser. Ils disent qu'ils le font pour aller au paradis? Oui, mais un paradis de feu. Déclarons-nous la guerre contre notre ego? Toi oui, mais pas lui ; enfin peut-être[20]....

Troisièmement: Donner la charité à une personne qui est dans le besoin, c'est-à-dire être généreux, venir en secours ou visiter un malade, sourire à une personne triste, rendre quelqu'un heureux, construire une école. Le Prophète ﷺ a dit: «Un seul sourire est une charité»[21]. Cette personne vous trouvera dans l'au-delà. Toutes ces caractéristiques citées ci-dessus sont celles des *Awlīyā*. Sayyidina Louqman ؏ conseillait à son fils ces trois traits.

Un *walī* avait un serviteur. On lui dit: «Pourquoi ne le libères-tu pas? Il répondit: j'apprends la patience de lui, car tout ce qu'il fait est contraire à la norme. Il m'enseigne la patience». [Toi (s'adressant à un disciple), tu ne supportes pas qu'untel soit en retard cinq minutes; et toi tu es jaloux d'untel parce que tu n'arrives pas à mémoriser le Coran comme lui[22]].

Un homme invita Aboū Outhman al-Hiri ق chez lui. A la porte, avant d'entrer, il dit au cheikh (qui était un *Walī*): Je m'excuse mais je ne pense pas pouvoir vraiment vous

---

[20] Le Cheick plaisante avec deux disciples assis à ses cotés.
[21] Sounan al-Tirmidhi, Mousnad Ahmad, Sahih Ibn Hibban, Adab al-Moufrad de Boukhari.
[22] Encore ici, le Cheick s'adresse aux mêmes deux disciple assis à ses cotés. Ces deux disciples doivent conduire 30 à 40 minutes pour prendre part à la prière de l'aube en compagnie du Cheick. Pour cela, l'un doit passer prendre l'autre en voiture.

accommoder, retournez chez vous. Quand le cheikh vous frappe avec son bâton, ne rendez pas les coups ni ne protestez; s'il agit ainsi c'est parce qu'il sait que vous en avez besoin, il frappe votre ego. Grandcheikh ق a dit que les *Awlīyā* envoient à leurs disciples trois tribulations par jour pour voir s'ils sauront faire preuve de patience.

Le cheikh s'en alla. L'homme alla l'inviter une autre fois: O mon cheikh! Je suis désolé de vous avoir chassé, pardonnez-moi, et revenez. Le cheikh ne lui dit pas: non, tu m'as chassé, je ne retourne pas chez toi et je ne te parle plus! Au contraire, il fit preuve de patience. Et la même chose arriva une deuxième fois, l'autre lui dit à la porte: désolé.... puis une troisième fois; puis une quatrième fois; puis une cinquième fois. A la fin, il lui dit: par Allāh ﷻ, Sayyidi (maître), je voulais seulement vous éprouver, mon Dieu quelle patience! *lillahi darrouk*! Un très haut compliment; quel genre de *walī* êtes-vous, quel excellent caractère que le vôtre, jamais vous ne vous êtes plaint! Et vous êtes revenu tant de fois. Je ne comprends pas. Le cheikh lui dit: «*lā tamdahnī fī khoulouqin toujid fī 'l-haywān*; mon fils, ne me complimente pas pour ce caractère que possède aussi les animaux». Il lui dit: quel trait? Chez quel animal? Le chat? Non. Il lui dit: le chien. Tu lui dis viens! Il vient. Tu lui dis va! Il va. Il lui dit donc: ne me complimente pas pour un tel trait.

Tel est le premier niveau en tariqa mais cela ne veut pas dire que le chien est meilleur que nous. Seulement, nous devons comprendre que dans toute chose autour de nous, il y a de la sagesse à prendre.

Dans la jungle, rien ne peut arrêter un tigre ou un lion. La chèvre par contre est différente car elle broute tout. L'âne porte d'énormes fardeaux mais ne se plaint jamais. A travers ces animaux qu'Allāh ﷻ a créé pour le bénéfice de la Oumma, nous devons apprendre à dompter nos instinct féroces. Si l'on invite le chien il vient; si l'on le chasse, il part.

Il est dit qu'un jour, ce même cheikh passait par une maison où quelqu'un jeta sur lui des cendres qui le souillèrent de la tête aux pieds. Ses disciples se fâchèrent et se mirent à vilipender le quartier: «Notre cheikh! Notre cheikh! Qui ose lui jeter des cendres par-dessus! Avec force, jurons et malédictions». Le cheikh dit: «Ne soyez pas en colère! Celui qui mérite le feu mais qu'on repaye de cendres doit être satisfait! Je suis maintenant en sécurité du feu et doit au contraire remercier Allāh ﷻ!»

Voilà les bonnes manières. Qu'Allāh ﷻ nous enseigne la perfection et nous guide à travers ces récits! Qu'Allāh ﷻ nous pardonne.

Wa min Allāhi 't-tawfīq, bi hourmati 'l-habīb, bi hourmati 'l-Fātihah. D'Allāh ﷻ vient le secours, par l'honneur du Bien Aimé et par l'honneur de la Fatiha.

Pour être bien guidé, rattachez-vous à vos véritables Pères

*A'oudhou billāhi min ach-Chaytān ir-rajīm.
Bismillāhi' r-Rahmāni 'r-Rahīm.
Nawaytou 'l-arbā'īn, nawaytou 'l-'itikāf, nawaytou'l-khalwah, nawaytou 'l-'ouzlah, nawaytou 'r-riyāḍa,
nawaytou 's-souloûk,
lillāhi Ta'alā fī hādhā 'l-masjid.
Ati' oūllāh wa ati'oū 'r-Rassoūl wa oūli 'l-amri minkoum.*
(4:59)

Tous, nous devons observer l'exemple de ce qui est autour de nous où il y a quantité de signes de la magnificence d'Allāh ﷻ. Voyez la technologie de nos jours sur l'internet avec ce que les programmeurs y ont mis. Ces programmes sont fondés sur des connaissances spécifiques qu'ils ont étudiées. Allāh ﷻ leur a donné l'habilité et la logique de mettre des programmes en place avec lesquels les gens peuvent communiquer et exprimer leur pensée sur les «chats room».

Ils peuvent dire toute sorte de bonnes choses s'ils sont sur la voie d'Allāh ﷻ très Haut. Ils partagent avec les autres l'amour d'Allāh ﷻ et la foi qui est en eux. Que pensez-vous alors de ceux qui sont dans le cercle de Sultan al-*Awlīyā*? Leur «chat» sera d'Est à l'Ouest, non à l'échelle de mourides mais à l'échelles des *jinn* et *ins*. Et que pensez-vous à la connexion au «chat» sur l'internet spirituel au sujet du message du Prophète ﷺ? Il y aura certainement un nombre infini d'anges et d'êtres humains, siècle après siècle, exprimant la grandeur du Prophète ﷺ et les délices de la progression spirituelle.

O êtres humains! Allāh ﷻ nous a donné un moyen de parler au Prophète ﷺ, un programme pour faire le *mounajat* : la conversation intime. Un moyen de demander son pardon à travers un «chat» divin à condition de suivre les modalités de ce programme. Chaque *walī* possède un programme qui lui est spécifique et Le Sultan des *Awlīyā* combine tous ces programmes qui vont au Prophète ﷺ, qui lui-même a son propre programme. Voilà pourquoi il est dit que: «*ad-dounyā jīfatoun wa toullābouhā kilāb*, ce bas-monde est une carcasse dont les aspirants sont comparables à des chiens». Cela veut dire qu'il faut suivre le programme ci-dessus et non la dounya. Éventuellement, ce bas-monde nous mènera au feu, par contre Allāh ﷻ veut que nous soyons sains et saufs en suivant Son programme. Plus on est aguerri, plus de programmes s'ouvriront à nous. Et autant de programmes s'ouvrent autant d'informations secrètes sont téléchargées dans vos cœurs. Le devoir qui nous incombe est de suivre le Prophète ﷺ, « *Kana khoulouqouhou al-Qour'an*, son caractère était le Coran». Non pas un seul verset ou une seule Sourate mais le Coran en entier! Il était le Coran parlant. Allāh ﷻ a donné au Prophète ﷺ les secrets du Saint Coran, comme nous l'avons mentionné la dernière fois- " *wa-mā ya'lamou ta'wīlahou illa-Allāh war-rāsikhoūna fil-'ilm*, Nul ne connait son interprétation sauf Allāh ﷻ et ceux qui sont enracinés dans le savoir comme des montagnes, ils disent: nous croyons". Notre devoir est de croire et ne pas questionner ces *Awlīyā* auxquels Allāh ﷻ a donné le savoir et la connaissance de l'interprétation.

«*Nous avons entendu et obéi. Seigneur, nous implorons Ton pardon. C'est à Toi que sera le retour*» (*Soūrat al-Baqara*, 2:285).

La désobéissance à nos Chouyoukh nous éloigne d'eux. Notre tache est d'apprendre comment obéir au Prophète ﷺ et aux *Awlīyā* à qui Allāh ﷻ a donné la responsabilité de porter le drapeau du Prophète ﷺ jusqu'au jour Dernier, jusqu'à l'apparition de Sayyidina Mahdi ؏ auquel ils remettront tous leurs drapeaux et dont le sien sera le secret du Coran.

J'ai entendu Grandhsaykh dire qu'au temps du Mahdi ؏ lorsque vous ouvrirez un Coran imprimé de notre temps, vous n'y trouverez rien car il est imprimé avec l'encre de ce bas-monde; mais lorsque le Coran descendra du ciel, il sera imprimé en lumière céleste et vous y trouverez cette lumière céleste émanant de chaque lettre. Tout le Coran qui fut révélé aux Compagnons était écrit de lumière céleste et accès y a été donné aux *Awlīyā*oullah. Sayyidina Mahdi ؏ exposera ces lumières. Les *Awlīyā* l'attendent impatiemment. Il nous incombe de conserver cette relation avec eux et d'obtenir le meilleur caractère en suivant nos maîtres qui sont nos pères spirituels.

Allāh ﷻ dit:
«*Appelez-les d'après leurs pères; c'est plus juste aux yeux d'Allāh*». (Soūrat al-'Ahzāb, 33:5)

Oud'oūhoum li-ābā'ihim, les enfants naissent de l'union d'un père et d'une mère. Appelez-donc par leur patronyme afin que le père soit identifié. Même dans les pays occidentaux, la femme porte le nom du mari et a ainsi un nouveau patronyme. Vous devez connaitre vos pères jusqu'au Prophète ﷺ. Si vous ne le savez pas, c'est une lacune à combler. Allāh ﷻ pardonne, mais faites de votre mieux.

Sayyidina Abdoul Wahhab al-Shaarani ق, un des grands saints et savants a dit: «*man la ya'lamou abā'ahou wa ajdādahou fa houwa a'ma,* celui qui ne connait pas ses pères et ses grandpères dans la Tariqa est aveugle»; il pourrait même s'identifier à un autre que son père par erreur. Vous ne pouvez vous relier à un autre car le Prophète ﷺ a dit:

la'ana Allāhou man intasaba ila ghayri abīh.
Allāh maudit celui qui identifie sa lignée à autre que son père.

Si vous vous reliez à autre que votre cheikh, vous ne saurez établir la connexion réelle, et vous serez maudits comme dans le hadith, tel celui qui se relie à autre que son père. Dans notre création, l'âme est plus fortement reliée à votre réalité, et Allāh ﷻ créa d'abord les âmes. «*Al-arwāhou jounoūdun moujannada*, les âmes sont des bataillons alignés» dit le hadith; et dans le Coran: Allāh ﷻ fit appel à toutes les âmes Au Jour de la Promesse et dit :"Ne suis-Je pas votre Seigneur? Elles répondirent: «Oui».

> *Et quand ton Seigneur tira une descendance des reins des fils d'Adam et les fit témoigner sur eux-mêmes: «Ne suis-Je pas votre Seigneur?» Ils répondirent: «Mais si, nous en témoignons... » - afin que vous ne disiez point, au Jour de la Résurrection: «Vraiment, nous n'y avons pas fait attention». (Sūrat al-'A'rāf, 7:172)*

Qui fut présent? Nos réalités qui sont toujours reliées aux âmes furent présentes et acceptèrent que nous fûmes des serviteurs d'Allāh ﷻ en ce temps. Pouvez-vous dire non lorsque vous êtes témoin de la Vérité? Cette reconnaissance en présence Divine en ce temps-là doit être une cause de réjouissance pour nous. Donc les âmes furent créées d'abord, d'où le hadith: «j'étais Prophète ﷺ alors qu'Adam était *bayna 'r-roūhi wa 'l-jasad* encore entre l'âme et le corps». Il a mentionné l'âme d'abord. Nous savons qu'Abd al-Razzāq ﷺ a relaté que «la première chose qu'Allāh ﷻ créa est ma lumière». Le corps vient en second lieu; donc votre père spirituel précède votre père biologique. Quelle gratification quand les deux coïncident pour certains!

Auparavant, il y a bien longtemps, ils enseignaient aux disciples et aux mourides l'étique des parents (*adab aba'ihim*), et la connaissance des lignées. Si cela est pour la connexion biologique, que pensez-vous de la connexion spirituelle, et il est dit qu'Aboū Bakr al-Siddiq ؓ est le père spirituel de tous les disciples Naqchbandis. Celui qui ignore son père spirituel ou ne l'a pas encore trouvé, n'est pas apte à enseigner les autres. Son enseignement n'est pas bénéfique à moins qu'il s'arme d'humilité et entreprend la recherche de son père spirituel jusqu'au Prophète ﷺ. Gloire à Allāh ﷻ et grâce à Lui nous sommes reliés à la chaîne spirituelle Naqchbandie décrite comme «*as-Silsilat adh-Dhabiyya*», la chaîne d'orée car elle est reliée à la fois à Sayyidina Aboū Bakr ؓ et à Sayyidina Ali ؓ à travers Sayyidina Jaafar al-Sadiq ق.

Les discours de ceux qui ont été autorisés à guider et qui le furent à leur tour par leurs pères en remontant jusqu'au Prophète ﷺ sont porteurs de lumière. Nous sommes fortunés.

Grandcheikh ق (certains pourraient s'interroger: pourquoi mentionnes-tu autant Grandcheikh et non Mawlana Cheikh Nazim? Seulement parce que les gens entendent de Mawlana de plusieurs sources, mais pas autant de Grandcheikh, et donc nous mentionnons de ses notes en vue d'avoir un goût de ce que notre grand-père enseigna, puis de lui, de son père spirituel, Cheikh Sharafouddin ق et le reste de notre lignée jusqu'au Prophète ﷺ). Grand cheikh dit donc: pour quelle sagesse le Prophète ﷺ fit-il une étape dans la grotte de Thawr en route pour Médine? Le Prophète ﷺ ne pouvait-il pas aller à Médine sans passer par cette grotte? Bien sûr que oui. Nous l'avons déjà dit mais pour se rappeler comme c'est le cas lorsque vous regardez une vidéo sur un ordinateur et que l'image reste figée, vous appuyez sur la touche F5 pour «rafraîchir» l'image. Pourquoi pas F4 ou F6? Je ne sais pas, mais la touche F5 rafraîchit la mémoire et l'image réapparait. Pourtant, dans chaque cœur il y a une touche F5 qui au toucher permet de tout ramener.

Pour Allāh ﷻ, il n'y ni passé ni futur! Il y a toujours le moment présent que vous vivez, soit ici-bas, soit dans la tombe ou au paradis. Ne vous préoccupez pas du futur. L'étique demande que vous considériez le présent. «Suis-je bon ou mauvais»? Améliorez-vous en conséquence.

Lorsque les *Awlīyā* mentionnent un événement du passé, ils revivent cette histoire, ils y sont, voient, entendent, la revivent comme la première fois; c'est leur F5 à eux! Alors, lorsque Grandcheikh mentionna l'événement de la grotte, il le vivait et pour vous, ce récit devient comme une scène réelle que vous vivez parce que les *Awlīyā* ne font cas de rien sans qu'il n'y soit une sagesse. Non. Vous y êtes certainement et vous vous rendez à l'évidence.

Une fois j'étais en train de réécrire les *souhba* à partir du brouillon; soudain, j'arrivai à un passage mentionnant la *bayaʿa*. Je sentis que je n'étais plus en train d'écrire mais tout mon environnement changea et je vis Mawlana Grandcheikh ق et Mawlana Cheikh Nazim ق debout devant moi disant: «Donne ta main». Je tendis ma main et je vis alors la main du Prophète ﷺ et les mains des 124000 Prophètes ﷺ avec la main du Saint Prophète ﷺ au-dessus puis la main de Grandcheikh et les mains des 124000 saints et Grandcheikh ق dit: «Mets ta main». Puis je sentis la main d'Allāh ﷻ au-dessus et le verset de la *bayaʿa* fut récité: «*Ceux qui te donnent la bayaʿa......* Je demeurai dans cet état de vision. Ce fut une scène vivante. Les *Awlīyā*ullah sont à mesure de vous faire vivre de telles scènes en un clin d'œil; ce n'est aucunement difficile pour eux.

Alors lorsqu'il mentionnait l'émigration du Prophète ﷺ à Madinatou 'l-Mounawwara, il dit que la sagesse de transiter par la grotte Thawr était de transférer les secrets du cœur du Prophète ﷺ à celui de Sayyidina Aboū Bakr al-Siddiq ؓ et d'y regrouper ses disciples spirituels à venir pour la dictée spirituelle afin qu'ils profèrent la *Kalimat at-Tawhid* qui est *lā ilāha illa-Llāh* et qu'ils récitent *l'ismou adh-Dhāt*, le Nom de l'Essence Suprême «*Allāh*» tel qu'*Allāh* ﷻ l'ordonne: *Qoul Allāh thouma dharhoum fī khawdihim yal'aboūn*, *Dis Allāh puis laisse-les jouer dans leurs vains égarements.* (Sourate al-'An'ām, 6:91)

Et il fut mis sur la langue et ordonné à l'imam de la Tariqa, Abdoul Khaliq al-Ghoujdouwani ق de réciter *Allāhou Allāhou Allāhou Haqq, Allāhou Allāhou Allāhou Haqq, Allāhou Allāhou Allāhou Haqq*. Abdoul Khaliq al-Ghoujdouwani fut ordonné de sommer en présence du Prophète ﷺ, tous les mourides Naqchbandis à venir dans leur totalité, à s'affilier spirituellement à Sayyidina Aboū Bakr as-Siddiq ؓ. Cette auguste assemblée comprend même ceux qui participent circonstanciellement à ces séances de dhikr car ils tombent dans la catégorie dépeinte par le hadith: «*la yachqā jalīssouhoum*» c'est-à-dire qu'il n'y a aucune crainte sur eux.

Il dit : «Tous» émigrèrent avec le Prophète ﷺ et Aboū Bakr al-Siddiq ؓ de la Mecque à Médine dans le royaume spirituel, et ils obtinrent la récompense de l'émigration de la *dounya* vers l'au-delà.

Lorsqu'il mentionnait cette scène, pour eux ce ne fut pas une histoire, ils vivaient la scène. Si nos cœurs étaient affermis, nous pourrions tous ressentir chaque moment de cette histoire et aurions la chaire de poule! C'est une scène vivante à l'opposé d'un film où seuls les acteurs vivent la scène. Par contre dans la

Tariqa Naqchbandiyya, nous appuyons la touche «rafraîchir» F5 pour revivre cette histoire de telle sorte que le passé fasse place au présent.

> *Et Il a établi la balance afin que vous ne transgressiez pas dans la pesée: Donnez [toujours] le poids exact et ne faussez pas la pesée.* (Soūrat ar-Rahmān, 55:7-9)

Il ne faut pas enfreindre la mesure. Etablissez la mesure avec justice. N'exagérez rien mais persister dans les bonnes actions. Allez-vous rafraichir votre F5? Incha allāh.

Wa min Allāhi 't-tawfīq, bi hourmati 'l-habīb, bi hourmati 'l-Fātihah. D'Allāh ﷻ vient le secours, par l'honneur du Bien Aimé et par l'honneur de la Fatiha.

Les Secrets du Talqin

*A'oudhou billāhi min ach-Chaytān ir-rajīm.
Bismillāhi' r-Rahmāni 'r-Rahīm.
Nawaytou 'l-arbā'īn, nawaytou 'l-'itikāf, nawaytou'l-khalwah, nawaytou 'l-'ouzlah, nawaytou 'r-riyāḍa, nawaytou 's-souloûk,
lillāhi Ta'alā fī hādhā 'l-masjid.
Ati' oūllāh wa ati'oū 'r-Rassoūl wa oūli 'l-amri minkoum.
(Sourate An-Nisa, 4:59)*

Chacun doit savoir la relation qui le lie à son père spirituel. Il est impératif de faire une recherche approfondie dans ce sens. La chaîne de transmission (*silsila*) dont vous vous abreuvez détermine la teneur que vous recevez. Si vous êtes rattachés à la chaîne d'Oree, vous êtes chanceux ; si vous êtes rattachés à une autre chaîne, vous êtes toujours chanceux ; il en est de même si vous êtes toujours dans la quête d'une chaîne. En tout état de cause, la solidité de la chaîne de transmission est un facteur important dans la clarté de la réception. C'est bien imbu de ce secret que l'Imam Mouhammad al-Bousayiri ق avait abandonné cette vie mondaine (*dounya*) et avait résolument attaché son cœur à celui du Prophète ﷺ. Si nous persistons à nous attacher à ce bas-monde, des obstacles et des voiles c'est une chaîne d'Orée vous avez de la chance ! Si c'est une autre, encore vous avez aussi de la chance ; et si c'est même le premier niveau vous avez toujours de la chance. Cependant, ce que vous recevez dépend de la puissance de cette chaîne.

Imam Mouhammad al-Bousiri ق exprime si bien la générosité du Prophète ﷺ dans son fameux vers :

«wa koulloun min rasouloullahi moultamisoun, garfan min al bahri aw rachfan min ad-diyami,
chacun puise du puits Prophétique soit à pleines, mains soit en sirotant».

Quand il dit: «chacun», c'est exclusivement littéraire c'est-à-dire chaque prophète, chaque Compagnon, chaque *Walī*, chaque créature (céleste ou terrestre). En définitif, rien de ce qui se meut n'est exempt de besoin du Prophète ﷺ. Même la terre entière pour sa rotation a besoin de lui! Ce qui explique pourquoi il fut élevé par Allāh ﷻ au rang de *qaaba qawsayn aw adna*, en juxtaposant son nom du Sien. Que disent ils à propos du hadith relaté par Jabir Ibn Abdoullah ؓ dans le Mousānnaf d'Abdou 'r-Razzāq : certains le décrient due à un manque de compréhension et de conaissance. Mais les *awliyā* peuvent joindre directement le Prophète ﷺ pour la confirmation ou l'infirmation d'un hadith quelconque; autrement à quoi servirait-il d'être un *walī*? Allāh ﷻ a élevé son nom mais ce nom est indubitablement associé à un être matériel. Il serait absurde de penser le contraire. La relation spirituelle des *awliyā* avec le Prophète ﷺ doit être bien comprise. Il serait totalement absurde de prononcer le nom «Ali» si cela n'était représenté par aucune réalité tangible ou si simplement «Ali » n'est jamais apparu. Le nom du Prophète ﷺ a été élevé à la hauteur de *«lā ilāha illa-Llāh Mouhammadoun Rassoūloullāh»*, ce qui signifie que le Prophète ﷺ «est», qu'il existe. Ce même fait implicite est ce qui ressort de ce hadith ou autre: «*kountou nabiyyin Wa-Adamou bayna ar-rouh wal-jassad*, ou «*Bayna al-maa'i wal tini*» ou «*Adam moujadalan fi tini*» selon les variantes du hadith. Tout ceci pour dire que Mouhammad ﷺ était investi de la fonction de Prophète avant l'occurrence de quelque création que ce soit. Ainsi Imam Mouhammad al-Bousayiri ق dit que chacun a besoin de lui car sa lumière fut la première créature de laquelle dérivent les lumières de toutes les autres créatures y compris les anges. Chacun puise de l'océan du cœur Prophétique, «*Garfan*»: avec de gros conteneurs ou «*Rachfan*»: en sirotant quelques gouttes.

Si vous êtes relié à un cheikh parfait, *Cheikhoul Kaamil*, qui a été investi par son cheikh et ce dernier par le sien ainsi de suite jusqu'au Prophète ﷺ, un chemin se fraie jusqu'à votre cœur: celui de pouvoir guider (les autres). C'est l'*irshad* et cette position de *mourchide* est bien différente de celle de *mouqaddam* qui n'est autorisé qu'à conduire le dhikr. Le mourchide a été investi au moyen de son vêtement spirituel, la *khirqa* (le manteau): secret du *talqin*. Ce revêtement de la *khirqa* spirituel, donc le la réception du talqin ou dictée spirituelle «capacité du mourchide à inculquer au cœur et sur la langue» du disciple deux types de dhikr: l'un *na'fi* (qui nie) et l'autre *isthbaa* (confirme). Le *talqin* s'assimile un peu à un menu de boutons à fonction particulière comme le menu sur les différents gadgets (téléphones portables, télécommandes etc...). Ainsi certains touches permettent d'ajuster la teneur de la lumière et d'autres, le volume. Donc le «menu» de boutons à la disposition du mourchide est complet, car il a été investi au moyen de la *khirqa*. Chaque fois que le disciple manifeste un besoin donné, le cheikh appuie le bouton approprié pour assouvir ce besoin. Un mourchide est autorisé par le Prophète ﷺ. Aujourd'hui, en informatique, il existe le système de réseau et serveur pour atteindre des millions d'abonnés par leurs adresses électroniques. Similairement, les *Awlīyā* possèdent un système de ce genre pour leurs disciples afin de les relier Prophète ﷺ.

Il y a juste quelques moments nous attendions notre technicien de la camera et une personne a envoyé un «tweet» pour atteindre des milliers de personnes et leur dire qu'il y aura du retard. Similairement les *Awlīyā* sont à mesure de pénétrer les cœurs des gens. Autant un moment d'inattention de celui qui est à la camera pour la retransmission de notre assemblée peut entraîner une interruption, autant vous devez vérifier de qui vous prenez votre savoir. La connexion des *Awliyā* n'est jamais interrompue. Ils sont continuellement prêts à vous offrir ce dont vous avez besoin du Prophète ﷺ, *wa aqall ma yahsal lil mouridi idha dakhala al-qawma bil-talqin, an yakoun idha harraka al-silsila tujawibouhou arwah al-awliyā min cheikhihi ila rassoulillah*: «Le minimum d'assistance en faveur du mouride qui use du talqin est l'alerte qu'il déclenche tout le long de la chaîne de son cheikh au Prophète ﷺ. En effet, tous sont immédiatement attentifs à sa requête et lui répondent».

Quiconque est initié (*baya'a*) reçoit sur sa langue et son cœur ce menu secret. Certains comparés aux autres pourraient avoir accès à plus ou moins fonctionnalités du menu. Souvenez-vous de la métaphore des TV avec des fonctionnalités de volume, couleur comparées au TV plasma plus sophistiquées. Ainsi, lorsque le mouride doté du secret du talqin parle ou essaie de relier son cœur aux autres cœurs, toute la silsila l'assiste, *idhā haraka as-silsilah* . Le mouride reçoit l'assistance de tous ceux qu'il peut joindre par le talqin. C'est cela *toujawib arwāh al-awliyā*, c'est-à-dire tous les *awliyā* lui répondent et l'assistent jusqu'au Prophète ﷺ qui l' introduit en présence divine, mais à des niveaux de forces différentes, comme nous l'avons dit à propos des menus aujourd'hui des appareils électroniques tels que la télévision où il y a tant de programmes différents. Ce mouride qui a reçu le *talqin* ou la dictée spirituelle de la guidance, lorsqu'il meut sa langue ou ouvre son cœur pour prodiguer un conseil aux autres, la chaîne de transmission entière se mobilise pour l'atteindre! Toute la chaîne a des ordres de se mouvoir. Quand il a besoin de ce conseil, tous les grandcheikhs de cette Tariqa, tous se meuvent pour l'atteindre de même que le Prophète ﷺ afin qu'il atteigne la présence divine, *al-hadarat al-ilāhī*.

C'est la raison pour laquelle Mawlana cheikh Nazim ق ne cesse de dire: «Les connaissances me sont dictées. Je m'assois ici toujours le cœur vide, elles me sont dictées et je vous les transmets».

Je suis abasourdi car cela fait bientôt deux ans qu'il parle ainsi [sur l'internet]. De même auparavant, il prêchait chaque jour, depuis Damas dans les années 60 et 70. Ce n'est pas donné à n'importe qui, ce n'est pas comme un professeur qui se prépare à l'avance. Ici il n'y pas de sujet. C'est plutôt un menu, une connexion et un serveur céleste avec lequel ils se connectent immédiatement «sinon il n'est pas considéré un des leurs, et ne reçoit aucune réponse», *faman lam yadkhul fi tariqihim bi-dhalika fahouwa ghayrou maadoud minhoum wala youjibou ahadoun minhoum idha harraka as-silsila.*

Il y a des chercheurs aujourd'hui qui pour leurs thèses de doctorat écrivent et font des recherches sur la vie des Grandcheikhs de la Silsila de la Tariqa Naqchbandi. Cependant, ils ne peuvent avoir aucun résultat spirituel parce qu'ils n'ont pas le menu, tant bien qu'ils mentionnent les noms de ces grandcheikhs. Ils n'ont pas le mot de passe pour activer la chaîne. Tout mouride de Mawlana peut activer la chaîne en fonction du menu qui lui a été donné. Les *Awlīyā* ont reçu le «califat complet et absolu», *al-khilafa al-tammah al-moutlaqa* c'est-à-dire sans restriction: ils ont l'autorité complète; ceux-là sont les grandcheikhs, à la différence de nous qui recevons une brise ne serait-ce que pour réjouir les frères ici présent; c'est la raison pour laquelle ils disent que chaque mouride est un diplomate qui porte notre flambeau, d'où l'importante relation de mouride à mouride car ils s'attirent les uns les autres. Similairement, le bon caractère, *housn al-khoulouq* attire les autres au cheikh comme pour aider le chasseur à appâter les proies et les «abattre». C'est pour cela que nous disons: *majam'a at-tarā'iq* c'est-à-dire un genre de symposium spirituel où tous les chouyoukh des différents tariqas se retrouvent avec le Prophète ﷺ. Comme métaphore, pensez à tous les immeubles, chacun représentant un département particulier sur le même campus universitaire. Sans aucun doute, ce genre de colloque existe. Notre GrandCheikh détenait l'autorisation sur 41 tariqas. Cette chaîne d'Orée est celle qui surpasse toutes les autres chaînes. En effet, la Tariqa Naqchbandie puise de deux sources: Sayyidina Aboū Bakr ؓ et Sayyidina Ali ؓ.

La voie des *Awlīyā* vous enseigne les bonnes manières comme *housn al-khoulouq* (l'excellent caractère), la modestie, l'obéissance et aussi deux niveaux de dhikr, le niveau de l'unicité (*Maqām at-Tawhid*) qui comprend la négation (*la ilaha*) et l'affirmation (*illallāh*) et aussi le dhikr de ALLĀH qui regroupe tous les autres Noms:

> *Qoul Allāh wa dharhoum fī khawdihim yal'aboūn*
> «*Dis "Allāh" et abandonne-les à leur jeux au fond du gouffre*». (Soūrat al-'An'ām, 6:91).

O Prophète ﷺ! N'écoute pas ceux qui falsifient les choses; dis «ALLĀH» et laisse-les à leur perte de temps. Ce Nom signifie: ALLĀH ﷻ vous met en garde de perdre votre temps: Il vous met sur la bonne voie.

Nous essayons d'expliquer les choses symboliquement, niant, confirmant, niant, confirmant de plus en plus, de plus en plus jusqu'à ce que vous reniez tout de la dounya et affirmiez tout de la Akhira. A ce moment, vous arrivez au dhikr de l'Essence Divine. C'est ce que les *Awlīyā* veulent que vous fassiez. Le dhikr de l'Unicité (*Maqām at-Tawhid*) comprend tout ce qui est possible et peut exister. Les *Awlīyā*, lorsque vous dites *la ilaha illallāh* veulent que vous déniez et éliminiez de vos cœurs ces apparences mondaines que toujours vous désirez, ils veulent que vos ôtiez du chemin tout ce qui n'a aucun rapport avec celles-ci et toute trace de la nature humaine dans cette vie dans laquelle nous nous trouvons privés de la face du *maqam* de l'unicité absolue (*ahadiyya*), tout cela pour arriver à la station du Nom de l'Essence, *ismoudh-Dhaat*. Cela confirmera toutes les lumières que la Présence Divine comporte.

Toutes ces lumières qui proviennent de l'Essence apparaissent en la Présence Divine. Les *Awlīyā* disent que ce n'est pas seulement les 99 Noms mais nul ne peut approcher la Réalité Absolue du Créateur, même le Prophète ﷺ ne peut rien connaitre de l'Essence Divine autre que ce qui apparaît à travers les Noms et les Attributs, et les *Awlīyā* ne peuvent rien prendre sauf du cœur du Prophète ﷺ. Pendant votre parcours, cette poussière de la nature humaine s'efface peu à peu jusqu'à ce que ce que vous voyiez cette source de la connaissance d'Allāh ﷻ (*māʿrifatoullāh*), non son Essence Divine inconnaissable à tous mais celle des Ses Noms et Attributs donnée au Prophète ﷺ et aux *Awlīyā*.

Auparavant, la télévision ne vous montrait que des images brouillées en noir et blanc; puis vint la couleur; puis le plasma et la haute définition. De même il y a le dhikr de *lā ilāha illa-Llāh* ou Tawhid où tout pointe au Créateur puis le niveau de la non-ressemblance (*ahadiyya*) où tout montre un écran de réalité plus sophistiqué. Au niveau de *Maqām al-'Āhadīyyah*, ce n'est plus seulement un écran simple mais à trois dimensions c'est-à-dire que vous vous sentez intimement liés à ce que vous voyez. Les *Awlīyā* peuvent faire accéder leurs disciples à ces niveaux pour qu'ils vivent cette beauté qui vient de la présence Divine et en soient revêtus! Au fur et à mesure, vous obtenez la «présence perpétuelle» (*dawam al-houdour*), mais il faut avoir l'amour de cette présence, c'est le premier niveau, commençant par l'amour des cheikhs (*mahabat al machay'ikh*), puis l'amour du Prophète ﷺ (*mahabat al-habib*) puis l'amour d'Allāh ﷻ (*mahabatallāh*).

Votre présence ici dénote de cet amour. Ceux qui ne l'ont pas ne viennent pas. Quand vous avez l'amour de votre cheikh, vous serez toujours présent, vous aurez ce *houdour*: vous n'oublierez jamais que vous êtes un serviteur d'Allāh ﷻ, et remémorant Ses Noms et les mentionnant sans arrêt sur la langue et dans le cœur. *Dawam alhoudour* est un miracle des *Awlīyā*. Marcher sur des charbons ardents et se percer de couteaux, ce n'est pas cela le miracle. La *karamat* des *Awlīyā*, c'est la continuité du succès spirituel, *dawām at-tawfīq*, de la présence avec les Cheikhs et le Prophète ﷺ et Allāh ﷻ.

Ah! Le cameraman est là. Tant mieux; s'il n'était pas là on ne pourrait rien enregistrer mais c'est enregistré dans nos cœurs! Puis dès que nous voulons, nous pouvons tout rejouer car nous sommes reliés à notre cheikh qui s'abreuve à la source du Prophète ﷺ et d'Allāh ﷻ. Qu'Allāh ﷻ nous bénisse et nous pardonne et bénisse notre cheikh! L'élément clef ici qui est implicite et est à retenir, c'est la relation étroite entre la réaction de la lumière du Prophète ﷺ, *noūr an-Nabī*. Et la juxtaposition de son nom avec le Nom d'Allāh ﷻ. L'apparition de la lumière et le nom y associé doivent être matérialisés par un élément tangible c'est-à-dire l'existence du Prophète ﷺ. A l'entrée de la Présence Divine, il est inscrit: *lā ilāha illa-Llāh* où Allāh ﷻ signifie: «J'étais un Trésor caché» et advint la création ainsi reniez dounya et tout ce qui est autre qu'Allāh ﷻ et portez votre attention exclusivement sur ce trésor caché car il n'est toujours pas perceptible.

Wa min Allāhi 't-tawfīq, bi hourmati 'l-habīb, bi hourmati 'l-Fātihah. D'Allāh ﷻ vient le secours, par l'honneur du Bien Aimé et par l'honneur de la Fatiha.

L'Apparat Divin de la déclaration de l'Unicité (Kalimat at-Tawhid)

*A'oudhou billāhi min ach-Chaytān ir-rajīm.
Bismillāhi' r-Rahmāni 'r-Rahīm.
Nawaytou 'l-arbā'īn, nawaytou 'l-'itikāf, nawaytou'l-khalwah, nawaytou 'l-'ouzlah, nawaytou 'r-riyāḍa, nawaytou 's-souloûk,
lillāhi Ta'alā fī hādhā 'l-masjid.
Ati' oūllāh wa ati'oū 'r-Rassoūl wa oūli 'l-amri minkoum.
(Sourate an-Nisa 4:59)*

Il n'y a de salut qu'avec le roi et sultan de ce monde et l'au-delà. *Allāhoumā salli 'alā Sayyīdinā Mouhammad wa 'alā ālihi Sayyīdinā Mouhammad*, O Allāh ﷻ! Bénis Mouhammad et la Famille de Mouhammad. Avec cette technologie avancée, vous pouvez voir en tout lieu. Sachons qu'Allāh ﷻ a créé des anges spécialement pour observer à travers leur «cameras» célestes continues, les actes des êtres humains (*'amal de* Banī Ādam). Nous sommes constamment sous leur surveillance, ils voient ceux qui essayent de progresser; ceux qui sont sur le droit chemin verront en fin de compte ce qu'Allāh ﷻ leur a promis. Ceux qui sont un jour sur la bonne voie, puis un autre jour sur la mauvaise voie comme nous, luttant, par la grâce d'Allāh ﷻ et Son aide arriveront aussi, et il y a ceux qui ne sont jamais intéressés, ils sont sur la mauvaise voie. Nous ne sommes pas juges. Nous les laissons au jugement d'Allāh ﷻ.

C'est un début. Je dois mentionner que cette nuit, comme l'a dit notre Sultan al-*Awlīyā* Mawlana Cheikh

Mouhammad Nazim al-Haqqani ق, il a été ouvert certains horizons cachés de lumières que nous verrons dans les jours ou semaines ou mois à venir afin que les disciples en aient un avant goût et dans le but de les préparer au niveau de leurs cœurs pour certains événements majeurs qui pourraient ou vont avoir lieu.

Nous avons mentionné combien il est important de se doter d'un pouvoir spirituel aux fins de surmonter ces obstacles majeurs qui pointent à l'horizon et cela nous est rappelé avec le verset: « *Et préparez [pour lutter] contre eux....vous serez pleinement remboursé et vous ne serez point lésés* ». (al-Anfal, 8:60). Pour une telle préparation vous avez besoin d'une armée, non pas une armée conventionnelle. Allāh n'a aucun besoin que nous portions un M16 mais une arme beaucoup plus tranchante par laquelle on détruira le royaume de Satan qui est l'ennemi d'Allāh, car il a désobéi à son Seigneur. Notre ennemi est donc en nous-mêmes.

Ceux qui sont «*Thoumma āmanoū, thoumma kafaroū, un jour sur la bonne voie et un autre jour sur la mauvaise voie*» (sourate An-Nisa, 4:137), les *Awlīyāoullāh* les préparent en vue de les doter d'une armée spirituelle contre Satan. Cette porte est déjà ouverte à tous les *Awlīyā* qui sont sur la voie droite et ne changent jamais.

«*Mina al-mou'ouminīna rijāloun sadaqoū mā ʿahadoūllāha ʿalayhi fa-minhoum man qaḍā nahbahou wa minhoum man yantazirou wa mā baddaloū tabdīlā.*

Des hommes véridiques qui n'ont jamais changé leur loyauté envers Allah. Certain d'entre eux ont atteint leur fin, et d'autres attendent encore; et ils n'ont varié aucunement (dans leur engagement)». (Sourate al-Ahzab, 33:23).

Ils sont 124000 sur la voie droite préparant ainsi leurs disciples. Mawlana Cheikh Nazim a insisté que je parle ce soir de l'importance du *dhikroullāh* sous deux formes: *la ilaha illallāh* et *Allāh*. Le premier type est un sabre purificateur et il est suffisamment tranchant pour anéantir l'influence de Satan sur nous en prélude à l'apparition de Sayyidina Mahdi ﷺ. Certains en sont ignorants; d'autres savent mais sont indolents; d'autres savent et attendent. Les mourides de Mawlana, vous êtes de ce troisième type. Cet événement viendra soudainement; Que vous y croyez ou pas, tant mieux. Rien n'apparait soudain sans qu'il ne soit planifié. En prélude à un quelconque évènement, nous nous apprêtons sur des décennies, ce qui n'est point le cas pour Allāh ﷺ. Déjà au début, lorsqu'Adam ﷺ était encore entre l'âme et le corps, il fut déclaré à Sayyidina Mouhammad ﷺ quand et comment Sayyidina Mahdi ﷺ viendrait. Savons-nous à l'avance quand apparaîtront les tsunamis et les tremblements de terre? Avec toute leur technologie ils ne peuvent pas encore les prédire; de même pour les tornades, les éruptions volcaniques comme ce qui a eu lieu en Ecosse. Allāh ﷺ et Ses *Awlīyā* ne vous dévoilent rien sur votre date de mort. L'effet de surprise pèse sur vous constamment afin que vous restiez sur le droit chemin. Ce n'est pas grave si vous errez de temps en temps. Vous revenez sur le droit chemin, vous vous corrigez mais il y a certains qui n'y accordent aucun intérêt et ne prêtent aucune attention; et certains ne savent même pas où est la qibla et claironnent qu'ils sont des activistes pour l'Islam! Comment prétends-tu être activiste lorsque tu n'as aucune idée de la qibla dans ta propre maison? Qu'Allāh ﷻ les guide et nous guide aussi.

Ils (awlīyā) nous revêtent donc comme si nous étions affermis. Nous entrons en leur présence et accédons à la présence du Prophète ﷺ puis à celle d'Allāh ﷻ. Nous avons entendu parler de l'importance de la parole de l'Unicité, *Kalimat at-Tawhid*, le dhikr de *lā ilāha illa-Llāh* mais sans le ressentir ni le visualiser. Cependant, nos esprits en sont submergés et comprennent l'importance de la négation et de l'affirmation alors que nous passons au plus haut niveau, le dhikr «Allāh» d'*Ism adh-Dhāt*. Il [Mawlana Cheikh Nazim] a mentionné que chacun d'entre nous aura un sabre spirituel en main. A l'endroit des disciples, il a également dit: «Même s'ils n'arrivent pas à manier ce sabre, nous le feront pour eux. Egalement, qu'ils sachent qu'ils ont été revêtus de 70000 lumières, *chawariq al-anwar* (les lumières émergentes) en présence du Prophète ﷺ et ce pour chaque session à laquelle ils ont pris part. Ces 70000 lumières sont singulières à chacun.

Nous nous rapprochons de *Laylat al-qadr* et Ramadan tire à sa fin, nous verrons ce qu'il dira alors *inchaallāh*. Il importe de savoir comme nous l'avons mentionné ailleurs que le meilleur exemple de *kalimat al-tawhid*, *lā ilāha illa-Llāh*, est le *Mi'raj*. Le premier tronçon du *Mi'raj*, l'*Isrā'*, fut un déplacement dans le repère de ce monde (*dounya*) où le Prophète ﷺ fut transporté de la Mecque à Jérusalem c'est-à-dire Masjid al-Harām à Masjid al-Aqsā:

Soubhāna al-ladhī asrā bi ʿabdihi laylān mina 'l-masjidi 'l-harāmi ilā al-masjidi'l-'aqsā 'l-ladhī bāraknā hawlahou linoūrīyahou min ayātinā innahou. Hoūwa as-Samīʿou 'l-Basīr.
Gloire et Pureté à Celui qui de nuit, fit voyager Son serviteur [Mouhammad], de la Mosquée Al-Haram à la Mosquée Al-Aqsa dont Nous avons béni l'alentours, afin de lui faire voir certaines de Nos merveilles. C'est Lui, vraiment, qui est l'Audient, le Clairvoyant. (Soūrat al-'Isrā', 17:1).

Ce qui signifie «Louange à Allāh qui a transporté son "Etre Humain Parfait" Sayyīdinā Mouhammad ﷺ de la mosquée où aucun pêché n'est admissible». Tout pêché commis est immédiatement absorbé par les lumières Divines qui y descendent. Ainsi «*Quiconque y entre est enveloppé de paix et de sécurité*». (Sourate Al 'Imran 3:97). Comme Grandcheikh l'a si bien dit: «*La youmkin an yatadanas*» c'est-à-dire il n'y a aucune possibilité de la souiller car les péchés commis y disparaissent immédiatement. Le cœur est à l'image de cette Mosquée où ces lumières fusent. «*Ni mes cieux ni ma terre ne peuvent me contenir mais le cœur du croyant peut me contenir* [23]».

Ainsi au niveau de *Maqām al-Qalbi*, le niveau du cœur, vous serez épurés de toute souillure car le lieu où vous aspirez est immaculé. Vous ne sauriez y entrer tant que réside en vous des zones d'ombres. *Kalimat at-Tawhid* vous purifie de ces zones d'ombres et vous achemine vers les zones de sécurité, de paix et de lumières.

---

[23] Narré par Ahmad b. Hanbal, *Kitab al-Zouhd*, éd. Mecquoise p. 81

Donc si le cœur est ouvert, tout y apparaît; mais s'il reste encore des voiles il faut y travailler. Le meilleur exemple est que dans l'isra, le Prophète ﷺ fut transporté à la mosquée la plus éloignée à Jérusalem. C'est un mouvement dans les limites de ce bas-monde suivi d'une ascension qui en dépasse ses limites avec toutes ses galaxies! Il put alors atteindre les créations célestes qui sont toujours sous la *ilaha Illallāh*; et à chaque ciel, Jibril frappait à la porte et la question se faisait entendre: Qui est-ce? Jibril répondait: le Messager d'Allāh ﷺ. A-t-il été invité? Oui. Et la porte s'ouvrait, ainsi de suite jusqu'au moment où Jibril dit je ne puis continuer plus loin. Là, la niveau du Tawhid se termine et commence celui de la manifestation du Nom de l'Essence sous lequel viennent tous les Noms et les Attributs. Là, vint la lumière spéciale donnée au cœur du Prophète ﷺ et qui est la continuation du hadith mentionné ci-dessus: «... *mais le cœur de Mon serviteur pur Me contient*».

Qui est le serviteur d'Allāh ﷺ? Le Prophète ﷺ est le seul à être mentionné dans le Coran sous ce titre, nul autre ne peut le porter dans l'autre vie *(ākhirah)*; vous pouvez être Abd al-Rahman, Abd al-Salam, etc. mais AbdAllāh est pour le Saint Prophète ﷺ. Allāhou Akbar! (Les Turcs ont un respect immense pour le Prophète ﷺ: ils n'appellent pas leurs enfants «Mouhammad» mais «Mehmet» par respect pour ne pas utiliser le nom de Mouhammad pour autre que lui ﷺ)

Il entra donc dans cette réalité de la connaissance d'Allāh ﷺ qui vous transpose de la bourbe de ce monde jusqu'à la pureté de l'autre d'où le sacrement de l'ihram quand vous allez en pèlerinage. Mawlana a dit que tous les mourides qui font le dhikr de *La ilaha illallāh* de 100 à plusieurs milliers de fois par jour seront revêtus de ces manifestations pour qu'ils soient prêts pour le Mahdi.

Quand vous recevez un haut dignitaire, toutes les rues et les palais sont décorés. Allāh ne décorera-t-Il pas ce monde et l'autre pour la visite de Son Bien-Aimé ? C'est pour cela que les cieux étaient décorés et que les anges demandaient : est-il invité? Tous les *Awlīyā* et leur Sultan – qu'Allāh lui donne longue vie! – avec chacun ses disciples, reçoivent la même question: est-il invité? Oui! Et ceux-là derrière lui? Ah, si le président est accompagné de sa famille à une réunion quelconque, nul n'ose leur dire non. Comme ce président qui amène ses enfants à Washington, de même le Prophète prit avec lui toute sa Oumma où qu'il allait au cours de son Isra et Miraj. Allāh lui dit: prends-les tous avec toi!

Donc l'affirmation de l'unicité – *kalimat al-tawhid* – contient toutes les existences possibles. Toutes ces manifestations sont possibles dans la dounya. Lorsque vous dites *la ilaha*, vous fuyez ces manifestations et dites: «O notre Seigneur ! Ces apparences ne nous intéressent pas!» et vous essuyez la poussière de l'existence humaine (*al-woujoūd al-imkāni*) qui voile la face de l'unicité de la réalité Divine! L'unicité de Son Beau Nom ALLĀH: *illallāh* pour Sa présence unique qui est ALLĀH, d'où la deuxième partie qui est l'affirmation.

Les *Awlīyā* aiment que vous entriez dans la réalisation de cette parole qu'Allāh manifeste dans le cœur des serviteurs comme dans le hadith *qoudsi* précité: *ni Mon ciel ni*

Ma terre ne Me contiennent... Donc reniez ce monde: *la ilaha* et affirmez et confirmez ces manifestations en disant ALLĀH. Dites: *La ilaha illallāh!* («*La ilaha illallāh! La ilaha illallāh! La ilaha illallāh!* Mawlana a dit que cette confirmation a été acceptée et que les *awlīyā* nous revêtent continuellement de la manifestation de *illallāh*!

Je conclue avec les paroles de Cheikh AbdalQadir al-Jilani ق le leader des *Awlīyā* de son temps quand il a dit: « *Mes pieds sont sur la nuque de tous les Awlīyā*». Cette parole a un sens spécial. Le Prophète ﷺ a dit que «*Satan ne peut jamais prendre mon apparence*[24]», jamais il ne peut le faire (Narré par al-Boukhari et Mouslim). Comme le Prophète ﷺ a dit dans un autre hadith: «*ghalabtou Shaytānī*, j'ai conquis mon satan»[25]. Voyez quand Jibril a ôté cette petite partie noire du cœur du Prophète ﷺ (Sira of Ibn Hisham, Musnad Abi Yaala, Tafsir al-Tabari). C'est l'endroit par où pénètre Satan, et ce morceau de chair est visible dans le cœur des animaux après qu'on les ai égorgé.

«Epuisez votre Satan». Comment? Par la sincérité et par la sourate Ikhlas qui décrit la dissemblance d'Allāh ﷻ d'avec toutes les autres choses advenues. «*La ilaha illah*» non seulement par la parole mais aussi avec le cœur. La parole du *Tawhid* incinère Satan. Il faut donc la réciter entre 100 et 1000 fois par jour. Il y a deux sortes de Satans: humains et jinn. Tous seront brûlés par cette parole et elle sera une lumière pour ceux qui affirment l'unité. *La ilaha illallāh* est le plus grand feu contre les

---

[24] Narré par al-Boukhari et Mouslim

[25] Sahih Mouslim, Sounan al-Darimi

Satans et ce grand feu efface aussi vos péchés et forme une lumière (*annahou nāran*) pour les croyants. Voyez le soleil: ce feu nous donne la vie, donc le feu peut devenir une lumière: sans soleil on ne peut pas vivre. *La ilaha illallāh* brûlera Satan et deviendra une lumière pour les croyants.

Cheikh Abd al-Qadir al-Jilani ق dit: O mon enfant! Comment dis-tu *la ilaha illallāh* et dans ton cœur il y a tant de dieux et de déesses, car chaque péché est un dieu dans le cœur? Il faut pourtant dire *la ilaha illallāh* et c'est le seul purificateur dont le cœur a besoin. Toute chose à laquelle ton cœur est attaché est ton idole. Fuyez cet attachement;

O Allāh ﷻ! Bénis Sayyidina Mouhammad ﷺ et la famille de Sayyidina Mouhammad ﷺ!

Wa min Allāhi 't-tawfīq, bi hourmati 'l-habīb, bi hourmati 'l-Fātihah. D'Allāh ﷻ vient le secours, par l'honneur du Bien Aimé et par l'honneur de la Fatiha.

La Réalité du Tawhid, l'Unicité d'Allāh 🕌

*A'oudhou billāhi min ach-Chaytān ir-rajīm.
Bismillāhi' r-Rahmāni 'r-Rahīm.
Nawaytou 'l-arbā'īn, nawaytou 'l-'itikāf, nawaytou'l-khalwah, nawaytou 'l-'ouzlah, nawaytou 'r-riyāḍa, nawaytou 's-souloûk,
lillāhi Ta'alā fī hādhā 'l-masjid.
Ati' oūllāh wa ati'oū 'r-Rassoūl wa oūli 'l-amri minkoum.
(Sourate An-Nisa, 4:V59)*

Allāhoumā salli 'alā Sayyīdinā Mouhammad hattā yarḷa, Sayyīdinā Mouhammad. Allāhoumā salli 'alā Sayyīdinā Mouhammad. Lā ilāha illa-Llāh Mouhammadan Rasoūloullāh. Qoul «Allāh»! (Allāh!)

Les *Awlīyā* ont plusieurs moyens de propulser comme des fusées leurs disciples sur le droit chemin. Les rails qu'ils empruntent sont sans tortuosité, et leur engin de locomotion ne déraille jamais; C'est la locomotive principale, si puissante que quiconque emprunte ce train arrive à destination en un temps record. C'est à cet effet qu'ils ordonnent à leurs disciples de formuler l'intention (*niyyah*) toutes les fois qu'ils prennent part aux assemblées [de dhikr ou souhba] comme si cette assemblée est la dernière à laquelle ils assistent car ils pourraient rendre l'âme avant la prochaine. Alors, vous devez être à cette assemblée telle une personne qui s'attend à rendre l'âme.

Soyez de ceux dont les actions ne visent point cette vie d'ici-bas (*dounya*), en disant : *A'oūdhou billāhi min ach-Chaytān ir-rajīm. Bismillāhi' r-Rahmāni 'r-Rahīm. Nawaytou 'l-arba'īn, nawaytou 'l-*

'itikāf, nawaytou 'l-khalwah, nawaytou 'l-'ouzlah, nawaytou 'r-riyādah, nawaytou 's-souloūk, nawaytou as-siyām, afin de maintenir votre *jawarih*, votre aspect aussi bien interne qu'externe détaché de cette vie mondaine; vous recevrez une récompense au même titre qu'une retraite spirituelle de quarante jours!

Toutes les fois que vous priez ou prodiguer des conseils aux autres concernant l'au-delà (*akhirah*), cela vous est inscrit dans le Livre. Il existe un livre qui répertorie toutes sortes d'inventions et les faits insolites: c'est le Livre Guinness des records. Par exemple, si une personne arrivait à manger 200 kilos de viande, elle serait mentionnée dans ce livre. Similairement, les saints ont leur livre céleste à partir duquel ils nous inspirent ce qu'il faut réciter, et cela nous est inscrit comme action accomplie. Ainsi, au début de toute assemblée, il est recommandé de formuler l'intention suivante: «nous formulons l'intention de retraite, de nous soustraire du monde et nous tourner vers Allāh ﷻ, et nous nous éloignons de toute conversation concernant la *dounya*». Avec une telle intention vous faites voler Satan en éclat!

Il est dit: «Si vous connaissez Allāh ﷻ, vous connaissez tout». Si vous avez la *ma'rifat* (connaissance) de votre Seigneur, cela vous conduira à la *ma'rifat* de tout ce qu'Allāh ﷻ veut que vous connaissiez. Et qui se connait, connait son Seigneur; et qui connait ses limites ne transgresse pas ce qu'Allāh ﷻ lui a ordonné. Allāh ﷻ a envoyé des messagers pour que ceux-ci nous servent de locomotives vers notre destination qui est la porte de *ma'rifat*; à cette porte, annoncez-vous et elle vous sera ouverte comme mentionné dans une session précédente.

Le Prophète ﷺ a dit:
> «Il m'a été donné la connaissance de *awwalīn wa 'l-ākhirīn*, ce qui fut et ce qui sera».

Ach-Chibli, un *walī*, a dit: «Pour moi, la connaissance de Ce Qui Fut et Ce Qui Sera est celle du *Tawhid* (l'Unicité) et celle de *Ahadiyyah* (l'unique Unicité). Ces deux connaissances sont la crème de ce que le Prophète ﷺ a apporté. Pourquoi? Parce qu'elles représentent le *Maqām al-Houdour*, le Rang de la Présence», et le *Maqām ach-Chouhoud*, le Rang de la Vision».

C'est pourquoi nous disons: *Houdoūr Allāh, Houdoūr al-Habīb, fanā'oun fi-Llāh, Fanā'oun fi'l-Habīb al-Moustafā*. Cela signifie que lorsque vous êtes dans l'état de Présence et de la Vision et que vous récitez *lā ilāha illa-Llāh*, vous êtes dans le *Maqām at-Tawhid*. Au niveau de l'Unicité Divine (*Tawhid*), tout indique l'Unique. Lorsque vous entrez dans le *Maqām* de Vision, vous entrez dans la réalité des Magnifiques Noms Divins et Attributs qui décrivent l'Essence Divine à travers le dhikr qui nous rappelle Allāh ﷻ: *Lā ilāha illa-Llāh*. Celui dont nous voyons les signes dans ce bas-monde est Celui dont nous devons connaitre la Grandeur dans l'au-delà, Allāh ﷻ. Ce *Maqām* est *al-houdoūr wa ach-chouhoūd fī istighrāq fī noūroun Rabbī*. Vous serez plongés dans la Lumière du Seigneur!

Allāhou noūrou as-samāwāti wa al-ardi mathalou noūrihi ka-mishkātin fīhā misbāhoun al-misbāhou fī zoujājatin az-

zoujājatou ka-'annahā kawkAboūn durrīyoun yūqadou min shajaratin moubārakatin zaytoūnatin lā sharqīyatin wa lā gharbīyatin yakādou zaytouhā youḷī'ou wa law lam tamsashou nār. Noūroun 'alā noūrin yahdīllāhou linoūrihi man yashā'ou wa yaḷriboullāhou 'l-'amthāla li 'n-nāsi w 'Allāhou bi koulli shay'in 'Alīm.

Allāh est la Lumière des cieux et de la terre. Sa lumière est semblable à une niche où se trouve une lampe. La lampe est dans un (récipient de) cristal et celui-ci ressemble à un astre de grand éclat; son combustible vient d'un arbre béni: un olivier ni oriental ni occidental dont l'huile semble éclairer sans même que le feu la touche. Lumière sur lumière. Allāh guide vers Sa lumière qui Il veut. Allāh propose aux hommes des paraboles et Allāh est Omniscient. (Soūrat an-Noūr, 24:35)

Allāh ﷻ *est la Lumière des Cieux et de la Terre*: ce niveau est *al-hidāya al-'ouzmā* (la plus grande instruction), *wal-maqām al-asna* (et le plus haut niveau), *wal-hāl al-housnā* (et le plus excellent des états spirituels), et *sa'adāt al-koubrā* (la béatitude). Atteindre ce niveau est très simple ; ne compliquez pas les choses. Que d'*Awlīyā* ont écrit à propos de ces niveaux! Pourtant, si nous disons *lā ilāha illa-Llāh*, nous atteindrons les hauts niveaux qu'ont atteints les *Awlīyā*! Certaines personnes disent ne rien comprendre du discours des *Awlīyā*, pourtant nous nous efforçons à expliquer quelque chose aux gens, les éveillant à la Grandeur d'Allāh ﷻ et leur donnant une saveur. Cette Grandeur est *Maqsad al-Aqsa*, le summum de l'Excellence. Elle vous mène au niveau de *qāba qawsayni aw adna* (une distance de deux coudées d'arc ou moins encore) où vous serez en compagnie du Prophète ﷺ en qualité de membre de sa *oummah* dont personne n'en sera exclu.

Qu'est-ce que la *Haqīqat at-Tawhid*, la Réalité du Tawhid? Par exemple, cet élément est un; il n'a de ressemblance à aucun autre élément. Il est unique en lui-même et dans sa composition. Rien ne lui ressemble: il est «un». C'est pourquoi Allāh ﷻ vous fait montre de Sa Grandeur en vous dotant d'une empreinte digitale (celle du pouce) qui ne ressemble à celle d'aucune autre personne, établissant ainsi votre unicité. Il n'existe pas deux cœurs ou deux reins qui soient parfaitement identiques. Bien sûr qu'il y a quelque ressemblance pour les organes; par exemple, lorsqu'un docteur fait une transplantation d'organes, il doit s'assurer qu'il y a une compatibilité de tissue au risque de voir l'organe rejeté. Ainsi, Il a crée des groupes et a assigné à chacun un Cheikh convenable. Chaque groupe suit un Cheikh particulier. Méditez sur cela; refreinez-vous de dire: «Mon Cheikh est plus savant que le tien, mon Cheikh est le meilleur». De tels propos sont contraires à l'éthique, c'est un manque d'*adab* (bonnes manières). Au sein du même groupe, les individus peuvent avoir le même type de tissus cellulaires mais ils n'auront pas les mêmes empreintes digitales. Similairement, aucune feuille d'un arbre donné créé par qu'Allāh ﷻ ne ressemble à aucune autre et est unique dans sa morphologie ou son type de structure. Demandez à un scientifique de vous le démontrer!

Le mot «*Tawhid*» dénote une idée de «dissemblance avec quoi que ce soit». Qui donc n'a pas de ressemblance? *Qoul Hoūwa* Allāhou Āhad, Allāhou 's-Samad. Allāh ﷻ est indépendant mais toute la création dépend de Lui. Qui maintient l'univers dans son intégralité? Il s'effondrerait si Allāh ﷻ lui retirait Son emprise; *Bi ghayri 'amadin tarawnahā (sans pilier soutenant l'espace entier avec son contenu)*. A qui incombe une telle capacité? Seul Allāh ﷻ! Comparé au pouvoir et à la Grandeur d'Allāh ﷻ, toutes leurs armes sont des gadgets. Allāh ﷻ dit: «*Nous contrôlons tout ce que possèdent les êtres humains*». Les bombes dites intelligentes et les avions de combat sont des gadgets; par la volonté d'Allāh ﷻ, ils peuvent être anéantis à la seconde. Similairement, Son ordre à l'océan suffirait pour que tous les vaisseaux et sous-marins soient submergés instantanément! Qu'Allāh ﷻ nous protège.

Voyez ce qui s'est passé au Pakistan (avec les inondations); Allāh ﷻ leur a flanqué une punition collective, pourtant ils ne méritaient pas tous cette punition. Cela nous renvoie à la conversation entre Sayyidina Moussa ﷺ et son Seigneur: «Ya Rabbi! Lorsque Tu es en colère contre un individu, pourquoi détruis-Tu toute la cité? Pourquoi ne pas punir exclusivement cet individu?». La familiarité entre lui et Allāh ﷻ se traduit ici par l'absence de protocole dans son discours. Allāh ﷻ lui répondit: «O Moussa! Laisse-Moi te montrer Ma Sagesse. Vas [dans tel endroit] dans la jungle et assieds-toi un moment». Il s'en alla comme instruit. Sayyidina Moussa ﷺ cependant est connu ne pas être patient. Il ﷺ est *Kalīmoullāh*; dans le milieu des *anbīyā*, il bénéficie d'une certaine préférence divine et distinction particulière. De ce fait, il peut s'exprimer comme bon lui semble tel un enfant s'adressant à son père.

«Pourquoi punis-Tu tous ces innocents pour les actions d'un seul individu?» Demanda t-il. Allāh ﷻ le fit attendre trois heures de temps. Il devint impatient et dit: «*Ya Rabbi*! Qu'est-ce que cela signifie?» Des qu'il (ﷺ) s'exprima ainsi, aussitôt plusieurs fourmis se ruèrent sur ses jambes. Allāh ﷻ ordonna à l'une d'entre elles de le mordre, et cette fourmi fut pleine de joie pour avoir reçu l'ordre d'Allāh ﷻ de mordre un prophète! Pour cette fourmi, c'est un témoignage d'amour pour Allāh ﷻ et pour Sayyidina Moussa ﷺ.

Allāh ﷻ ordonna à la fourmi: «Mord-le de toute ta force!». Dès que la fourmi le mordit, Sayyidina Moussa ﷺ se frotta la jambe et tua toutes les fourmis à l'exception de quelques-unes. A ce moment, il entendit une voix:

«O Moussa! Qu'as-tu fait?»

Il dit: «Une fourmi m'a mordu!»

«Mais tu les a toutes écrasées! Telle est Ma Sagesse: une seule personne coupable parmi les habitants d'une cité entraine Ma punition pour tous».

Ces personnes (victimes des inondations au Pakistan) innocentes ont reçu le Paradis comme récompense, et celles qui étaient coupables, l'enfer leur a été préparé; cependant, puisqu'elles ont déjà été punies sur terre, le Paradis sera leur demeure. Voici un message d'un de Ses *Awlīyā* pour les Pakistanais: «Si vous continuez d'agir ainsi, Allāh ﷻ ne cessera d'envoyer de telles inondations». Des individus ont fait exploser le Maqām d'un grand *Walī*: Sayyid ' 'Alī Houjwirī ق! Ce qui s'est passé est tel ce qu'Allāh ﷻ a dit dans un Hadith Qoudsī:

man ādha lī waliyyan ādhantahou bil-harb, Quiconque déclare la guerre à un de Mes Amis (*walī*), Je lui déclare la guerre.

Et dans le Coran:
alā inna awlîyâullâh la khawfounn 'alayhim wa lā hum yahzanoūn. *En vérité, les bien-aimés d'Allāh sont à l'abri de toute crainte, et ils ne sont point affligés.*(Soūrat Yoūnous, 10:62)

Aussitôt qu'ils ont fait exploser le Maqām, Allāh ﷻ l'a défendu. Sayyid 'Alī Houjiwirī ne prit pas lui-même l'initiative de se défendre. Allāh ﷻ le fit pour lui: Il ﷻ fit venir cette grande inondation. Vingt-cinq millions furent punis pour venger une seule personne.

Lorsque les anges sont venus à Sayyidina Loūṭ ﷺ, ils ont dit: «Nous venons sur ordre d'Allāh ﷻ pour détruire ton peuple!». Son peuple pratiquait homosexualité. Tous ceux qui protègent les homosexuels subiront la même punition. Nous ne sommes pas concernés par les débats de «liberté» sur l'homosexualité. Allāh ﷻ dit à Sayyidina Loūṭ ﷺ: «Ne regarde pas en arrière lorsque tu sortiras de la cité». D'un coup, Il détruisit tous les habitants avec une tornade ou un ouragan; leurs maisons furent complètement détruites d'un seul coup. Ainsi Allāh ﷻ expliqua à Sayyidina Moussa ﷺ: «A cause d'un seul, Je reprends tout!».

Ceci est un signe de l'Unicité Absolue d'Allāh ﷻ qui ne sied à nul autre que Lui. Comment pouvons-nous nous sauver donc? Par la Kalimat at-Tawhid, *lā ilāha illa-Llāh*. Lorsque nous la récitons, nous disons : «Il n'y a personne qui Te ressemble, *yā*

Rabbī !». C'est le *Maqām al-Houdoūr* et le *Maqām ach-Chouhoūd*, le niveau de Présence et celui de Vision. Pour ceux qui font leur dhikr, graduellement, Allāh ﷻ ouvrira ces voiles pour qu'ils puissent apercevoir cette beauté.

Le *Maqām at-Tawhid* est alors le niveau de la beauté. Chaque année, les gens organisent un concours de beauté retransmis sur plusieurs chaines de télévision à la suite duquel une personne est choisie et couronnée comme la plus belle. Je ne sais pas ce qu'elle reçoit comme bijoux et autres en récompense mais un grand respect est voué à cette personne! Que pensez-vous de Celui qui a crée la beauté? Lorsque vous y entrez au moyen de *lā ilāha illa-Llāh*, Il ﷻ vous vêtira de la beauté divine. Il ﷻ sera heureux de vous présenter à Ses créatures célestes et leur dire: «Regardez! Ceux-ci sont Mes créatures parés de beauté qui se sont éloignés de Chaytan!». Ne serait-ce qu'une seule fois par jour ou toute votre vie, une seule récitation de *lā ilāha illa-Llāh* est suffisante. Dites *lā ilāha illa-Llāh*; cette parole décrit Celui Qui n'a aucune ressemblance.

> *Qoul Hoū Allāhou Āhad*, « Dis (O Mouhammad): «Il est Allāh, Unique.
> *Allāhou 's-Samad*, «Allāh l'Eternel, Celui Dont toutes les créatures ont besoin»
> *Lam yalid wa lam yoūlad*, « Il n'a jamais engendré, n'a pas été engendré non plus» *walam yakoun lāhou koufoūouwan Āhad*. «Et nul n'est égal à Lui». (Soūrat al-'Ikhlās, 112: 1-4).

Le sens de «Allāh est Unique» est qu'Il réfute toute partition de Son Essence. *Nafiy al-inqisām fī dhātihi* (il n'y a pas de partenaires avec Moi et pas de partition en Moi). Il est Celui Qui n'a de partenaire autre que Lui-même, et Il est Celui Qui ne ressemble à personne. Il est le Créateur et nous sommes Ses serviteurs et Sa création.

Sayyidina Jounayd al-Baghdādī ق a dit : « *Idhā tanāhat 'ouqoūl ouqalā fi Tawhid, intihāt ila l-hīrā, les cerveaux des hommes les plus intelligents parmi ceux qui possèdent un cerveau...* » Comme si chacun ne possédait pas un cerveau ; ceux dont les cerveaux sont préoccupés par les affaires mondaines, la *dounya*, sont considérés être dépourvus de cerveau car pour Allāh ﷻ, la dounya n'a pas plus de valeur que le poids de l'aile d'un moustique. Pourquoi donc focaliser son cerveau sur cette *dounya*? Alors, si vous rassemblez de tels cerveaux, ils n'auront pas plus de valeur que l'aile d'un moustique tant qu'ils diront: « j'existe ».

Ce faisant, Sayyidina Jounayd ق dit:

> « Les plus éminents des cerveaux dotés de compréhension sont ceux des *Awlīyā*; indépendamment de leur rang individuel, les *Awlīyā* en général sont les plus intelligents, car ils ont abandonné ce bas-monde. En dépit de la somme de toutes les intelligences, des connaissances divines des *Awlīyā* et de leur summum de compréhension du *Tawhid*, ils restent permanemment ébahis, stupéfiés. *Hīra* signifie « stupéfaction » devant sa teneur insondable (celle du *Tawhid*). Ce niveau qu'ils ont atteint dans la recherche de la compréhension du

Tawhid est stupéfiant, inexplicable, inénarrable. Ils ont atteint un point buttoir!». Cela signifie que quiconque dit *lā ilāha illa-Llāh* parviendra au Niveau de Stupéfaction que nul ne peut comprendre à l'exception de Celui qui manifeste cette Réalité.

Sayyidina Jounayd a également dit:
At-tawhid ma'anan tadmahil fi roussoum wa Tandarisou fi ouloūm wa yabaqā 'Llāhou ta'ala kama lam yazzal. «Le *Tawhid* comprend en son sein toutes les images de la Création et elles sont vouées à disparaître»! Dites *lā ilāha illa-Llāh* et tout disparait et vous en obtenez la récompense dans la mesure où toute la Création récite *lā ilāha illa-Llāh*, les déserts, les terres, toutes les particules et ceci est écrit en votre faveur! Toute la création disparait dans cet océan et tout le savoir s'arrête; nous ne pouvons plus rien comprendre à ce niveau».

C'est pourquoi vous dites: «*Yā Rabb*, j'ai atteint mes limites». Vous ne pouvez pas trépasser ce niveau. L'Essence d'Allāh ﷻ demeure telle qu'elle est: inchangée. Nous ne pouvons rien dire à propos d'«elle». Nous ne savons quoi dire; Il n'y a pas de qualificatif dans le vocabulaire Arabe pour «la» décrire (l'Essence d'Allāh ﷻ).

Il est dit que le mieux qui fut dit à propos du *Tawhid* est l'exclamation proférée par Sayyidina Aboū Bakr as-Siddīq ؓ: «*SoubhānAllāh! Gloire à Allāh Qui n'a pas crée de voie pour Sa Création pour Le connaitre*».

Vous ne pouvez coexister avec la Présence Divine ni ne pouvez y pénétrer. C'est la limite de la connaissance. Vous n'êtes qu'une particule dans un océan, que connaissez-vous donc du *Tawhid*? «Gloire à Celui Qui n'a pas créé de moyen pour Sa Création pour Le connaitre!». Comment Le connaissez-vous? En admettant votre inhabilité à Le connaitre! «Je viens à Toi avec une totale inhabilité (*ajaz*). Avec cette inaptitude, je confesse mon inhabilité à Te connaitre». Vous devez déclarer votre incapacité à Le connaitre ou à comprendre le *Tawhid*. Si tel est le cas, comment pouvez-vous comprendre le *Maqām adh-Dhāt*, le «Niveau du Nom "Allāh"»? Si vous ne pouvez comprendre *lā ilāha illa-Llāh* qui représente le *Maqām at-Tawhid*, comment pouvez-vous comprendre «Allāh»? Le mieux pour nous est de suivre la voie du Prophète pour y arriver:

> *Qoul in kountoum touhiboūn Allāh a fat-tabi'oūnī youhbibkoumoullāh wa yaghfir lakoum dhounoūbakoum.*
>
> *Dis: Si vous aimez vraiment Allāh, suivez-moi, Allāh vous aimera alors et vous pardonnera vos péchés. Allāh est Pardonneur et Miséricordieux.* (Soûrat Āli-Imrān, 3:31)

Notre devoir se résume à suivre, à connaitre nos limites et à ne pas les transgresser. De nos jours, les gens profèrent des aberrations lorsqu'ils disent: «Nous formons avec Lui une seule entité, nous sommes unis». Unis avec qui ? Avec Chaytan bien sûr. Comment pouvez-vous oser déclarer être unis avec Allāh ? C'est de la mécréance! Vous ne comprenez même pas le *Tawhid*! Sayyidina Aboū Bakr as-Siddīq nous dit qu'il est inacceptable de faire une telle déclaration: « Gloire à Allāh

Qui n'a créé de voie pour Le connaitre sauf par notre totale inhabilité à Le connaitre!». Dites plutôt cela! Ne dites pas «Je»!

Wa qīla fi 't-Tawhid, et il est dit que le *Tawhid* signifie renier trois mots qui se terminent par «yā», la dernière lettre de l'alphabet arabe. Il y a un nombre infini de connaissances entre «alif» – la première lettre de l'Alphabet arabe qui déclare l'Unicité d'Allāh ﷻ par sa configuration – et «yā», la dernière lettre. Cela veut dire que toute la connaissance réside entre «alif» et «yā».
Il est alors impératif d'abandonner le *yā* si vous voulez comprendre l'Unicité Divine; il restera *alif*.

1. Le premier est «*lī*» (lam yā) et se trouve dans *lā taqoul lī*. Ici, *lī* est la contraction des lettres *lam* et *yā* donc vous devez abandonner *lī* qui signifie en Arabe: «M'appartient». Non, rien ne vous appartient; la preuve, lorsqu'ils vous mettent dans la tombe, ils vous enlèvent même vos bagues, prennent toutes vos possessions, vous enveloppent dans un linceul, vous y jettent dedans; ensuite celui qui a creusé votre tombe revient et vous dépouille de vos dents si elles sont en or ou vous enlève vos organes pour les vendre. Vous n'êtes plus de ce monde, et personne ne se soucie que vous soyez dépecés ou pas. Alors, ne dites pas «*lā taqoul lī*, ça m'appartient».
2. Deuxième, ne dites pas *bī*, qui signifie «grâce à *moi*» (*bī* se termine par la lettre *yā*). Ne dites pas: «tu as réussi grâce à moi!». Evitez aussi des déclarations telles: «J'existe, je suis le président», «Je suis le roi!». A quoi bon? Les rois ne sont-ils pas mortels? Pour qui vous vous prenez?

3. Enfin en troisième, ne dites pas *minnī*, qui signifie «venant de *moi*» (*minnī* se termine par la lettre *yā* également).

Donc ces trois: *lī, bī* et *minnī*, n'en faites pas usage. (Note: en Arabe ces mots utilisent le suffix *yā* qui est prononcé «*ī'*»). Dites plutôt: «Cela vient de Lui» ou *minka wa ilayk*, «de Toi à Toi (Allāh); Nous ne possedons rien! Ainsi, vous serez sauvés.

Wa min Allāhi 't-tawfīq, bi hourmati 'l-habīb, bi hourmati 'l-Fātihah. D'Allāh vient le secours, par l'honneur du Bien Aimé et par l'honneur de la Fatiha.

Les Cinqs Principes du Maqam at-Tawhid

*Aʿoudhou billāhi min ach-Chaytān ir-rajīm.
Bismillāhi' r-Rahmāni 'r-Rahīm.
Nawaytou 'l-arbāʿīn, nawaytou 'l-ʿitikāf, nawaytou'l-khalwah, nawaytou 'l-ʿouzlah, nawaytou 'r-riyāḍa, nawaytou 's-souloûk,
lillāhi Taʿalā fī hādhā 'l-masjid.
Atiʿ oūllāh wa atiʿoū 'r-Rassoūl wa oūli 'l-amri minkoum.
(An-Nisa. 4:59)*

Lorsque l'un dit *lā ilāha illa-Llāh*, il renie tout de ce bas-monde et confirme par «*illallāh*» (sauf Allah) la magnificence du Créateur. Les *Awlīyāullāh*, non seulement renient ce qui est dans ce bas-monde mais ne regardent pas non plus l'autre, *ākhirah*: seul Allāh ﷻ est l'objet de leur regard, rien d'autre n'existe pour eux, d'où l'exemple de Rabia al-Adawiyya ق déjà mentionné. Elle a dit: «O Allāh ﷻ! Je ne T'adore pas pour Ton Paradis ni par crainte de Ton Enfer mais pour Toi et Toi seul!».

Aujourd'hui les gens ne parlent pas d'une façon profonde et suave comme les soufis; ils emploient constamment des expressions telles que «moi», «mes élèves».... il vaut mieux dire «nous». On demande: pourquoi le pluriel? C'est pour éviter l'arrogance. Mais Satan le leur a inculqué par la technologie. En effet, même le iPhone (egophone) et iPad est une référence au pronom personnel de la première personne du singulier!

Nous avons déjà dit que le maqam de l'unicité (*Maqāmāt at-Tawhid*) demande que vous abandonniez «les trois *ya*»: *li*, *bi* and *minni* (à moi, par moi ou à travers moi et de moi). Ce qui signifie: tout est de moi et tout est à moi. Mais non! Tout est de TOI à Toi O Allāh ﷻ! Mon apparence dans ce monde est de Toi, mes bonnes actions sont de Toi et les mauvaises de moi. Ne dites jamais que la bienfaisance vient de nous-mêmes.

Allāh ﷻ dit dans le Coran qu'au jugement dernier, nous dirons tous: «*Moi, O Allāh ﷻ! Sauve-moi! Sans souci pour les proches*». Le Prophète ﷺ par contre dira: Ma Oumma (*oummati*); les Awlīyā seront porte-paroles de leurs disciples:
«*yawm yafirrou 'l-marrou min akhîhi wa oummihi wa abîhi wa sāhibatihi wa banîh. likoull imrin yawmaydhin chānoun youghnīh.*
Le jour où tous fuiront leurs frères, leurs parents, leurs époux. Chacun ne se souciera que de soi-même et de sa propre sécurité: serai-je puni? (Soūrat 'Abasa, 80:34-37)

Un jour terrible! Allāh ﷻ avertit tout le monde: ne suivez pas votre ego. Suivez Mon Prophète ﷺ, Ma voie que Je vous ai montrée par Mes Messagers. Fuire ses frères et sœurs, parents, époux et enfants dans ce bas-monde signifie que vous êtes affairés avec votre Seigneur à vous purifier sans autre attachement qu'à Lui. Lorsqu'il a été dit à Rabia al-Adawiyya ق après le décès de son époux: remarie-toi, tu es veuve et islamiquement, il vaut mieux te remarier – elle a refusé de se remarier et s'est éloignée des gens. Elle a dit: «Je suis trop occupée à adorer de mon Seigneur, même mon repentir a besoin d'un autre repentir et ainsi de suite sans cesse». Elle était préoccupée à tout moment à dire *astaghfiroullah*. Ne dites donc jamais «de moi», «par moi» et «à moi»… Abandonnez ces trois expressions et toutes celles qu'Allāh ﷻ n'aime pas. Utilisez la 3ème personne, cela montre plus de respect et d'humilité.

Il est dit que celui qui tombe dans les océans de l'unicité verra sa soif augmenter sans répit le long des jours. Celui qui renonce à l'appât du monde (il s'agit ici des Awlīyā) et se jette dans les océans de beauté de l'unicité, ne peut jamais étancher sa soif (*man waqaʿ fī biḥār at-tawḥīd mā yazdād fīl ayyāmī illā mourour ʿatasha*) telle une personne qui consomme du sel, donc constamment assoiffée. Voila pourquoi dans les 5 piliers: shahada, prière, zakat, jeûne et pèlerinage, nous endurons la soif au cours du jeûne. Allāh ﷻ dit: «*Ramadan li wa ana ajzi bih*, Ramadan est pour Moi et c'est Moi qui le récompenserai», car, Mon serviteur, tu as jeûné pour Moi pendant de longues journées, et par conséquent, Je te plongerai dans les océans de l'unicité et t'amènerai à Moi. Allāh ﷻ, dans Sa Sagesse infinie, nous fais ressentir donc cette soif à travers nos journées pour que cela serve de raison à nous plonger dans ces océans. Quiconque jeûne le mois de Ramadan est trempé dans ces océans sans s'en en douter, et au Jour de la Résurrection, il est compté parmi les vrais adorateurs de l'Unique (*mouwahhids*) et non ceux qui le professent seulement par la parole.

Ceci est au-dessus de notre compréhension. C'est quelque chose d'importance majeure et loin d'être insignifiante. Allāh ﷻ vous trempera dans les océans de l'unicité et vous revêtira de l'ornement du *Tawhid*, il sera dit: «Où sont ceux qui jeûnaient (*Aynas-saaimoon*)? Ils entreront au Paradis par la porte de *Rayyan*, la porte de l'Etanchement de la soif. Vous apparaîtrez comme un *walī* ce jour-la même si ce fait ne vous est pas apparent ou est inconnu de vous. Allāh ﷻ est grand.

Un savant nommé Cheikh al-Housayri ق a dit qu'il y a cinq principes relatifs à l'unificité (Tawhid):
1. Le premier est *rafʿ al-hadath*: se débarrasser de l'impureté comme dans le cas d'un bain après un acte sexuel, mais

c'est un autre sens qui est voulu ici! Il veut dire: non astreint à la contingence, comprendre qu'Allāh ﷻ ne change point – par exemple une promotion au travail améliore votre vie – ni l'expansion ou la dilatation, ni la réduction ou la contraction s'applique à Allāh ﷻ. *Hadath* est ce qui vous arrive au quotidien.

2. Le deuxième principe est *ifrad al-qidam*: déclarer que la préexistence appartient à Un seul et nul autre. *qidam* = prééternité, être sans commencement, Nul ne peut atteindre l'après-éternité, nul n'est aujourd'hui tel qu'il sera demain. Seul Allāh ﷻ est décrit ainsi.

3. Le troisième principe est *Hajr al-ikhwan*: Ne pas s'ingérer dans les affaires d'autrui. S'occuper que de ce qui te concerne. Laisse-les et vient à Ma Porte. Ne rebrousse pas chemin.

A cet effet, une fois, Sayyidina Aboū Yazid al-Bistami ق marchait avec ses disciples. Il vit une femme venir de l'autre côté. Dès qu'ils furent proches l'un de l'autre, il l'enlaça puis ils entrèrent tous deux dans une maison et ferma la porte. Les disciples s'exclamèrent: Oh! Est-ce un *walī*, ça? Il a perpétré un acte ignoble. Ils s'enfuirent tous sauf un qui attendit à la porte. Le Cheikh sortit, le vit et lui demanda:
- Que fais-tu ici, mon fils?
- Je vous attends O mon maître pour vous servir!
- Où sont tes frères?
- O mon maître! Ma tâche est de vous servir; je ne sais où sont les autres, je ne regarde que vous.
- Viens O mon fils! Lui dit le cheikh; viens à l'intérieur. Voici ici ma sœur, les autres ont eu de mauvaises pensées; tu ne t'es pas

demandé qui est cette femme mais tu pensais plutôt qu'à seulement me servir.
Cet aspect est très important. En effet, les Awlīyā ne badinent pas, toute négativité se retourne contre vous!
- Le cheikh lui dit. Amène deux témoins; il lui accorda sa sœur en mariage et ce disciple devint son Caliphe.

Si une telle situation nous arrivait, non seulement nous ne penserions jamais à servir notre cheikh, mais nous le médiront davantage.

4 Le quatrième principe est *Moufaraqat al-awtan*: abandonner votre pays d'origine, quittez vos habitations, vos auberges pour le niveau de l'unité *tawhid lā ilāha illa-Llāh*. A cet effet, le saint Prophète ﷺ a dit: «Aimer le pays d'origine est un signe de foi». Vous essayez d'abandonner cela car il faut tourner la page bien que tous vos liens vous rattachent à votre origine. Ils disent aujourd'hui: *wattan kahraba' al-manzil*, trouve une «maison» pour payer tes factures afin que tu n'ais pas à le faire toi-même mensuellement, c'est-à-dire une banque. Débarrasse-toi de tous ces liens qui te rattachent à ta demeure. Similairement, ton âme habite ton corps, ton ego y réside. Délie ton ego et libère ton âme des désirs du corps.

Ne sois pas tant épris de ce corps matériel. Il y une obsession pour la beauté corporelle. Pour ce fait, les gens se donnent trois heures de gymnastique par jour en des lieux où rodent les diables. Pourtant, Allāh ﷻ a dit: «*la yastaakhirouna sa'atan wa laa yastaqdimoun*, chaque communauté a son terme de vie et quand vient leur terme, il n'y a aucun moyen de l'avancer ou de le reculer». Chaque personne est une nation en elle-même dans la mesure où il y a dans le corps humain 100 milliards ou 100 trillions de cellules, et chaque cellule est comme une énorme usine ou un énorme bataillon avec ses armes offensives et défensives. Allāh ﷻ connaît leur nombre exact, et chacune d'elle viendra à Lui le Jour de la Résurrection. Que vous fassiez du jogging et restiez au gymnase 24H, ou que vous couriez même jusqu'à l'Antarctique, vous ne pourriez prolonger ou raccourcir votre vie d'une heure. Ne vous gênez pas à faire du jogging. Cependant, ne portez aucun jugement à ceux qui font le jogging ou vont au gymnase. Allāh ﷻ leur procure une bonne santé de cette façon – et la vôtre en ne faisant pas de jogging.

Les hommes, les femmes, tous se portent des jugements les uns les autres et je reçois plusieurs plaintes. Pourquoi se plaindre? Allāh ﷻ ne connait-Il pas vos problèmes?

5 Le cinquième est *Nisyan ma 'oulim* oublier ce qui a été appris. Tout ce que vous avez accompli dans le monde, oubliez-le, cela ne vous sera d'aucun bénéfice. C'est la raison pour laquelle les Awlīyā font fi de ce monde. Ils vivent le moment présent et ne mentionnent pas ce qu'ils ont fait auparavant. Ils ont une amnésie céleste ou comme vous dites, le syndrome d'Alzheimer. Ne vous préoccupez pas de ce qui a été fait. Oubliez-le, affairez-vous plutôt avec *lā ilāha illa-Llāh*. Essuyez la poussière du bas-monde de vos cœurs qui vous empêche d'accéder aux *chawāriq al-anwār*, les lumières émergeantes.

Sayyīdinā 'Abd al-Qādir al-Jilani ق le Ghawth en son temps a dit: «Comment osez-vous dire *lā ilāha illa-llāh* quand vos cœurs sont truffés de tant de dieux!».

Pour un *walī*, faire une telle déclaration est d'une importance capitale. «*Kayfa taqoūlou lā ilāha illa-Llāh wal-qalbou mamlou'un bil-āliha*, vous dites *lā ilāha illa-Llāh* non dans sa véritable signification c'est à dire qu'il n'y a d'autre dieu que vous! Comme les Qouraych avant l'Islam. Vous y mêlez les idoles qui sont en vous! Ne dites pas «sauf vous, mes idoles!»

Sayyīdinā ʿAbd al-Qādir al-Jilani ق nous disait: «Ne mettez pas d'idoles dans vos cœurs». L'amour pour le bien matériel, de soi sont des divinités qui font obstruction au vrai *Tawhid*. *La yanfaʿouk Tawhid al-lisān wa anta ʿala chirk*, le *Tawhid* par la langue ne vous sert en rien quand le cœur est en truffé de chirk. Purifiez et le cœur et la langue!

Lorsque les *Awlīyā* parlent, ils nous revêtent de ce qu'ils disent. Ainsi disait Cheikh Abd al-Qadir ق, toutes les idoles du cœur doivent être détruites et remplacées par le *tawhid* réel.

Les *Awlīyā* ne badinent pas. Ils vous remémorent vos erreurs mais vous en débarrassent à la différence des savants qui n'ont pas cette capacité; ils vous rappellent seulement vos erreurs mais ne peuvent purifier vos cœurs de vos idoles. Ce n'est d'aucun bénéfice. C'est à l'image d'une prière effectuée sur une natte souillée. Il faut au préalable ôter la souillure. Ainsi, il n'est d'aucun bénéfice de prononcer des mots suaves alors que le cœur est souillé. Pour les *Awlīyā*, la souillure n'est pas seulement l'amour de ce bas-monde, c'est aussi l'amour de l'autre monde, *ākhirah*, comme l'a dit Rābiʿa al-ʿAdawīyya ق: «O Allāh ﷻ! Je ne T'adore pas pour Ton Paradis ni par crainte de Ton Enfer mais pour Toi et Toi seul!».

C'est cela la réalité de l'amour à la différence du cliché standard que nous avons tant entendu « l'Islam est paix et amour». La réalité de l'amour est d'emprunter la voie de *māʿrifatoullāh*, la connaissance d'Allāh ﷻ où vous trouverez le vrai amour et verrez ce qui ne peut être vu et entendrez ce qui ne peut être entendu. Un exemple à cet effet est que tous les musiciens du monde et leurs musiques ne peuvent être comparés à une seule note de la glorification d'un ange. Lorsque vous commencez à réciter avec sincérité *lā ilāha illa-Llāh*, la glorification (*tasbīh*) des anges vous vient à l'oreille, et elle est d'une telle beauté que vous en devenez ivre. Il est dit que si une seule *hoūrī* du Paradis exhibait son petit doigt, de la beauté de son petit doigt et son parfum, le monde entier s'évanouirait. De quel parfum s'agit-il? Les *awlīyā* vous donnent le parfum réel: c'est de dire *lā ilāha illa-Llāh Mouhammadoun Rassoūloullāh*. Vous ne pouvez dire *lā ilāha illa-Llāh* sans *Mouhammadoun Rasoūloullāh*. Telle est notre sécurité. Qu'en déplaise à celui qui en a horreur!

Sayyīdinā 'Abd al-Qādir al-Jīlānī ق a aussi dit: «*Al-qalb al-mouwahhid youdnī chaytānah*, le cœur qui mentionne toujours l'Unicité d'Allāh ﷻ épuisera son Satan». La glorification par *lā ilāha illa-Llāh* de celui dont le cœur ne cesse d'être dans un état de tawhid devient un sabre contre son Satan. Le *mouchrik youdnihi chaytānuh*, celui qui associe un partenaire à Allāh ﷻ, son Satan l'épuisera. Ne dites pas: je ne suis pas de ce groupe! Bien sûr que nous ne sommes pas *mouchrik*, mais ce que Sayyīdinā 'Abd al-Qādir al-Jīlānī ق dit en particulier est que le cœur qui dit le Tawhid et dans lequel ne réside nul autre qu'Allāh ﷻ épuise son Satan tandis que celui qui ouvre son cœur tant aux désirs mondains qu'à l'au-delà, celui-là associe un partenaire à Allāh ﷻ et épuise son cœur. Ce dernier scénario est la condition des Musulmans aujourd'hui: nous faisons un amalgame de l'amour du bas-monde avec celui de l'au-delà. Nous moulons une statue, la statue de la dounya ensemble avec les éléments purs du paradis alors que nos prières ne doivent être que pour Allāh ﷻ exclusivement.

«Qoul innamā anā bacharoun mithloukoum yūhā ilayya annamā ilāhukoum ilāhoun wāhidoun faman kāna yarjoū liqā rabbihi fal-ya'mal 'amalan sālihan wa lā youchrik bi-'ibadati rabbihi āhada.
Dis: (O Mouhammad) «Je suis en fait un être humain comme vous mais il m'a été révélé que votre Dieu est un Dieu unique! Quiconque, donc, espère rencontrer son Seigneur, qu'il fasse de bonnes actions et qu'il n'associe nul autre dans son adoration à son Seigneur». (Sourate La Caverne, 18 :110).

Le Prophète ﷺ fait preuve d'une extrême humilité. Malgré tout ce qu'Allāh ﷻ lui a donné, il dit «Mais je suis différent de vous en ce que je reçois comme révélation». Cette différence est énorme bien sûr car il reçoit la révélation (*wahīy*) et par conséquent il n'est pas «comme nous ».

Ce que le Prophète ﷺ nous dit est le suivant: Pourquoi nous appliquer dans notre prière puis la laisser s'évader de notre cœur dès que nous vaquons à nos activités mondaines? Nous ne vous disons pas de ne pas travailler; mais n'accordez pas votre amour à autre qu'Allāh ﷻ. Que veut dire: «Quiconque donc espère rencontrer son Seigneur, qu'il fasse de bonnes actions»? C'est de n'associer aucun partenaire à Son Seigneur. Ne proclamez pas: «Je suis un ingénieur, ou un docteur, ou un charpentier etc… L'honneur n'est pas en ce que vous décrivez de vous-mêmes mais ce qu'Allāh ﷻ vous accorde. Au jour du Jugement, lorsqu'Allāh ﷻ vous fera appel, pourriez-vous Lui dire: «O Mon Seigneur, un moment, j'ai un tel diplôme!» il te sera dit: «Il n'y a pas de discussion ici».

Que nous dit le Coran au sujet de ceux qui réfutent *ism adh-dhāt* (ALLĀH)?

Qoul Allāh thoumma dharhoum fī khawdihim yal'aboūn,

Dis: «Allāh». Puis laisse-les s'amuser dans leur égarement (Les bestiaux; Al-Anam 6 :91))

Dites ALLĀH! Et ces ignorants qui ne comprennent rien et disent que dire «Allāh ﷻ» est une *bidaa*! Lorsque vous faites face à un problème, dites-vous «Ya Hollywood»? Vous dites plutôt Allāh ﷻ.

«Wa mā Mouhammadun illa rassoūl. Qad khalat min qablihi 'r-roussoul. Afa in māta aw qutil anqalabtoum 'alā ā'aqābikoum wa man yanqalib 'alā 'aqibayhi falan yadurra allāha shayān wa sayajzī'Llāhou 'ch-chākirīn.

Et Mouhammad n'est qu'un messager - des messagers avant lui sont passés - S'il mourait, donc, ou s'il était tué, retourneriez-vous sur vos traces? Quiconque retourne sur ses traces ne nuira en rien à Allāh; et Allāh récompensera bientôt les reconnaissants». (La famille d'Imran, 3 :114).

Allāh ﷻ transporta le Prophète ﷺ au niveau de *Qāba Qawsayn* pour lui montrer *Maqām at-Tawhid*, la réalité du rang de l'unicité. L'Imam al-Nawawi ق, quand il expliqua ce passage a dit que le Prophète ﷺ a vu Allāh ﷻ avec les yeux de sa tête, et que «nous n'avons pas encore atteint le rang de *Maqām at-Tawhid*, et le seul à pouvoir l'atteindre est le Prophète ﷺ. Je témoigne qu'il n'y a autre dieu qu'Allāh ﷻ – comment témoigner sans voir? Donc le stade du témoignage réel nous ne l'avons pas encore atteinte à l'exception du Prophète ﷺ, c'est lui qui a atteint la réalité de la présence divine dont nous sommes encore éloignés, *Qāba Qawsayn aw adna*.
Le *mouchrik*, celui qui associe la *dounya* à l'*akhira*, n'est pas encore en dehors de *awhāl ad-dounyā* et sera épuisé sous l'emprise de son satan. Aucune personne n'échappe à cela. Pas

un y compris ces millionnaires avec de luxueuses résidences et automobiles: tous ont des problèmes. C'est un enseignement qu'Allāh ﷻ nous donne; face aux problèmes, souvenez-vous de Lui; mais nous ne le faisons pas.

Lorsque vous n'avez plus de problèmes, vous atteignez *Maqām at-Tawhid*; tels les *awlīyāullāh* qui ne se soucient aucunement de ce monde; qui vit, vit; qui meurt, meurt. Lequel est meilleur? La *Dounyā* de ce monde ou *l'ākhirah* (l'au-dela)? Lorsqu'une personne leur vient: «Je suis malade, j'ai des problèmes, j'ai besoin de *dou'a*». Quelle *dou'a* ? Mieux vaut aller à *ākhirah*! Mais, par miséricorde, les *Awlīyā* font des *dou'a*, et leur *dou'a* sont forts.

Qu'Allah ﷻ nous protège et débarrasse nos cœurs de l'idolâtrie (chirk)! Dites: *lā ilāha illa-Llāh*. Dites : *Bismillāhi' r-Rahmāni 'r-Rahīm*. Dites: *Qoul Hoū Allāhou Ahad* (Sūrat al-Ikhlāš). Quiconque les récite quotidiennement sera sauf malgré ce qui adviendra comme difficultés et misères.

Les Awlīyā vous revêtent de la réalité du *Tawhid*. Ils ne parlent pas dans le but simple de vous donner des conseils mais plutôt de vous revêtir de ce qu'ils disent. Tant bien même que nul ne dirait *lā ilāha illa-Llāh* ni ne réciterait Soūrat al-Ikhlās, ils vous revêtent tous de cet habit, un par un dans la mesure où ils ont donnés l'initiation et ils sont responsables de vous; autrement ils seront coupables devant le Prophète ﷺ.

Le Ghawth, les Qoutb, Noujabā, Nouqabā, Awtād, et Akhyār sont différent types de saints qui sont au service du Prophète ﷺ. Ils ne peuvent vous laisser nus. Nous sommes tous nus aux yeux des Awlīyā pour avoir fait un amalgame entre ce monde et l'autre. L'ornement dont vous êtes vêtus dépend du niveau du *walī* qui vous guide; donc plus le niveau de ce dernier est élevé, mieux l'ornement est de valeur: «wa *fawqa koulli dhi 'ilmin 'alīm, au-dessus de chaque savant il y a un plus savant*» (Sūrah Yoūssouf, 12:76) jusqu'au Sulṭān al-Awlīyā qui vous revêt, puis le Prophète ﷺ vous revêt et son vêtement est de loin meilleur à celui du Sultan.

Qu'Allāh ﷻ nous pardonne et nous bénisse. Nous continuerons au matin après l'aube incha-Allāh. Nous rappelons à tous que nous avons commencé cette série pour expliquer les niveaux et la hiérarchie des saints et non comme certains ont dit: il n'y a pas d'hiérarchie en Islam. Bien au contraire. Cela fait aujourd'hui notre notre 23ème ou 24ème souhbas (discours) décrivant toutes les fonctions de ces Awlīyā, le ghawth, les cinq qoutbs, et les cinq autres subdivisions des Awlīyā et enfin le commun des Musulmans au bas de l'échelle. Ce genre de sujet est aujourd'hui jeté aux oubliettes.

Ils ne parlent de nos jours que de politique comme s'il n'y avait rien d'autre que cette vie mondaine. Ils ne séparent pas les mosquées de cette politique. Pourquoi transformez-vous vos mosquées et vos pupitres en podiums pour promouvoir vos propres agendas politiques que nous ne partageons aucunement?

«*Les mosquées sont pour Allāh*» (surat al-jinn 72:18) et ont pour fonction de rappeler akhirah, de servir de lieu de prière, de lecture du Coran, de dhikr et autres dévotions. Ne créez pas de *halaqah* (cercle) sous de faux prétextes afin de recruter des gens à des desseins malsains où il vous est murmuré:
- Aimes-tu le jihad?
- Oui je l'aime.
- Alors, viens donc qu'on aille se faire exploser.
- Mais qu'en est-il d'Allāh ﷻ?
- Non, Il est affairé, c'est (le mois de) Ramadan.

Avec ce jihād-là tu dois pratiquer la *taqīyya*, manger du porc, se déguiser pour aller en boite de nuit et s'ingérer incognito parmi les gens? «Sauverez-vous la Oummah» ainsi en vous explosant ici et là? Pire, vous exposez la Oummah à des difficultés et problèmes. Vous associez un partenaire à Allāh ﷻ lorsque vous portez la politique dans les Mosquées.

Wa min Allāhi 't-tawfīq, bi hourmati 'l-habīb, bi hourmati 'l-Fātihah. D'Allāh ﷻ vient le secours, par l'honneur du Bien Aimé et par l'honneur de la Fatiha.

Maqam al-'Ikhlas, le Niveau de Sincérité

*A'oudhou billāhi min ach-Chaytān ir-rajīm.
Bismillāhi' r-Rahmāni 'r-Rahīm.
Nawaytou 'l-arbā'īn, nawaytou 'l-'itikāf, nawaytou'l-khalwah, nawaytou 'l-'ouzlah, nawaytou 'r-riyāḍa, nawaytou 's-souloûk,
lillāhi Ta'alā fī hādhā 'l-masjid.
Ati' oūllāh wa ati'oū 'r-Rassoūl wa oūli 'l-amri minkoum.
(An-Nisa. 4:59)*

Comme nous l'avons dit précédemment, la personne qui atteint *Maqam at-Tawhid* épuisera son Satan; ce qui n'est pas le cas pour quiconque associe à Allāh un partenaire en tenant des propos tels que: Moi j'ai fait ceci, moi j'ai fait cela, moi j'ai donné de l'argent au Pakistan....

Le Pakistan est presque un symbole de pauvreté et de violence. Je ne sais ce qui arrive à ce pays. Il y a trop de sorcellerie et de chirk. Je n'ai pas vu un seul Pakistanais qui ne s'en plaigne. De même en Afrique et en Asie – qu'Allāh nous en débarrasse. La magie noire est sans valeur lorsqu'ils l'utilisent contre l'être humain. En réalité, elle est la manifestation de Satan sur un individu, l'empêchant de déclarer le Tawhid et l'épuisant par la suite. La sincérité est le bouclier pour s'en défaire. Comment obtenir la sincérité? Le Verset dit: *O croyants, craignez Allāh et soyez avec les véridiques!* (9 :119) Ceux qui ont la crainte d'Allāh – Il leur dit: craignez Allāh. Il vous faut la taqwa autrement c'est une perte de temps. Si vous l'avez alors elle vous permet d'être avec ceux qui gardent leur pacte avec Allāh et n'en ont jamais dévié.

La *taqwa*, c'est la droiture. Sommes-nous droits? Nous luttons pour l'être. Comment arriver à la sincérité? Récitez la sourate de ce titre, *Ikhlas Sharif* (Sourate 112). C'est ce que les *Awlīyā* recommandent, entre 100 et 1000 fois par jour pour résoudre les problèmes. Je dis parfois aux gens: récitez 100 fois *Ya Fattah*, ou *Ya 'Alim*, ils me disent: par jour? Alors quoi, par mois? Par an? bien sûr par jour! Mais ils sont trop occupés à leurs affaires mondaines! Récitez donc Sourate al-Ikhlas pour qu'elle se manifeste en vous dans votre parcours vers Allāh ﷻ. Pensez-vous qu'Allāh ﷻ ne vous ouvrira pas Sa porte? Quelqu'un frappe à la porte, je n'ouvre pas mais il persiste. Que faire? En fin de compte vous lui ouvrez la porte et soit vous le réprimandez soit il est le bienvenu.

Allāh ﷻ par contre ouvre immédiatement La sienne! Elle est grandement ouverte, d'Est en Ouest; une fois que vous y entrez, il est difficile d'en sortir. La sortie est comme le chas d'une aiguille! Pour la simple raison qu'Il manifestera sur vous la baraka de la Sourate l'Ikhlas. A la différence d'une personnalité de haut rang tel qu'un président ou un roi qui vous invite; il vous donne une médaille pour la première visite puis une autre pour la seconde, cependant, après la troisième, il ne vous invitera plus.

Lorsque vous adressez le *salam* au Prophète ﷺ, il vous répond avec un *salam* meilleur que le vôtre. Ceux qui invoquent une seule bénédiction sur le Prophète ﷺ, Allāh ﷻ leur donne 10 bénédictions incomparables aux leurs. Les Compagnons passaient par la porte du Prophète ﷺ et lui donnaient leur Salam: «*as-salaam alayk ya Rasouloullah*», le Prophète ﷺ leur répondait «*wa alaykoum salaam wa rahmatoullah ya Abdallah*, et sur vous le salam», ils passaient et repassaient sans cesse pour qu'il leur rende le *salam*. Ils escomptaient les bénédictions divines émanant de sa réponse. Alors d'ici nous lui envoyons le salam: *as-salat was-salam alayk ya Rassouloullah, Bénédictions et salut sur toi, O Messager d'Allāh ﷺ!* Pensez-vous que le Prophète ﷺ ne nous répond pas? En vérité, il nous répond. Nous aurons en récompense non seulement 10 bénédictions en retour mais beaucoup plus car nous sommes en groupe, la *jamaa*, 1000, 50000. Vous voulez ce bénéfice, allez en Indonésie où chaque mosquée a des milliers et des milliers de fidèles!

La sincérité est la moelle de tous les actes et toutes les paroles, elle en est le secret et le fruit. Elle apparait dans vos actes et paroles lorsque vous agissez de votre mieux. Pour untel, la sincérité c'est d'être patient avec cet autre, être patient avec celui que vous n'aimez pas plutôt que d'être patient avec celui que vous aimez car cela est plus supportable ou facile. La sincérité, c'est la patience avec quelqu'un d'insupportable. Allāh ﷻ vous l'envoie comme une épreuve, pour observer si vous le recevrez comme Son serviteur au même titre que vous.

Autant la partie comestible d'un fruit a besoin d'une peau enveloppante, autant votre sincérité a besoin d'une telle peau protectrice. En conséquence, vos actes et paroles doivent être raffinés. Comment parlez-vous à une personnalité de marque? Vous polissez votre discours pour l'attirer. Que faire alors quand il s'agit d'Allāh ﷻ? Il faut s'y appliquer davantage. Il est important de se mettre debout lorsque le Nom du Prophète ﷺ est mentionné, mais les gens n'en sont pas habitués. Faites-le au moins dans vos cœurs. Une fois on m'a demandé pourquoi ces gens n'arrêtent pas de se tenir debout puis se rasseoir (à chaque fois que le nom du Prophète ﷺ est mentionné). Y-a-t-il un problème ?

La sincérité est le fruit, sinon il ne demeure qu'une peau sèche. Qu'en fait-on? On s'en débarrasse en la brûlant c'est-à-dire en éliminant les mauvaises paroles et actions.

Écoute O croyant! O celui qui déclare l'unicité d'Allāh ﷻ (*O mouwwahid*)! Allāh ﷻ dit dans le Saint Coran:

Rabbou 'l-māchriqi wa 'l-māghrib fattakhidh-hou wakīla.
Le Seigneur de l'orient et de l'occident, il n'y a d'autre dieu que Lui, alors prend-Le comme Wakil. (al-Mouzzammil 73:9)

Il est le Seigneur du lever des lumières (*chawaariq al-anwaar*) et le Seigneur du coucher des lumières: *Le Seigneur de l'orient et de l'occident*. Faisons attention ici car ce verset est immédiatement suivi par *la ilaha illa Houwa* qui va encore plus loin que la *ilaha illallāh* car *Hou* est le nom de l'Essence qui est davantage insondable, *ismoudh-dhaat* qui est *qoul houwa* qui précède Allāh ﷻ. Bien qu'Il soit le Seigneur de l'Est et de l'Ouest, bien que la lumière jaillisse de l'orient et meurt à l'ouest, cela reste insuffisant pour lever le voile sur Son Essence qui demeure à jamais insondable. Pour être accepté, il faut dire *la ilaha illa houwa*. Les *awlīyā* recommandent à leurs disciples les plus avancés de réciter *la ilaha illallāh* de 100 à 1000 fois suivi de *la ilaha illa houwa*. C'est pourquoi nous récitons dans la baya *Allāhou Allāhou Allāhou Haqq* en vue de pénétrer dans cet océan.

Il a aussi dit: «*Rabbou 'l-machriqayn wa Rabbou 'l-maghribayn, fa bi ayyi 'ālāi rabbikoumā toukadhdhibān. Le Seigneur des deux orients et des deux occidents, alors lequel des bienfaits de votre Seigneur reniez-vous?*» (Soūrat ar-Rahmān, 55:17-18). Y a-t-il plus d'un orient et plus d'un occident? Y a-t-il plus d'un soleil? Oui, autrement Il ne les aurait pas mentionnés. *Il a aussi dit: Rabboul-machāriq walmaghārib, le Seigneur des orients (au pluriel) et des occidents (au pluriel), rabboul-machaariq wal-maghaarib.* (Al-Maarij, 70:40). A chaque moment, Il crée un nombre infini d'orients et d'occidents.

Que veut dire «*Rabbou 'l-māchriqi wa 'l-māghrib, Le seigneur des orients et des occidents*» et «*Allāh is Noūrou 's-samawāti wa 'l-ʿard, Allāh est la lumière des cieux et de la terre*» (An-Nour, 24:35)? Cette lumière est le soleil levant qui resplendit sur toute chose, comme nous l'avons mentionné au cours des séances précédentes, les lumières grandissantes *chawaariq al-anwaar*. Lorsque vous vous débarrassez des voiles et des immondices du bas-monde et venez à Allāh ﷻ, Ses lumières se manifesteront dans vos cœurs. A qui toutes les lumières des Noms et Attributs se sont-elles manifestées? Au Prophète Mouhammad ﷺ, c'est lui qui est l'orient et l'occident qui brille et «télécharge» continuellement tous ces Noms et Attributs. C'est lui les lumières qui sont continuellement "téléchargées" dans vos cœurs pour que Satan ne puisse plus se jouer de vous.

Le seul qui connaisse la réalité de serviteur d'Allāh ﷻ est le Prophète ﷺ, et Allāh ﷻ a mentionné ces deux directions pour lui qui en est la manifestation. Il a élevé son nom dans la *chahada*. Allāh ﷻ n'a aucun partenaire, Il est le seigneur du Sultan des Prophètes et du Sultan des saints. C'est une indication de celui qui est sous l'instruction directe du Prophète ﷺ et la transmet à la Oumma. C'est aussi une indication qu'Allāh ﷻ donne au bien-aimé Prophète ﷺ qui est Sultan al-Anbiyā ﷺ, le Sultan des prophètes. «*fa bi ayyi ʿalaa'i rabbikuma tukhadhdhibaan, lequel des bienfaits de votre Seigneur niez-vous?*». (Soūrat ar-Ra*h*mān, 55:13). Il est *al-Machriqayn* et *al-Maghribayn*.

Mouhyiddin Ibn Arabi ق a dit: «Le Sultān al-Awlīyā, le Sultan des Saints reçoit directement du Prophète ﷺ en vertu de sa réalité qui lui fait face permanemment». Que dire du Seigneur des orients et des occidents? C'est-à-dire, Il est le Seigneur de tous les *awlīyā* assistants du Prophète ﷺ qui sont les lumières émergentes. Les lumières se meuvent avec eux, ils sont les flambeaux de cette création, la crème de la sincérité, *loubb al-ikhlas*. Quand ils sont imprégnés de cette sincérité, ils deviennent des «*ayatoun min Aayatillah tamchi ala al-ard*, des signes d'Allāh ﷻ qui marchent sur terre».

L'un des noms de Cheikh Charafouddin ق était *ayatoun min Aayatillah tamchi ala al-ard*. Quand vous entrez dans cet océan, vous direz: que fais-je encore ici (sur cette terre)?

Les *awlīyā* sont impatients qu'Allāh ﷻ les rappelle à Lui. Dans ces trois progressions du singulier (*machriq* et *maghrib*) au duel (*machriqayn* and *maghribayn*) puis au pluriel (*machāriq* et *maghārib*), nous comprenons que nous n'avons d'autre choix que la sincérité envers Allāh ﷻ à travers le Prophète ﷺ. Notre devoir par conséquent est de frapper à la porte par la prière sur le Prophète ﷺ, en lui faisant appel, *ya sayyidi ya rassouloullah*! Frappez à la porte mais vous ne pouvez y entrer seul. Entrez au moyen d'un véhicule, venez en compagnie de votre cheikh qui a plus de sincérité et est accepté pour que la porte vous soit ouverte lorsqu'il dit: «*as-salaam alayk ya sayyidi ya rassouloullah*». Pour ceux qui manquent de sincérité, ils auront une récompense mais la porte peut ne pas leur être ouverte.

«*Entrez dans les maisons par les portes*» (Sourat **Al-Baqarah**, 2:189). Quelles sont les portes? Les *Awlīyā*. Entrez par eux. «*Anā Madinatou 'l-ʿilmi wa ʿAlīyyoun bābouhā*, Je suis la cité du savoir et

Ali en est la porte»[26]. Dans chaque période il y a un héritier de Sayydina Ali ؓ, entrez par lui, alors vous verrez la cité. Quel Compagnon le Prophète ﷺ prit avec lui lors de son émigration? Aboū Bakr as-Siddiq ؓ. Jamais ce dernier n'abandonna la compagnie du Prophète ﷺ. Il demeure toujours dans la cité. Ainsi ; dans la cité, vous trouvez une porte qui vous rassure que vous êtes en présence du Prophète ﷺ; c'est la raison pour laquelle la voie Naqchbandie est appelée «la Voie Dorée» car elle vient des deux routes qui nous relient au Prophète ﷺ: celle de Sayydina Aboū Bakr ؓ et celle de Sayydina Ali ؓ. Sayyidina Oumar ؓ et Sayyidina Outhman ؓ ont d'autres tâches qui leur sont conférées. Chez les Naqchbandi, ces deux sources convergent en la personne de Sayyidina Jafar as-Sadiq ق.

En présence de ces deux océans, Satan est épuisé et la *dounya*, le bas-monde, nous est asservie. Mais pour le moment c'est nous qui sommes épuisés et nous sommes asservis à la *dounya*. Lorsque vous vous dénuerez de votre personnalité animale et des potentialités de votre existence, vous arriverez à l'existence tout-contenante avec Allāh ﷻ, le Prophète ﷺ et les *Awlīyā*; l'existence des choses advenues n'a aucune valeur, l'existence Divine les possède toutes. C'est l'océan sans fond. Plus on y descend, la profondeur s'éloigne davantage. Voilà pourquoi *la ilaha illallāh* nous conduit à la vraie existence. Le bas-monde, c'est quand on dit *la ilaha illa ana*, nul dieu que moi, et notre mode d'existence prouve que c'est ce que nous disons. Vous n'irez nulle part ainsi. La *dounya* devient votre maître et vous son esclave. Quand vous dites *la ilaha illallāh*, la *dounya* vous est assujettie, dites-le sincèrement et Allāh ﷻ le rendra tangile en votre cœur. Qu'Allāh ﷻ nous pardonne.

---

[26] Tirmidhī

Wa min Allāhi 't-tawfīq, bi hourmati 'l-habīb, bi hourmati 'l-Fātihah. D'Allāh vient le secours, par l'honneur du Bien Aimé et par l'honneur de la Fatiha.

La Chari'a protège le «fruit de l'Islam» qu'est le Tassawwouf

A'oudhou billāhi min ach-Chaytān ir-rajīm.
Bismillāhi' r-Rahmāni 'r-Rahīm.
Nawaytou 'l-arbā'īn, nawaytou 'l-'itikāf, nawaytou'l-khalwah, nawaytou 'l-'ouzlah, nawaytou 'r-riyāḍa, nawaytou 's-souloûk,
lillāhi Ta'alā fī hādhā 'l-masjid.
Ati' oūllāh wa ati'oū 'r-Rassoūl wa oūli 'l-amri minkoum.
(An-Nisa.4:59)

Kalimatān khafīfatān alā al-lisān thaqīlatān fī 'l-mīzān habībatān li 'r-Rahmān soubhānallāh wa bi-hamdihi soubhānallāhi'l-'azim. Deux mots qui sont légers sur la langue mais qui pèsent lourds dans la Balance et aimés du Très Miséricordieux: Gloire à Allāh ﷻ

Nous vous adressons tel que Mawlana Cheikh Nazim ق a dit: «O vous qui nous écoutez! O disciples de notre vénéré Cheikh, nous suivons la voie de *Ahlou'l Sounah wa'l-Jammah*! Par conséquent, notre comportement doit être exemplaire et non celui d'une personne indisciplinée. La discipline est ce qui vous mène à l'amour d'Allāh ﷻ et de Son Prophète ﷺ. Il nous incombe d'accepter et d'appliquer ce qu'a dit Sayydina Mouhammad ﷺ. Il nous a légué sa Sounah comme modèle à suivre pour éviter de chuter dans l'abime de l'insouciance et être heureux dans ce monde et dans l'autre.

Le Prophète ﷺ a dit: «Ne soyez pas tels des coqs et des poulets lorsque vous priez. Ce genre de prière n'est pas accepté». Il avait vu une personne prier maladroitement, se redressant et s'agenouillant à la hâte et après que cette personne ait finit sa prière, il lui a dis de la reprendre. La Tariqa n'est pas seulement constituée de *Marifatoullah* (« connaissance divine»). Bien que cela soit important, nous ne pouvons pas abandonner les pratiques externes de la Chariah (*Zahir a-chariah*), cala invaliderait notre prière. Ne dites pas «ma prière est acceptée parce que j'ai un cheikh». Non! Votre cheikh ne vous soutiendra pas si vous allez à l'encontre de la Chariah. Le Prophète ﷺ a dit:

> *Kalimatān khafīfatân alā al-lisān thaqīlatān fī 'l-mīzān.*
> Deux mots qui sont légers sur la langue mais qui pèsent lourds dans la Balance

Il y a plusieurs variantes du hadith. Selon l'une d'elles, ces mots sont *Soubhanallāh wa bihamdihi* et selon une autre il s'agit de la Chahada qui est: *Ach-hadou an lā ilāha illa-Llāh wa ach-hadou anna Mouhammadoun Rassoūloullāh.*

Lorsque vous dites «je suis un *mouwahhid*», vous devez mettre en application la signification du mot *Tawhid* qui signifie *sajdah* (prosternation). C'est ce qu'Allāh ﷻ ordonna à Iblis qui s'y refusa par la suite. Que ce soit une prosternation d'adoration ou de respect pour la lumière du Prophète ﷺ sur le front d'Adam ﷺ, lorsque vous faite une sajdah, vous devez observer toutes ses obligations. Quelles sont ces obligations? Elles consistent à dire *Soubhāna Rabbī al-'alā wa bi-hamdih* de manière posée et non à la manière d'un perroquet (très rapide). Vous devez méditez sur ce Nom Divin *al-'alā* et son secret se révélera à vous grâce à votre méditation. «Allāh est le Très Haut et Ses créatures sont Ses esclaves!». Lorsque vous dites trois fois dans chaque prosternation *Soubhāna Rabbī al-'alā wa bi-hamdih*, Allāh vous revêtira de ce vêtement et de cette *baraka* (bénédiction). Ne laissez pas Chaytan vous épuiser en vous contraignant à faire une génuflexion et une prosternation à la hâte comme un coq qui picore.

Combien de personnes disent entièrement «*Soubhāna Rabbī al-'alā wa bi-hamdih*»? Certains disent «*Soubhāna Rabbī al-'alā*» et n'ajoutent pas «*wa bi-hamdih*». Lorsque nous n'accordons pas à nos prières l'attention qu'elle mérite telle qu'ordonnée par Allāh, devons-nous attendre à ne plus avoir de problèmes? Vous aurez des problèmes dans ce bas-monde et l'au-delà! Quel est le bénéfice du Tassawwouf si vous abandonner la *Chari'a*? Nous sommes d'abord Musulmans avant d'être Chafi, Hanafi ou autre. Ensuite nous suivons la Tariqa, la Voie. Il est alors impératif que nous apprenions d'abord la *Chari'a*, ensuite le Tassawwouf. Si nous ne connaissons pas la *Chari'a*, nous ne devons pas participer aux cours sur le Tassawwouf!

Par le passé, il n'était pas permis aux disciples de participer aux cours sur le Tassawwouf sans avoir entièrement maitrisé au préalable la *Chari'a* du fait de la difficulté du Tassawwouf.

Au temps de Sayydina Abdoul Khaliq al-Ghoujdawani ق, un des cheikhs de la Chaine d'Or, le grand Moufti (Cheikh al Islam) décida d'aller à sa rencontre. Il lui dit: «Ya Abdoul

Khaliq, j'aimerais suivre cette voie [qu'est le Tassawwouf]» car elle est le fruit désiré des Oulémas. La *Chari'a* est la coquille qui protège le fruit; les Oulémas connaissent l'importance du fruit. Je me souviens quand tous mes oncles étudiaient à Azhar a-Charif, il était impossible de compléter les études sans souscrire à un Ordre Soufi. De nos jours, quiconque peut poursuivre des études et devenir savant (*alim*); mais à l'époque, connaitre la *Chari'a* et le Tassawwouf était une combinaison nécessaire.

Imam Malik eut 300 maîtres de *Chari'a* et 600 maîtres de Tassawwouf. Pensez-vous qu'ils lui apprirent à prier à la sauvette? Notre compréhension de l'Islam est très limitée! L'Islam accommode chaque siècle, époque, culture et chaque moment dans la vie des êtres humains. Nous ne pouvons pas dire qu'il faut «Arabiser», «Pakistaniser» ou «Américaniser» l'Islam. Quiconque le dit est considéré mécréant (*kafir*)! Allāh ﷻ a T-il dit qu'une fois qu'une nouvelle génération apparaisse, elle pouvait changer l'Islam? Non! Il a plutôt dis:

> *Bismillāhi' r-Rahmāni 'r-Rahīm, al-yawma akmaltou lakoum dīnakoum wa atmamtou 'alaykoum ni'matī wa radītoum lakoumou 'l-Islāmou dīna.*
> *Aujourd'hui j'ai parachevé votre religion pour vous, complété Ma faveur sur vous et choisi l'Islam comme votre religion.*
> (Soūrat al-Mā'idah, 5:3)

«*Aujourd'hui j'ai parachevé votre religion*» signifie: «Il n'y a rien à ajouter à ce que J'ai parachevé, et Je vous ai donné Ma satisfaction pour Ma religion». Nous pouvons dire pourtant que nous voulons des reformes en tant que Musulmans mais nous ne pouvons pas dire que l'Islam a besoin d'une reforme; nous ne pouvons pas reformer ce qu'Allāh ﷻ a rendu parfait! Les Musulmans qui tiennent ce genre de propos sont dans l'erreur; ils ne suivent pas la *Chari'a* et ne sont pas à mesure d'apprécier ce qu'Allāh ﷻ a élaboré dans Sa *Chari'a*! Puisqu'ils ne sont à mesure de la savourer, ils tiennent des propos tels: «Nous devons changer l'Islam», ce qui est absurde. L'Islam ne peut pas être autre que ce qu'il est. Pas d'addition, pas de soustraction, pas de multiplication et pas de division. La *Chari'a* est claire, *al-halālou bayyin wa 'l-harāmou bayyin*, mais les extrémistes agissent différemment en donnant des interprétations erronées aux versets du Saint Coran. Pourquoi blâmer l'Islam pour la mauvaise compréhension d'un seul individu? Il faut plutôt blâmer cet individu et non la religion!

Imam Malik ق a dit: *man tafaqaha wa lam yatassawwaf faqad tafassaq:* «Celui qui étudie la *Chari'a* sans apprendre l'aspect spirituel sera corrompu». La *Chari'a* est le tronc de l'arbre qui contient le *lubb*. Lorsque les cerfs cherchent à manger en hivers et ne trouvent aucune nourriture, ils grattent l'écorce des arbres et en boivent la sève. L'écorce est la *Chari'a* et la sève le Tassawwouf. Ils ne peuvent arriver à la sève sans passer par l'écorce.

C'est similaire à ce que dit l'Imam Malik ق: «Celui qui étudie la *Chari'a* sans apprendre le spirituel est corrompu et celui qui étudie le Tassawwouf sans la *Chari'a* est un hérétique». Vous ne pouvez pas être un Soufi et ne pas prier, mais vous pouvez prier sans être Soufi. Dans ce deuxième cas, vous suivez la *Chari'a* sans l'application du Tassawwouf. Mais dans ce cas, vos actes de dévotions sont dépourvus de saveur; vous trichez car vous les accomplissez comme bon vous semble. Par contre, quiconque a étudié le Tassawwouf sans la *Chari'a* est hasardeux car cela conduit à l'hérésie. De nos jours, certaines personnes disent: «Nous sommes Soufis». Non! Vous vous camoufler sous le terme Soufisme, mais en réalité vous vous adonnez à tout ce qui est erroné! Avez-vous vu toutes ces grandes conférences? Ils parlent du Tassawwouf mais jamais de l'Islam.

Lorsque nous sommes arrivés en 1991[27] et avons commencé à parler du Tassawwouf, ils ont tous réagi comme s'ils n'en avaient jamais entendu parler. Comment est-ce possible que des Pakistanais, Indiens ou Arabes n'aient jamais entendu parler du Tassawwouf? Qu'on-t-ils fait du Niveau de la Perfection (*Maqam al-Ihsan*)? Il y a des milliers de livres écrits par des milliers de savants sur ce sujet! Imam Malik ق a dit que nous devons étudier à la fois la coquille et le fruit: la coquille protège le fruit de la même manière que le vase protège l'eau. S'il n'y a pas de vase, il n'y a pas d'eau. Où la mettrez-vous, dans votre poche? Non, ce n'est pas possible car elle s'écoulera. Le vase préserve l'eau.

Pour revenir à notre histoire, le Moufti est venu voir Abdoul Khaliq al-Ghoujdawani ق et lui a dit:
- J'aimerais être votre disciple.
- Il lui répondit: j'ai trop de disciples.

---

[27] Aux Etats Unis d'Amerique.

- Le Moufti dit alors: Je connais la *Chari'a* mais j'aimerais goûter à la saveur du fruit.

Ce fruit n'est pas comme ceux de la dounya. Pouvez-vous manger d'un trait plus d'une centaine de différents fruits? [Dans l'au-delà], il vous sera offert à chaque moment, différent types de fruits divins ayant chacun un goût qui lui est propre.
Cette métaphore est telle celle de Sayyidina Zakaria ﷺ qui entra dans le *mihrab*, la niche de Sayyida Mariam ﷺ; il y trouva comme provisions des fruits et à chaque visite, c'était de nouveaux genres de fruits, différents les uns des autres.

- Le Moufti dit alors: Je ne veux pas la connaissance des lettres, je veux gouter au vrai goût (*dhawq*).
- Alors Abdoul Khaliq al-Ghoujdawani ق lui dit: Puisque tu insistes, je vais te donner le goût du Tassawwouf; je vais te donner le goût des fruits divins».
- Le Moufti dit: Oui, c'est ce que je veux!

Il pensait que Sayyidina Abdoul Khaliq al-Ghoujdawani ق ouvrirait un livre et lui révélerai quelques secrets à la hauteur de son statut de savant (*alim*). Il patienta, et il vu le Cheikh amener un âne, une hache et une corde.

- Le Cheikh lui dit: Cheikh al-Islam, tu désires apprendre le Tassawwouf?
- Oui, je désire m'assoir à vos côtés et apprendre de vous, répondit Cheikh al-Islam.
- Le Cheikh lui dit: Non, tu t'assois avec mon âne.

Les gens viennent voir Mawlana Cheikh Nazim ق et disent: «Nous voulons nous asseoir auprès de vous». Comment pouvez-vous avancer de tels propos? Vous n'avez même pas pu encore combattre votre égo à fortiori prétendre vous assoir à ses cotés. Des Saints de son calibre sont des Sultans, allez donc vers lui que lorsque vous avez atteint ce niveau!

Le Cheikh lui dit: «vas couper du bois et ramène-le. Tel est désormais ton travail». Ils étaient à Merv où il fait très froid en hiver. Et il ajouta: «Va-t-en là-haut sur cette montagne et prends cette route pour y aller».

Comment ce grand Moufti, ce Cheikh al-Islam, peut-il prendre un âne pour se rendre là-haut sur la montagne et ramener du bois sans que personne ne le voie? Abdoul Khaliq al-Ghoujdawani ق voulait lui apprendre l'humilité. «Va t'affairer à purifier ton égo».

A à un carrefour, les gens de la ville l'ont vu. Les enfants ont commencé à lui jeter des pierres. Les gens laissent leurs enfants à eux-mêmes, particulièrement en Occident. Si les enfants détruisent toute la mosquée, ce n'est jamais un problème. Ces temps-ci, ils ont fait des enfants les cheikhs et des adultes leurs disciples! Si les enfants ne sont pas disciplinés dans leur enfance, il est impossible de les ramener à la raison lorsqu'ils prennent de l'âge. Il est préférable de donner un peu de discipline aux enfants lorsqu'ils sont encore jeunes pour ne pas qu'ils échappent plus tard aux parents pour finir dans des gangs. Combien d'enfants dans le monde ont intégrés des gangs? Il est difficile de les récupérer.

Les enfants lui couraient après et lui jetaient des pierres en disant: «Cheikh al-Islam a un âne!».

Il est revenu à Cheikh Abdul Khaliq al-Ghoujdawani ق et lui demanda:
- Est-ce que je peux changer d'itinéraire et emprunter un chemin plus discret?
- Abdoul Khaliq al-Ghoujdawani ق lui dis: Es-tu en train de changer mon ordre? Comment oses-tu venir me demander une telle chose!

Aujourd'hui Mawlana Cheikh Nazim ق est très doux. Il ne fait de reproches à personne. Vous auriez du le voir 20 ou 30 ans plus tôt!

Abdoul Khaliq al-Ghoujdawani ق lui dis: «Puisque tu as osé contester mon ordre, dorénavant tu dois passer par les avenues principales de la ville».

Il voulait lui donner *chawāriq al-anwār*, les manifestations Divines. L'une apparait, l'autre disparait, et chacune est dotée d'une couleur différente. Mais pour y arriver, il faut au préalable obtenir la clé. De la même manière que Sayyidina Moussa ﷺ désavoua les actions de Sayyyidina Khidr ﷺ, Cheikh al-Islam s'est plaint de l'ordre du Cheikh.

A ce premier niveau, il dit:
- Est-ce que je peux emprunter une route où personne ne me verra?
- Abdoul Khaliq al-Ghoujdawani ق répliqua: Non, tu dois désormais passer par la grande avenue.

Et lorsqu'il emprunta cette avenue, encore plus d'enfants et de personnes se mirent à ses trousses, se moquant de lui et chantant: «Cheikh al-Islam est devenu fou!».

Il revint de nouveau se plaindre:
- Oh cheikh! La première route était meilleure. Est-ce que je peux y retourner? Ils m'agacent sans cesse sur cette grande avenue.
- Sayydina Abdoul Khaliq al-Ghoujdawani ق lui rétorqua: Puisque tu te plains, rends-moi mon âne, ma corde et ma hache. Désormais, va nettoyer les toilettes de la ville.

La Tariqa n'est pas facile; à travers elle, les Saints vous font subir toutes sortes de difficultés. «Va nettoyer ce que les gens refusent de nettoyer».

C'est pourquoi le *khadim* (serviteur) de la mosquée est le premier à entrer au Paradis; ce n'est ni l'Imam ni le muezzin. Quoique que l'Imam ait mémorisé tout le Saint Coran et les hadiths, celui qui prend soin des toilettes ira le premier au Paradis. Allāh est satisfait des gens doux et gentils, ceux qui s'abstiennent de se plaindre, notamment ceux qui nettoient la mosquée; ils endossent les fardeaux des arrogants. Ils ne s'affichent pas mais sont plutôt humbles.

Sayyidina Abdoul Khaliq al-Ghoujdawani ق lui dit: «Va nettoyer les toilettes publiques de la ville». Cheikh al-Islam savait que le Cheikh n'avait pas infligé cette difficulté à son âme mais plutôt à son égo. Il se soumit donc. Quarante jours plus tard, il retourna chez le Cheikh et celui-ci lui dis: «Maintenant, tu peux recevoir ta clé». Sayyidina Abdoul Khaliq al-Ghoujdawani ق lui remis son *amanah*.

Ainsi, la *Chari'a* est la première étape, suivie de la Tariqa. Sans cette combinaison, vous serez trempés d'arrogance. Dites plutôt: «*Ya Rabbi*, je suis ignorant au même titre qu'eux. Tout ce que Tu inspires à mon cœur est ce dont j'ai besoin et ce dont ils ont besoin». Qu'Allāh ﷻ nous garde sur la voie de *Ahloul Sounah wal Jama'ah* autrement nous chuterons prisonnier de la voie de Chaytan.

Malheureusement, nous tombons tous dans ce piège ces temps-ci. Nul n'accepte des conseils. Si un conseil vous est prodigué, ne répliquez par: «Qui es-tu?». Prêtez plutôt l'oreille, vous pourriez en bénéficier. Lorsqu'on demanda à Grandcheikh Charafoudine ق: «Pourquoi accordez-vous autant d'importance à ce jeune enfant (Grandcheikh Abd Allāh ق)?», il répondit: «Mon neveu? Si un enfant se rendait chez lui et disait: 'Ton Cheikh t'ordonne d'aller à Médine ou à la Mecque, il n'hésiterait pas une seconde (*yataraja*) [à exécuter l'ordre]. Sans s'enquérir de la véracité de l'ordre, sans même aviser son épouse et ses enfants, il prendrait le chemin en direction de Médine ou la Mecque. Il ne remettrait pas en question l'ordre ni ne dirait: «Il me faut un billet [d'avion] ou un chameau ou une mule ou des provisions».

Qui de nos jours peut agir ainsi? Le Tassawwouf est la foi en ce que le Cheikh dit; le Tassawwouf est de croire que: «lorsque qu'une personne me dit quelque chose, je la fais avec l'idée que c'est mon Cheikh qui a probablement fait parler cette personne».

Qu'Allāh ﷻ nous pardonne!

Wa min Allāhi 't-tawfīq, bi hourmati 'l-habīb, bi hourmati 'l-Fātihah. D'Allāh ﷻ vient le secours, par l'honneur du Bien Aimé et par l'honneur de la Fatiha.

Les *Awlīyā*oullah Enseignent le Tawhid au moyen d'Exemples

*A'oudhou billāhi min ach-Chaytān ir-rajīm.
Bismillāhi' r-Rahmāni 'r-Rahīm.
Nawaytou 'l-arbā'īn, nawaytou 'l-'itikāf, nawaytou'l-khalwah, nawaytou 'l-'ouzlah, nawaytou 'r-riyāḍa,
nawaytou 's-souloûk,
lillāhi Ta'alā fī hādhā 'l-masjid.
Ati' oūllāh wa ati'oū 'r-Rassoūl wa oūli 'l-amri minkoum.
(Sourate an-Nisa, 4:59)*

O Allāh ﷻ! Bénis Sayyidina Mouhammad ﷺ jusqu'au bon plaisir de Sayyidina Mouhammad ﷺ.

Allāhou akbar! Ma chaallāh! Voyez ces téléphones de la meilleure qualité; plutôt des «égophones»! *Allāhou akbar!* Ce petit instrument (iphone) possède l'image d'un microphone, il enregistre tout, prend des photos, prend le son et le préserve pour vous quand vous en avez besoin. Une invention du bas-monde. Les inventions d'Allāh ﷻ sont bien plus avancées et peuvent conserver ce savoir jusqu'au besoin.

Allāh ﷻ ne laisse jamais Son serviteur à la merci de Satan sans munitions. Utilise tes munitions. Comment les utiliser et en quoi consistent-elles? Par l'adoration. Il nous dit:

«*Ma khalaqta al-jinna wa 'l-ins illa li-ya'boudoūn. mā ourīdou minhoum min rizqin wa mā ourīdou an yout'imoūn.
Je n'ai pas créé les jinns et les êtres humains pour autre but autre que Mon adoration. Je ne cherche pas d'eux une subsistance; et*

Je ne veux pas qu'ils me nourrissent». (Soūrat adh-Dhāriyāt, 51-57).

Cela veut dire: Je ne veux rien d'autre de vous, y compris les jinns; voilà pourquoi les jinns existent. Il peut y en avoir donc un groupe innombrable parmi nous, assis comme nous - non que je le sache - mais les croyants parmi eux s'asseyent partout où Allāh ﷻ est mentionné. «Je ne veux d'eux aucune nourriture: c'est Moi qui leur donnerai tout», mais c'est nous qui sommes ces temps-ci insatiables. «Je donne en conséquent un peu ou beaucoup à qui Je veux».

Il est dit que les *awlīyā* reçoivent tout sans travail parce qu'ils ont assez souffert sur la voie d'Allāh ﷻ. Allāh ﷻ leurs donnent afin qu'ils viennent en aide à Ses serviteurs. L'un des devoirs est *ach-choukr*, Le remercier. Les *Awlīyā* Le remercient sans cesse et nous par contre L'oublions. Nous ne Le remercions que dans certaines circonstances telles qu'après avoir été guéri en cas de maladie. Et Allāh ﷻ immédiatement vient de donner un signe pour confirmer ce que nous disons: quelqu'un a éternué.

Allāh ﷻ ne veut rien de nous. Il veut que nous Le remercions *bis-choukri tadoom an-niʿam*. Avec la gratitude, les bénédictions se succèdent. Ses provisions sont énormes pour les *awlīyā*. Dans le passé, ils partageaient un plat à 15 paires de mains contrairement à aujourd'hui où chacun désire un plat pour soi même, ce qui est du gaspillage. Leur plat est plein de *baraka*. La sagesse est qu'un tel plat reste sans fin, il continue de nourrir et nul ne reste sur sa faim, car les *Awlīyā* remercient Allāh ﷻ perpétuellement et donc Allāh ﷻ donne sans que vous voyiez.
Pour certains *Awlīyā*, Allāh ﷻ donne la baraka à la nourriture pour qu'elle soit suffisante pour plusieurs, c'est le signe des

aqtaab, des *noujaba, boudala, nouqaba, awtad, akhya*r; pour d'autres Allāh ﷻ leur donne de l'argent lorsqu'ils sont dans le besoin; il y a des anges qui le mettent en dessous de leur tapis. Ces *awlīyā* prennent de sous leur tapis de prière et donnent, l'avez-vous vu? C'est rare, mais ça existe pour certains *Awlīyā*. Je l'ai vu de mes yeux.

Une fois à Damas, dans les années 80, quelqu'un devait retourner un prêt d'argent au gouvernement et c'était une forte somme. Je l'ai vu de mes yeux. Il a réuni la somme dans un sac, plus d'un million en liquide. Ils ne payaient pas par chèque à cette époque. Puis il y a eu un raid aérien: quatre avions israéliens ont bombardé Damas. La voiture que cette personne conduisait fut foudroyée par une bombe. Miraculeusement, cette personne a survécu mais tout l'argent a brûlé et disparu. Le gouvernement ne se souci point: raid ou pas raid, il faut payer. Que faire? Cette personne entendit qu'il y avait un *walī*, un saint, dans la montagne. Il alla le voir entouré d'un cortège de garde-du-corps, des Mercédès noires jamais vues dans ce quartier. Il alla voir ce *walī* dans sa minuscule hutte, si petite que si vous remuiez un des piliers, elle irait se prosterner – c'est-à-dire tomber en ruine! Il alla s'asseoir près du *walī* qui le reçut à bras ouverts. D'abord il ne broncha pas puis il dit: O cheikh! Priez pour moi. Le *walī* lui répondit: c'est ce que je fis avant ton arrivée ici. Ne réalises-tu pas que tu fus sauvé? J'étais à tes côtés. Immédiatement, il embrassa la main du cheikh. Il y avait la guerre dans les rues.

- Je dois retourner cet argent et il a disparu, dit l'homme. Cette personne était des *Ahl al-Bayt* et très connu.
- Je dois délivrer cette somme à cette institution et voilà qu'elle est allée en fumée. Aidez-moi! Il fixa le cheikh des yeux et ajouta: Au moins il faut repousser la date

butoir et pendant ce temps, je suis prêt à aller plaider auprès des autorités avec celui-ci (il se tourna vers moi) pour leur demander un délai». Mais comment aller dans ces conditions de bombardement? Dis-je.
- Le *walī* dit: pas besoin, nous avons des gens à qui nous adresser, retourne demain.

Après je dis à ce *walī*, à Mawlana cheikh Nazim ق, car c'était de lui qu'il s'agit:
- Tu es en train de lui faire une promesse, et d'où sortiras-tu une telle somme pour lui venir en aide?
- Il me répondit: arrête de te soucier! Allāh nous aidera, Il est généreux. C'était il y a 30 ans, et c'était mon âge plus ou moins. Aujourd'hui les gens ont de tels soucis. Mais Allāh a dit: *la ouridou minkoum min rizqin wa ma ourid an youti'moon, je ne veux d'eux aucune nourriture, c'est Moi qui les nourris!*

Il revint le lendemain avec plein de nourriture dans des camions. Mawlana invita le quartier entier à manger. Ils prièrent la prière de *zouhr*, le *asr*. Comme ils s'apprêtaient à partir, Mawlana tendit sa main sous son tapis de prière et prit un bout de papier. Je regardais. Le monsieur était sous l'effet d'un choc. Qu'est-ceci Mawlana? Ces gens-là veulent de l'argent liquide! Ne dis rien! répond-il. Prends ça et donne-le-leur. Il ne dit rien. Les *awlīyā* ne plaisantent pas quand ils sont fermes. Il prit le bout de papier. J'étais curieux de savoir ce qui était inscrit sur le bout de papier. Je vis dessus: Payez au porteur une telle somme. L'homme s'en alla avec ce papier. Il revint le lendemain matin, embrassa les pieds de Mawlana et dit: «Mawlana, ils ont accepté le papier!». Trois à quatre jours plus tard, l'argent fut versé. Cette personne était de la famille du Prophète, et grâce à sa générosité plusieurs familles issues des *Āhlou 'l-Bayt* reçoivent de l'aide. Je fus témoin de cet évènement.

Les *Awlīyā* n'abandonnent jamais les membres de la famille du Prophète ﷺ. C'est pour cela qu'il est mentionné ici que parmi les miracles des saints, il y a la profusion de la nourriture et sous leurs tapis de prière existe une fortune avec laquelle ils viennent en aide aux pauvres et les nécessiteux, *khalaqallāhou 'ala sajaadatihi aw khalwatihi darahim*: Allāh ﷻ crée de l'argent sous son tapis ou dans sa cellule. Oui, si vous voulez avoir assez d'argent dans ce monde, vous devez travailler d'arrache-pied; mais pour une vie normale, pas besoin de peiner. Allāh ﷻ mettra le monde à vos pieds. Regardez Mawlana! Il ne travaille pas; mais dès qu'il ouvre le tiroir à ses pieds, *Allāhou akbar*! D'où vient tout cet argent? Chaque fois qu'une personne est dans le besoin, il lui en donne. Allāh ﷻ pourvoie car Il sait que Ses *awlīyā* pourvoient aux besoins des pauvres. Ils veulent les fruits et non les écorces, tout est dans la balance et dans sa propre mesure avec eux, et c'est ce qu'il vous faut. Ils accordent de l'importance autant à la *Chari'a* et au *Haqiqa*. *Dhahir* et *batin* doivent aller de pair afin de maintenir un équilibre.

Cheikh Abd al-Qadir ق dit: Écoutez-moi bien! Les *awlīyā* sont sérieux et ne badinent pas avec leurs disciples. Il faut que ta langue et ton cœur soient synchronisés afin que le feu de ton égo soit sous contrôle. L'égo est façonné depuis l'enfance. Le caractère des parents, bon ou mauvais a une influence sur l'enfant; il en est de même pour l'éducation aussi bien que l'environnement. De ce fait, les *awlīyā* sont élevés dans un état de pureté, d'où l'expression *nafs al-tifl al-madhmouma*: l'égo infantile opprimé qui vous donne un air si importants! C'est seulement dans un environnement sous contrôle que l'égo sera brisé. Alors, si quelqu'un vous injurie, gardez le silence; cela brise votre arrogance et contrôle la colère, et vous en serez récompensés. N'intervenez pas dans ce qui ne vous concerne pas ni n'allez là où les gens se bagarrent au risque de voir la fondation de votre religion s'écrouler. Vos ennemis sont au nombre de quatre: *Nafs* (ego), *dounyā* (bas-monde), *hawā'* (appétits) et *chaytān* (satan). Faites la sourde oreille aux hypocrites imposteurs qui se décorent de titres flatteurs. Toujours l'égo aime prêter l'oreille aux discours flatteurs des savants qui ne vous sont d'aucun bénéfices, c'est-à-dire sans *baraka* ni aucune possibilité d'élévation spirituelle.

Les *awlīyā* par contre utilisent les expressions les plus simples et les plus efficaces comme Ibn al-Mouqaffa' qui utilisait un style facile mais inimitable appelé *al-sahl al-moumtani'*. Il était le seul à pouvoir le faire. Les *Awlīyā* ont ce genre de langage, simple mais qui va droit au cœur. Je disais à Mawlana que même Ibn al-Mouqaffaʿ ne peut pas l'imiter! Leur style est si simple et normal, mais fort et irrésistible.

Les savants ne peuvent pas vous orner comme les *awlīyā*; leurs mots n'ont pas cet effet malgré qu'ils soient éloquents. Ces mots ornementés sont comme une pate mal cuite et sans sel au risque de vous donner une indigestion. Vous sortez de chez eux atteint de leurs arrogances.

Ces docteurs ou savants (pardonnez-moi) que vous pouvez être, au moins sachez vos limites à ne pas enfreindre: à la porte du *walī*, respectez ce que le *walī* dit. Il y a deux jours je regardais (sur Sufilive) Mawlana dire à quelqu'un: viens, viens, assieds-toi là O sayyid! Très rarement Mawlana interrompe sa *souhba* pour parler à quelqu'un; on ne pouvait le voir. Je connais l'endroit, ça voudrait dire viens t'asseoir près de moi, à même le sol. Lorsqu'il a terminé, j'appelai Mawlana pour lui demander qui c'était. Je demandai à Mawlana de dire au cameraman de mouvoir la caméra; je vis que c'était Habib Ali al-Jafri. A la fin, Habib Ali dit: «Mawlana, donne-moi une *ijaza* pour le dhikr», c'est à dire pour la *baraka*. C'est ainsi qu'ils le conçoivent. Ces gens connaissent les niveaux des *awliyā* comparativement aux leurs. Et celui-ci lui accorda son respect malgré son simple discours. Cette visite élèvera Habib Ali, car il a fait preuve d'humilité en rendant visite à Mawlana.

La pâte des *awliyā* est bien cuite, elle vous sera bénéfique. Sachez que votre égo est votre pâte et que le *Walī* la cuit pour vous, parfois il doit complètement la calciner afin que vous puissiez recevoir les bénéfices.

Une fois j'arrivais à la maison de Grandcheikh ق par une allée étroite montant et passant sous la fenêtre faisant face à la mosquée. Grandcheikh ق hurlait et criait contre quelqu'un. C'était en 1969. Je restai figé et n'osais pas bouger de peur d'essuyer le même feu de paroles. Nous ne savions pas contre qui! Toutes sortes de vitupérations à la fin: «Dehors! Je ne veux plus te voir!» Puis la porte s'ouvrit et qui sortit? Mawlana Cheikh Nazim ق! Il sortit avec le sourire et nous dit: montez, montez. Comment monter Mawlana? Après une telle averse! Montez, il nous dit. Mais quand Grandcheikh ق nous vit, il nous dit: Entrez, entrez. Nous entrâmes moi et cheikh Adnan, tremblant comme des feuilles, mais Grandcheikh ق souriait: «Ce Nazim effendi est remarquable, vraiment: inchangeable. J'hurlais contre lui par ordre du Prophète ﷺ et lui toujours le cœur content et la face souriante. Les *awliyā* sont contents de lui».

Ils vous mettent dans des situations où vous êtes sous de telles pressions pour que vous sachiez vos propres progrès. Il nous fit du thé et nous donna une longue souhba, non de 40 minutes comme aujourd'hui mais de plusieurs heures en fonction du *Tajalli* qui se manifesta. L'objectif des *awliyā* est de détruire votre colère, votre égo. Aujourd'hui, Mawlana n'ose pas élévé le ton contre aucun mouride; ce mouride ne reviendrait plus! Faites attention à ce point et soyez heureux lorsque les *awlīyā* vous hurlent dessus; c'est un indice qu'ils vous purifient. Les gens visitent les médecins, et ceux-ci leur disent: vous avez une infection. Que leur donnent-ils: Ya Allāh! Des injections d'antibiotiques encore et encore pour arrêter l'infection. Similairement, les *awlīyā* dévorent vos egos en hurlant contre vous, ils prennent sur eux-mêmes vos péchés. C'est ainsi chaque 24 heures quand ils font la *sajda* de *Salat al-Najat*, ils présentent chaque mouride personnellement au Prophète ﷺ. C'est une responsabilité et une tâche qui leur incombe en tant que saints. Ce faisant, ne les mettez pas dans une situation inconfortable en présence du Prophète ﷺ. Qu'Allāh ﷻ nous garde sous leurs bénédictions pour être en sécurité dans ce monde et dans l'autre!

Al-Chadhili ق dit: «*At-tawhīd sīroullāh wa 's-sidqu sayfoullāh Wa madadou sayfī bismillāh*, le *tawhid* est le secret de la compréhension d'Allāh ﷻ et la sincérité est le sabre d'Allāh ﷻ et le soutien de ce sabre est *Bismillah al-rahman al-Rahim*». Cette épée se meut et nous en parlerons demain incha Allāh; par l'honneur du Bien-Aimé, par l'honneur de la Fatiha.

Voyez! Il est 7 heures du matin aujourd'hui et il fait encore nuit mais hier à cette même heure, il faisait jour. Que se passe-t-il? Il y a des nuages aujourd'hui. Similairement, le cœur est un soleil par lequel Allāh ﷻ manifeste Sa Beauté sur les êtres humains, mais s'il y a des voiles, vous ne pouvez voir cette lumière. Satan met les voiles. Les *awlīyā* disent qu'il y a 70000 voiles qui nous séparent du Prophète ﷺ et qu'il faut lever. Comment faire cette tâche énorme? La nécessité d'avoir un cheikh s'impose pour cela. Et parfois ils (les *awlīyā*) crient sur vous pour vous purifier. Si vous laissez Satan travailler contre vous, les voiles s'accumulent et deviennent opaques comme les glaciers de l'Antarctique, des icebergs. Le glacier qui voile le cœur du fait de l'action de Satan est si opaque! A l'instar des médecins qui utilisent aujourd'hui les rayons laser en opération chirurgicale pour enlever une tumeur, similairement votre cheikh le fait: les rayons laser qui d'un coup résolvent le problème; nous avons besoin d'un «cheikh-laser» aujourd'hui et non d'un «cheikh-pile électrique». D'un trait, ces meetings avec Mawlana al-Cheikh lèvent tous les voiles mais conservent le dernier bien épais: le «voile du commun, *hijab al-awām*» pour que vous restiez égal au commun des mortels.

Qu'Allāh ﷻ lève tous nos voiles afin que nous puissions voir la réalité de notre Cheikh et la réalité du Prophète ﷺ!

Wa min Allāhi 't-tawfīq, bi hourmati 'l-habīb, bi hourmati 'l-Fātihah. D'Allāh ﷻ *vient le secours, par l'honneur du Bien Aimé et par l'honneur de la Fatiha.*

Le Secret du Nom «Allāh»

*A'oudhou billāhi min ach-Chaytān ir-rajīm.
Bismillāhi' r-Rahmāni 'r-Rahīm.
Nawaytou 'l-arbā'īn, nawaytou 'l-'itikāf, nawaytou'l-khalwah, nawaytou 'l-'ouzlah, nawaytou 'r-riyāḍa, nawaytou 's-souloûk,
lillāhi Ta'alā fī hādhā 'l-masjid.
Ati' oūllāh wa ati'oū 'r-Rassoūl wa oūli 'l-amri minkoum.
(Sourate an-Nisa, 4:59)*

Ce que nous avons mentionné tout le long de ce mois à propos du *dhikroullah* et du perfectionnement du caractère décrit la vie de ces *awlīyā* à travers le *dhikroullah* et *Maqam al-Ihsan* – le rang de l'excellence. Ils ne sont pas comme le commun des gens. Ils vivent une vie normale mais Allāh a mis quelque chose de spécial en leurs cœurs comme dans le hadith à propos d'Aboū Bakr as-Siddiq où le Prophète a dit: «Allāh a donné à Aboū Bakr as-Siddiq, *chay'oun waqara fī qalbihi* – quelque chose qui s'est enracinée dans son cœur», quelque chose qui dépasse toute description, et les Compagnons ont compris plus tard qu'il s'agissait du *dhikroullah*. Il se souvenait tout le temps d'Allāh avec sa langue et son cœur.

Le Prophète a dit son hadith célèbre: «*Allāhoumā lā takilnī ila nafsī ṭarfata 'aynin wa lā aqall*, O Allāh! Ne m'abandonne pas à moi-même même pour un clin d'œil ou moins». Combien de clins d'œil faites-vous? Au moins 20 ou 30 par minute. Il voulait exprimer aux gens en son temps la fraction de temps d'un clin d'œil. Même pour un clin d'œil, si je suis laissé à moi-même, je chuterais. Le Sceau des Messagers est *ma'soum*, infaillible; pourtant il dit de lui-même: «O Allāh ﷻ ! Ne m'abandonne pas à moi-même, même pour un clin d'œil ou moins». Comment définir «Moins qu'un clin d'œil». Qu'est-ce que moins? Certainement, dans la mesure de la portion reçue d'Allāh ﷻ, le Prophète ﷺ savait qu'en une fraction de seconde ou moins, il ne serait plus question de temps. En effet, n'est-ce pas que les scientifiques ont découvert récemment qu'à l'état de 10^{-22} de seconde, le temps disparait et fait place à l'énergie? Alors, «je chuterais si j'étais laissé à moi-même à n'importe quel moment». Qu'en est-il de nous si le Prophète fait une telle supplication? Que fit Aboū Bakr as-Siddiq ؄ lorsqu'il entendit le Prophète ﷺ faire une telle supplication? Sa réaction fit absolument différente de la nôtre. Nous entendons des centaines de hadiths mais demeurons les mêmes. L'âne peut-il changer sa nature? Ses oreilles demeurent longues, toujours pareilles à elles-mêmes. Telle est notre nature, notre estampillage. Les mêmes choses nous sont répétées mais impossible de changer notre nature, *taba'*, ainsi avons-nous été élevés depuis notre enfance. Alors ne choyez pas vos enfants dans leur enfance. Ne leur donnez pas tout ce qu'ils demandent, plutôt donnez leur ce qu'ils n'aiment pas. Il y a à peine un moment nous avons mentionné quelque chose et voici que chacun n'a pu contrôler sa colère.

Sayydina Aboū Bakr ؄ immédiatement se leva et alla se mettre un caillou dans sa bouche puis entra dans la Ka'aba et se mit à pleurer. Les gens cherchèrent Aboū Bakr ؄ mais ne purent pas mettre la main sur lui; le Prophète ﷺ par contre savait où le retrouver. Il le retrouva à la Kaaba et lui dit :

- Où étais-tu? Cela fait sept jours que tu as disparu. Aboū Bakr as-Siddiq ؄ était en pleurs et le Prophète ﷺ mis sa noble main entre ses épaules et ceci lui apporta une brise agréable similairement lorsque Sayyidina Ibrahim ؅ fut jeté au feu de Nemrod, Allāh ﷻ changea le feu en une brise douce de 19°C, de même ce feu qui brûlait en Sayyidina Aboū Bakr ؓ fut éteint par la noble main du Prophète ﷺ.

- Le Prophète ﷺ lui demanda: pourquoi pleures-tu?
- Sayyidina Aboū Bakr ؓ répondit: O Saint Prophète ﷺ! Je sais que tu intercéderas pour les gens le jour de la Résurrection et que tu es sans péché, et pourtant tu demandes à ne pas être laissé à toi-même! Alors qu'adviendra-t-il de moi si je suis laissé à moi-même pour un clin d'œil ou moins?

Deux secondes. Comptez et voyez comment c'est rapide! Combien de fois Satan pénètre dans notre cœur en une seconde ou moins?

- Le Prophète ﷺ répondit: O Aboū Bakr ؓ! Allāh ﷻ t'a mentionné dans le Saint Coran par deux fois. «*Illa tansouroūhou faqad nassarahou 'Llāh. Idh akhrajahou 'Lladhīna kafaroū thānīya ithnayni idh houmā fī 'lghār. idh yaqoūloū li-sāhibhi lā tahzan inna 'Llāha ma'nā fa-anzal 'Llāhou sakīnatahou 'alayhi wa ayyadahou bi-jounoūdin lam tarawhā wa ja'ala kalimat 'Lladhīna kafaroū as-souflā wa kalimatu'Llāhi hīya 'l-'oulyā w 'Allāhou 'azīzoun hakīm, Quand ils étaient dans la grotte et qu'il disait à son compagnon: "Ne t'afflige pas, car Allāh est avec nous*». (Sourate at-Tawba, 9:40). Il est le second de deux (lui et le Prophète ﷺ furent dans la grotte Thawr lorsqu'ils émigrèrent de Makka a Médine). Il fit de toi mon ami. Nul ne reçut un tel honneur autre que toi (Sayyidina Aboū Bakr ؓ était plus âgé que le Prophète ﷺ) et Il t'a appelé le plus grand Véridique (car il confirmait tout ce que le Prophète ﷺ disait).

- Il répondit: O Saint Prophète ﷺ! Au Jour du Jugement, si Allāh ﷻ me fait appel et me dit: «Je t'ai fait Véridique (siddiq et sadiq) et le second des deux qui étaient dans la grotte», mais à cet instant, Je change cela; qui peut faire la moindre objection? Personne. Ceci signifie aussi que «Ya Rassouloullah! Allāh ﷻ t'a donné l'Intercession mais s'Il le change, ce serait Son choix».

Mais ceci n'adviendra jamais car Allāh ﷻ ne change pas ce qu'Il donne. Il donne à jamais. C'est pour que nous comprenions. Quand il entendit cela, le Prophète ﷺ s'assit et pleura. Qu'Allāh ﷻ bénisse Grandcheikh ق, il racontait souvent cette histoire pour nous faire comprendre que Si Allāh ﷻ change Sa volonté pour une chose, cela nous met dans une zone grise, alors, il ne faut pas être sûr de soi-même bien que nous soyons sûrs de la miséricorde d'Allāh ﷻ, avec Lui rien que miséricorde. Ils pleurèrent et des ruisseaux de larmes coulèrent de leurs yeux. Chaque larme qui coulait des yeux du Prophète ﷺ représentait un être humain et le Prophète ﷺ pleura pour toute sa nation, *oummat an-nabi*, et pour chaque être humain une intercession fut inscrite au Jugement dernier. Allāh ﷻ dit dans le Saint Coran:

Walladhīna maʿahou achiddāou ʿalā al-kouffāri rouhamā'ou baynahoum.

Mouhammad est le messager d'Allāh, et ceux qui sont avec lui sont durs envers les non-croyants et miséricordieux entre eux. (Sourate al-Fath 48:29).

Ici, *kouffar*, non-croyant signifie le «moi». Vous ne pouvez donner libre court à votre ego puis être rude envers les autres! Faites plutôt le contraire: soyez miséricordieux envers les autres mais strict envers vous-même. Allāh ﷻ donna la même injonction aux gens du Livre, de l'Evangile (le nouveau Testament) et à ceux de la Torah (l'ancien Testament).

Sayyidina Aboū Bakr ؓ ne cessa de pleurer puis par ordre du Prophète ﷺ mit fin, mais ses larmes comprirent tous les Naqchbandis jusqu'au dernier jour et tous seront en sécurité; puis vint Jibril avec le «Contrat de Sécurité (bara'ah)». Il dit : «Allāh ﷻ t'envoie Son Salam et dit : «Par Ma Seigneurie, Je ne changerai rien de ce que J'avais promis de Ma miséricorde». Ils ont eu un certificat de baraah, innocence. Possédons-nous quelque chose de similaire? Si oui alors riez le restant de vos vies; dans le cas contraire, soucions-nous de ce qui pourrait nous arriver.

Nous lisons des centaines de hadiths, mais quel changement s'opère en nous? Aucun. Comment changer? Quand on est malade d'une infection, on peut prendre des injections d'antibiotiques ou des pilules. Souvent cela ne s'avère pas suffisant en cas de cas grave; il faut des anti-inflammatoires ou de la cortisone. Qui peut vous diagnostiquer? Seul un médecin est habilité à le faire et vous donner une telle prescription. Dans tous les cas, c'est un élément extérieur qu'on apporte au corps pour remédier au malaise. Voila pourquoi Sayyiddina Abdoul Qadir Jilani ق a dit: «al-'Ilmou you'khadh min afwāhir-rijāl la min as-souhoūf, le savoir s'obtient des lèvres des hommes et non des feuillets des livres», C'est-à-dire des hommes et des femmes qui ont atteint le niveau de la sainteté, de la maturité. Par conséquent, quiconque a reçu le niveau de la sainteté est à mesure de diagnostiquer de quoi vous souffrez et prescrire le remède nécessaire. C'est donc un élément extérieur.

«Le savoir s'obtient des lèvres des hommes et non des feuillets des livres». Ce savoir vient de leur discours ou vision : Ils vous envoient le savoir de la certitude 'Ilmou 'l-Yaqīn, la vision de la certitude, 'Aynou 'l-Yaqīn puis Haqqou 'l-Yaqīn, la certitude de la réalité. L'injection des saints vous élève d'abord au niveau de la connaissance, puis de la vision et enfin l'ultime dose qui vous parachute au haqq, la réalité où la certitude possède votre âme et votre cœur et où il ne demeure plus de question au sujet du tawhid. C'est le niveau où vous comprenez que toute chose indique réellement le Créateur. Le doute et l'hésitation n'ont plus lieu.

Les *Awlīyā* peuvent faire usage de feuillets en vue de vous enseigner pourvu qu'ils vous tiennent compagnie, vous diagnostiquent et prescrivent l'unique remède qui vous convient. D'où les Awrads qu'ils prescrivent. Différentes Tariqas ont différents Awrads et techniques. Chaque Cheikh ق a sa voie qui lui est propre et qui n'est pas nécessairement similaire à celle d'un autre. Dans la voie Naqchbandie, nous suivons la voie d'un cheikh à un autre, et dans la silsila, la lignée, les cheikhs peuvent changer les awrads en fonction du moment. A preuve comme je l'ai mainte fois dit, je n'ai jamais vu Grandcheikh ق donner la baya'a à quiconque, mais maintenant Mawlana Cheikh la donne à n'importe qui, même par téléphone ou l'internet ; c'est sa voie pour ces temps-ci. Ne prenez donc pas la voie des livres mais des lèvres des hommes accomplis, des *awlīyā*.

Man hā'oula'i'-rijāl, Qui sont ces hommes? Demande Sayyīdinā 'Abd al-Qādir al-Jilānī ق à ses disciples dans son livre *al-Fayd al-Rahmani*. Ce sont les hommes de vérité, *al-mouttaqoun*, les sincères qui possèdent la crainte d'Allāh ﷻ, *taqwa*, qui ont abandonné ce monde (*at-tārikoūn*), et qui ont hérité du savoir du Prophète ﷺ (*al-wārithoūn*). *al-'arifoūn*, qui ont atteint le niveau de la connaissance d'Allāh ﷻ, «*man 'arafa nafsahou faqad 'araf rabbah, qui se connait lui-même connait son Seigneur*», ceux qui se maintiennent sur le droit chemin, *al-*

amiloun. Ils sont dédiés corps et âmes à ce pour lequel Allāh ﷻ les a créé: «*Il est, parmi les croyants, des hommes qui ont été sincères dans leur engagement envers Allāh ﷻ. Certains d'entre eux ont atteint leur fin, et d'autres attendent encore; et ils n'ont varié aucunement (dans leur engagement)*». (Sourate al-Ahzab 33:23).

Qu'en est-il pour nous? Nous vacillons à tout moment: *lā hawla wa lā qouwatta illa billāhi 'l-ʿAlīyyi 'l-ʿAzhim! Il n'y a de changement ni de puissance que par Allāh ﷻ*! Plus nous prenons de l'âge plus nous sommes pires. Sayyidina Aboū Yazid a dit: je respecte les plus jeunes et les plus vieux, car respectivement ils ont moins de péchés et plus d'adoration. Ceux qui ont maintenu leurs promesses avec Allāh ﷻ ne s'en désengagent point toute leur vie et attendent leur moment pour retourner à Lui. Vacillons-nous ? Oui.

Sayyīdinā ʿAbdou 'l-Qādir ق continue: «Tout autre que ce que nous avons décrit est hallucination et fausseté. A preuve, vous ne voulez pas vous détacher de l'emprise de la dounya, le monde. Vous en êtes obsédé. Voilà le *batil*. Il dit: *al-wilāyatou li 'l-mouttaqīn*, la sainteté appartient à ceux qui ont la crainte d'Allāh ﷻ, ceux qui tiennent leurs promesses, à eux Allāh ﷻ donne ce monde et l'autre.

Allāh ﷻ dit: *Rabbanā ātinā fi 'd-dounyā hassānatan wa fi 'l-ākhirati hassanat*
Seigneur! Accorde-nous belle part ici-bas, et belle part aussi dans l'au-delà. (Sourate al-Baqara 2:201).

Demander une part de ce monde et une autre de l'au-delà est un signe d'appartenance au premier niveau des véridiques. Le niveau suivant est celui où l'au-delà est le but, et enfin le plus haut niveau est celui où Seul Allāh ﷻ est l'objet du désir. Il y a aussi d'autres qui ont abandonné ce bas-monde quoiqu'ils ne soient pas Musulmans tels les moines dans leurs monastères. Que fera Allāh ﷻ d'eux ? Nous les laissons à Son jugement, nous ne pouvons juger personne autres que nous-mêmes. Soyez sincères avec vous-mêmes et avec ceux qui ont tenu leur promesse à Allāh ﷻ afin d'être sauvés. O Allāh ﷻ ! Bénis Sayyidina Mouhammad ﷺ !

Sayyīdinā 'Abdou 'l-Qādir ق continues: *ab'id nafsaka 'ani 'ch-choubouhāt, wa 'ch-chahawāt*, éloigne-toi des zones douteuses et des désirs, les mauvais désirs», «*'awwid nafsaka 'aklal al-halāl, et habitue-toi aux nourritures pures*», c'est à dire nourris-toi du fruit de ton labeur. Allāh ﷻ n'aime pas les paresseux comme ici, vous entendez souvent des gens répondre à la question, travailles-tu? «J'ai perdu mon emploi». Tu es sans emploi? Va donc nettoyer la mosquée, les toilettes de la mosquée, fais quelque chose, ne reste pas assis chez toi à ne rien faire. En Europe, ils ne font que faire des enfants comme des machines pour récolter l'argent des allocations familiales. Ils s'emploient eux-mêmes. Si vous ne travaillez pas, restez en adoration au lieu de passer le temps à regarder la télé et manger des hamburgers.

Wahfaz bāṭinaka bi 'l-mourāqabah, protège ton intérieur par la méditation. Ne dites pas que c'est inutile car le Ghawth al-'Azham, 'Abd al-Qādir al-Jilānī ق l'a mentionné.

Si tu n'as pas de travail, alors prends un voile, mets-le toi sur la tète et fait la méditation et le dhikr d'Allāh ﷻ huit heures en plus de tes prières obligatoires, car on est censé travailler huit heures. Manifeste de l'intérêt pour Allāh ﷻ, demande des comptes à ton ego! Ceci est pour l'aspect interne.

En ce qui concerne l'aspect externe, visible à tous, suivez la Sounna du Prophète ﷺ: «*Dis: Si vous aimez Allāh, suivez-moi (ma sunnah), et Allāh vous aimera»* (3:31). Si Allāh vous aime, vous serez gagnant, ainsi vous recevrez les inspirations réelles, non floues; vous entendrez et verrez. Ne dites pas: «voilà 20 ans que je suis dans la Tariqa, et je ne ressens rien ni ne vois rien». Vous arrivez à une barrière qu'il vous faut rompre. Mais le cheikh ne veut pas la rompre pour vous. Il faut que vous même la rompiez, car cet acte vous propulsera plus haut. Par contre, si le cheikh la brise, vous vous arrêterez à ce niveau. Vous n'avez qu'une seule opportunité à la rompre. Ne la manquez pas! Rompez-la donc et tout vous sera ouvert, la vraie inspiration vous viendra, et vous serez honoré de *mari'fatoullāh*, la connaissance céleste. Qu'Allāh nous guide.

L'imam ach-Chadhili ق a dit : *at-Tawhid sirroullāh*, le *tawid* (*lā ilāha illa-Llāh*) est le secret d'Allāh. Dis: ALLĀH, l'Unique, Celui qui est connu par le Nom «Allāh». Ce concept est le secret d'Allāh. De même *as-sidqou sayfoullāh*, dire la vérité est le sabre d'Allāh pour combattre votre ego, non pour combattre et faire exploser les bombes qui tuent les innocents. Non. Tuez plutôt votre ego; et le support du sabre est *Bismillah al-Rahman al-Rahim*.

Qu'Allāh nous pardonne, nous bénisse et nous soutienne. Qu'Il donne longue vie à notre bien-aimé cheikh jusqu'au Mahdi et Sayyidina Issa.

Wa min Allāhi 't-tawfīq, bi hourmati 'l-habīb, bi hourmati 'l-Fātihah. D'Allāh vient le secours, par l'honneur du Bien Aimé et par l'honneur de la Fatiha.

Les caractéristiques, pouvoirs, et responsabilités du Ghawth et ses Aqtabs

A'oudhou billāhi min ach-Chaytān ir-rajīm.
Bismillāhi' r-Rahmāni 'r-Rahīm.
Nawaytou 'l-arbā'īn, nawaytou 'l-'itikāf, nawaytou'l-
khalwah, nawaytou 'l-'ouzlah, nawaytou 'r-riyāḍa,
nawaytou 's-souloûk,
lillāhi Ta'alā fī hādhā 'l-masjid.
Ati' oūllāh wa ati'oū 'r-Rassoūl wa oūli 'l-amri minkoum.
(an-Nisa 4:59)

Les saints d'Allāh comme nous les avons décrits ces 29 jours, sont de rangs différents et dotés de divers degrés de connaissance tout au long de leurs vies. Ils ont une forte volonté et ne renoncent jamais même après avoir atteint leur but. Il est rapporté d'Allāh :

Mes saints sont sous Mes dômes, nul ne les connaît sauf Moi.[28]

Qui sont les saints qui ne sont pas connus? Allāh les connaît et sait ce qu'ils ont accompli et combien ils en sont récompensés. Nous avons décrit dans les sessions précédentes leur niveau et ce qu'ils ont accompli. Il y a le *Ghawth* (qui hérite du Prophète), sous lui les cinq qoutbs: *Qouṭb, Qouṭb al-Bilād, Qouṭb al-Aqtāb, Qouṭb al-Irchād, Qouṭb al-Moutasarrif*. Sous ces cinq qoutb sont cinq autres différentes catégories de saints:

---

[28] Haadith Qoudsi: Kashf al-Mahjoub.

Boudalā, Noujabā, Nouqabā, Awtād, et Akhyār. Tous reçoivent du Prophète ﷺ par leurs connexions et la lignée que nous avons mentionnée au cours de nos séances précédentes. Celui que nous n'avons pas encore décrit est le *Ghawth*.

Le *Ghawth* est celui qui prend directement du cœur du Saint Prophète ﷺ. Il est considéré comme on le dit en arabe: *al-fard al-jami', al-wahid*, l'unique à qui Allāh ﷻ a donné le pouvoir de maintenir tous les saints ensemble, et tout retourne à lui et de lui au Prophète ﷺ. Il est celui qu'Allāh ﷻ regarde toutes les 24 heures avec 70.000 manifestations différentes, et chaque jour ces manifestations diffèrent de celles du jour précédent. Il est celui au sujet duquel Allāh ﷻ dit:

mā wasi'anī ardī wa lā samaiī wa lākin wasi'anī qalbi 'abdī al-mu'min.
Ni Mon ciel ni Ma terre ne Me contiennent mais le cœur de Mon serviteur Me contient.

Il est celui qui est en mesure de percevoir *an-Noūr al-Ilāhī*, la lumière Céleste qu'Allāh ﷻ envoie. Il a la possibilité d'endosser le reste de la Oummah entière, et les traces de cette manifestation que les membres de la Oumma reçoivent dépendent de leur capacité. Le *Ghawth* a quatre autres savoirs latéraux qui lui reviennent: l'un vient de l'Archange Sayyidina Israfil (l'Archange Rafael) ﷺ ; il prend du cœur de Sayyidina Israfil ﷺ qui est décrit comme «*māddatou 'l-ihsās*» la matière de la vie et de la sensibilité; de lui vient la réalité de la matière de la vie et ses sentiments à apparaître dans chaque Création. Le matériau de la vie est le secret qu'Allāh ﷻ met dans chaque création pour qu'elle apparaisse. Ce secret siège dans le cœur de Sayyidina Israfil ﷺ, car quand il soufflera dans sa trompette, il retirera cette vie de tous et tous mourront. Une autre fois il soufflera et leur redonnera la vie.

En outre du savoir qu'il [le *Ghawth*] prend de sayyidina Israfil ﷺ, il prend aussi de Sayyidina Jibril (l'Archange Gabriel) ﷺ le savoir du secret de *nach'ātoun insānīyyah* (l'âme parlante à travers la croissance humaine) par laquelle toute créature parle dans la langue qu'Allāh ﷻ lui a accordée. Les êtres humains ont en commun un langage universel. En Chine, ils disent qu'ils ont un millier de langues. Les Arabes ont la leur, les Turques la leur etc. mais il ne s'agit pas de ce langage mais d'un langage universel qui est en Sayyidina Jibril ﷺ, car c'est lui qui révéla le Message à Sayyidina Adam ﷺ, Sayyidina Ibrahim ﷺ, Sayyidina Nouh ﷺ, Sayyidina Moussa ﷺ, Sayyidina Issa ﷺ, Sayyidina Mouhammad ﷺ, à tous les prophètes à travers un langage que tous comprennent. C'est le langage que le cœur en tout être humain comprend mais qui nous est voilé. Un exemple contemporain à cet effet est la science de l'informatique où il y a plusieurs langages mais tous communiquent à travers un langage universel.

Le troisième savoir qu'a le *Ghawth* vient de Sayyidina Mika'il (l'Archange Michel) ﷺ. Il est celui qui dépêche la pluie par ordre d'Allāh ﷻ.

Wa ja'alna mina 'l-ma'ī koulla chay'in hayy. De l'eau, nous avons créé toute chose vivante. (Soūrat al-Anbīyā, 21:30)

Le quatrième savoir, il le prend de Sayyidina Izra'il ﷺ, l'ange de la mort, le pouvoir de transposer les être humains de la vie à la mort selon la volonté et le commandement d'Allāh ﷻ. Le *Ghawth* épure les mauvaises caractéristiques des êtres humains par ce pouvoir, les substitue par de bonnes caractéristiques au moyen du secret de Sayyidina Izra'il ﷺ enraciné dans son cœur. Telles sont les fonctions spécifiques de la *Ghawthiyya al-Koubra* connu comme *Qoutbiyya al-Koubra*, l'auxiliaire majeure.

Ghawth signifie «*youghīth*», qui donne *madad* et support. Il endosse certains pouvoirs de ces anges et il prend du cœur du Prophète ﷺ tout ce dont il a besoin pour accomplir la tâche qui est la sienne, car c'est une tâche ardue. C'est une réalité céleste qui est conférée au cœur du *Ghawth*. Ce *Ghawth* a deux imams (*lahou imāman*) ou chefs auxiliaires, l'un à droite et un à gauche.

Celui de la droite, en permanence contemple les pouvoirs célestes qui sont nécessaires et est le centre de réception du support autant céleste que spirituel. Celui à sa gauche contemple la création et la soutient directement au moyen de support céleste et est responsable de tout ce qu'Allāh ﷻ a créé et amène cette création à être conscient de son existence sur terre. Si ce *walī* se retire, il y aura un chamboulement de tout.

Ces deux imams ont huit caractéristiques, 4 manifestes (*zāhir*) et 4 cachées (*bāṭin*).

- Les manifestes sont: ascétiques (*az-zouhhad*), la crainte scrupulose (*dhou al-wara'*), l'appel à faire le bien et l'interdiction du mal (*al-amr bi 'l-m'aroūf wa 'n-nahī 'ani 'l-mounkar*).

- Les traits cachés sont: la véridicité (*sidq*); ils maintiennent leur engagement qu'ils ont pris avec Allāh ﷻ, ils ne changent point; la sincérité (*ikhlās*), la modestie (*hayā*), et ils sont en permanence en contemplation (*mourāqaba*).

Sous eux viennent les cinq qoutbs déjà mentionnés; sous ceux-ci, les *abdal* qui sont *houm Āhlou 'l-fadl wa 'l-kamāl*, les gens d'honneur et de perfection, *w 'astiqāma wa 'l-ʿitidāl*, droits, justes et modérés. Allāh ﷻ a retiré d'eux l'imagination et le doute. Le Prophète ﷺ les a décrits dans son saint hadith:

> *Si vous êtes dans un désert ou une jungle et craignez un danger, appelez-les.*

Puis, ils y a les «*al-Boudala*». Il est dit qu'ils sont entre 40 et 300. Ils apportent leur support aux gens en difficultés et dans un état de frayeur et leur pourvoient ce dont ils ont besoin dans leurs affaires mondaines. Les *Noujaba* quant à eux s'occupent des affaires de l'au-delà, à porter les fardeaux des gens. Ils ne regardent que la présence divine à travers les cinq qoutbs, le *Ghawth* puis le Prophète ﷺ. C'est d'eux que viennent leurs ordres. Mouhammad al-Bousiri ق les a mentionnés dans son vers:
«*wa koulloum min rassoūloullāhi moultamissoun*, tous prennent du Messager d'Allāh ﷺ, demandant son soutient (*madad*)». Ils sont connus pour leur attachement à l'adoration, abondamment (*kathrat al-ʿibādah*) et en permanence. Ils sont toujours en *mouhāssaba wa tafakkour*, analysant les conditions des êtres humains. Si ces conditions sont en deçà de la norme, ils récitent des *salawāt* pour le compte de ces êtres humains. De ce fait, la condition humaine s'améliore, elle passe du négatif au positif. Ils (ces *awlīyā*) s'assurent que tout le monde est du coté positif.

L'un de leurs traits est *at-tafakkour,* la méditation en permanente. Ils ne prêtent aucune oreille à ce bas-monde. Ils observent permanamment cette ligne de conduite.

Puis il y a les Nouqaba' auxquels Allāh ﷻ a donné différents pouvoirs au moyen desquels ils peuvent atteindre les êtres humains, non par La parole mais par les cœurs. C'est pour cela que les *Awlīyā* passent une ou deux heures à méditer parce que le pouvoir du cœur est plus loquace que le pouvoir de la langue. Ils sont connus pour rester *as-samt* (silencieux), garder de longues vigiles de nuit *(as-sahr),* affamés *(al-joū')* conformément à ce qu'a dit le Prophète ﷺ:

Nahnou qawman lā nākoul hattā najou', wa idhā akalnā lā nashb'a.
Nous sommes un groupe de gens qui ne mangeons que quand nous avons faim, et quand nous mangeons nous ne mangeons pas à satiété.

Ils se privent de manger et l'ardeur de leurs estomacs s'émousse; ce qui les maintient en éveil. Ils sont en isolation complète, *'ouzlah.* Ils ont leur propre imam qui les conduit en présence du Saint Prophète ﷺ. Ils ont *qad tahaqqaqū bi ism al-bāṭin,* atteint la certitude par rapport à toute chose cachée aux gens, et *achrafou bi bāṭin an-nās,* ils sont à mesure d'extraire les secrets voilés au sein des âmes, *fastakhrajū kachā'if ad-damā'ir,* ils extraient les secrets enfouis au sein du subconscient». Pour eux, tout voile est levé.

Aujourd'hui, on peut observer ce genre d'activité chez les psychiatres où ils vous posent des questions et en fonction de vos réponses, ils analysent vos problèmes. Mais les *Nouqaba* n'ont pas besoin de questions. Ils vont directement au subconscient et au cœur et extraient tout sans questions. Ceux qui ont besoin de questions, les psychiatres, ont eux-mêmes besoin de psychiatres. N'allez donc pas chez eux car vous vous empireriez! Allez plutôt chez les *Nouqaba* qui vous purifient. Il n'y a pas de voiles pour eux, ils peuvent tout voir avec le support d'Allāh ﷻ.

Les aspects cachés du subconscient sont de trois niveaux :

1. le plus haut niveau du Soi, *an-noufoūs al-ʿalīyya fa hīya haqāʾiqou ʾl-amrīyya*: lorsque vous êtes sur une bonne voie, vous accédez à ce haut niveau au sein du subconscient qui représente la certitude et la réalité des ordres divins. Leurs yeux sont fixés sur ces ordres qui leur viennent toutes les 24 heures, les informations du *laouh al-mahfouz*. Nous ne pouvons le voir à cause de nos péchés. Nous en sommes voilés, ce qui n'est pas le cas pour eux, ils peuvent les voir et vous les communiquer ou les préserver pour vous.

2. l'autre niveau est *noufoūsoun souflīyya*, les âmes subalternes, inférieures, reliées au mal, celles qui prêtent l'oreille dans le subconscient ou le for intérieur au démon où tous les commérages malicieux viennent au cœur.

3. le troisième niveau est *al-noufoūs al-wassaṭīyya*, les réalités de la nature humaine, celui des âmes intermédiaires entre les deux premières.

Dans ces 3 niveaux, Allāh ﷻ a mis pour ainsi dire une mini puce qui contient tous les secrets divins concernant cette personne. Ces secret divins sont au nombre de 360. Pourquoi 360? Parce qu'il y a 360 points dans le corps humain qui une fois appuyée, sont à même d'exécuter une fonction particulière. Chaque point de l'être humain est doté d'un secret et déclenche un langage ou code à connaître et nécessaire pour 24 heures. Ces *awlīyā* peuvent déchiffrer toute cette information et vous la faire parvenir si vos *awrad* sont accomplis et selon que vous

vous mainteniez sur la bonne voie. Si vous vous affermissez, le pouvoir de ces points vous est envoyé sous forme d'inspiration.

Si vous n'êtes pas sur la bonne vois, alors c'est l'âme inférieure, *nafs as-soufliyya,* qui sera activée, et elle vous inspirera de mauvaises informations. Par contre si vous abandonnez les deux derniers types, alors ce sera le premier type d'âme, *an-nafs al-ʿoulwīyya*, toujours en présence du Prophète ﷺ, en présence divine qui sera activé et tous les voiles tomberont si vous parvenez à rallier les 3 niveaux. Si vous ne parvenez pas à rallier ces 3 niveaux, alors les *Nouqaba* vous achemineront toutes ces informations.

Les *Al-awtad* ou «piliers» sont peu nombreux, quatre à chaque point cardinal [donc 16 en tout]. Ils sont comme les piquets qui maintiennent une tente en équilibre. Les *Awtad* sont les piliers de ce monde, les pôles qui assurent la stabilité aux quatre coins, l'Est l'Ouest, le Nord et le Sud. Chaque groupe est responsable de la région du monde qui lui est assignée. Allāh ﷻ leur a assigné huit actions à accomplir: certains sont perceptibles tandis que d'autres ne le sont pas. Les perceptibles sont les suivantes:

- Ils jeunent excessivement, *kathratou 's-sīyām,*
- Ils restent éveillés toute la nuit, *qīyāmou 'l-layli wa 'n-nāsou nīyyām* alors que les gens dorment.
- Ils sont vigilants et toujours en alerte, constamment sous obéissance, *wa kathratou 'l-imtithāl.*
- Ils sont toujours soumis et disent: nous entendons et obéissons, *wa kathratou 'l-imtithāl.*
- Ils ne font jamais d'objection ni ne font usage de leur raison, et s'en remettent a Lui.

- Ils sont tout le temps en *istighfār*, en train de demander le pardon lorsque les autres sont endormis.

Les actions qu'on ne peut percevoir d'eux sont les suivantes:

Ils s'en remettent à Allāh, *houm al-moutawakkiloūn 'alā Allāh*, ils dépendent de Lui et du Prophète. Ils sont connus pour leur foi complète, *thiqah;* et sont toujours en parfaite soumission, *taslīmīyya;* puis vous avez les nombreuses autres caractéristiques que nous avons vues au cours des séances précédentes.

Les *Akhyar* ou élus, les derniers type d'*aqtab* sont ceux qui ont été sélectionnés et honorés. C'est un groupe d'élite très limité. Ils ne sont sous personne mais directement sous les cinq qoutbs. Ce sont les *akmal āhl al-ard*, plus parfaits êtres humains sur terre, et rien de leur apparence interne n'est perceptible de l'extérieur au point que rien ne les différencie du commun des gens. Ils ont pu maintenir cet équilibre. Ils n'ont pas de chapelets en main (comme signe de piété). Ils ont une apparence qui n'affiche aucun signe de *wilaya*. Ils vont en certains lieux pour certaines raisons qui sont inconnues. Leurs actions sont si ordinaires qu'ils passent inaperçus, et pourtant ce sont les plus parfaits des habitants sur terre. Ils ne laissent pas leur main droite percevoir la bonne action menée par la gauche. Ils ne conservent le mal de nul en leur cœurs, n'ont jamais eu d'intention malsaine ni de rancœur contre quiconque. Ils savent que tous les êtres humains sont des serviteurs d'Allāh et trouvent à chacun une excuse. Toutes leurs artères sont saturées par le goût de la sincérité, physiquement et spirituellement. Ils aiment tout le monde et ne portent de critique à personne. Ils n'aiment pas se faire découvrir. Ils se déplacent dans le monde et se vêtissent comme le commun des gens: pas de *joubba* pour eux. Ceux-là sont les vrais pratiquants de *taqiyya* (dissimulation).

Grand cheikh ق dit: «Ces genres d'*Awlīyā* existent en permanence toutes les 24 heures. Même s'il s'avère qu'une personne solitaire vit au sommet d'une montagne, ce genre d'*awlīyā* doit lui rendre visite toutes les 24 heures parce que leur devoir est d'apporter leur support à toute personne. Ils sont ceux auxquels Allāh ﷻ a donné l'habilité d'apparaître à toute personne soit physiquement soit spirituellement à travers des rêves.

Wa min Allāhi 't-tawfīq, bi hourmati 'l-habīb, bi hourmati 'l-Fātihah. D'Allāh ﷻ vient le secours, par l'honneur du Bien Aimé et par l'honneur de la Fatiha.

Baiser le Saint Seuil du Mausolée du Saint Prophète

A'oudhou billāhi min ach-Chaytān ir-rajīm.
Bismillāhi' r-Rahmāni 'r-Rahīm.
Nawaytou 'l-arbā'īn, nawaytou 'l-'itikāf, nawaytou'l-
khalwah, nawaytou 'l-'ouzlah, nawaytou 'r-riyāḍa,
nawaytou 's-soulôûk,
lillāhi Ta'alā fī hādhā 'l-masjid.
Ati' oūllāh wa ati'oū 'r-Rassoūl wa oūli 'l-amri minkoum.
(4:59)

Un jour, je décidai de visiter Madinat al-Mounawwara comme de coutume les jeudis et vendredis pour y prier car j'avais pris résidence à Jeddah. Je reçus donc un jour un appel de mon cheikh, mawlana cheikh Mouhammad Nazim Haqqani ق. Il me dit: «Où vas-tu?» Je lui répondis: «Ya Sayyidi! Avec ta permission, j'aimerais visiter le Prophète ﷺ». Il me dit: «Baise le seuil de son mausolée pour moi». Lorsque tu entends une chose pareille, spécialement venant de ton cheikh, tu t'interroges: «Comment y arriverais-je avec tous ces obstacles et ces sentinelles? C'est quasiment impossible».

Faisons la parenthèse suivante avant de revenir à notre histoire. L'Ascension nocturne (*'Isrā* et *Mi'rāj*) du Prophète ﷺ a été l'objet d'une discorde en son temps. Mais c'est ce même problème auquel plusieurs d'entre nous font face aujourd'hui et la réponse et le sens de la spiritualité est perceptible dans ce qui suit.

La spiritualité n'est pas une entité palpable, additive à l'aumône, au jeune, à la prière et au pèlerinage (le *hajj*) mais c'est un moyen pour accéder au *Maqām al-Ihsān* comme mentionne dans le hadith de Sayyidina Oumarﷺ. En effet, selon le hadith, pour atteindre l'état d'*Ihsān* ou d'excellence morale, il s'avère impératif de souscrire aux cinq piliers de l'Islam, aux six piliers de la Foi ainsi qu'aux principes directeurs inhérents de l'état d'excellence en tant que tel. C'est un exercice difficile et complexe pour celui qui compte y arriver seul. Cette personne ne fera que tourner en rond.

Avoir un guide est un pré-requis pour atteindre ce niveau et celui qui aspire rencontrer ces genres de guide les trouvera assurément. Ce sont les saints ; ils sont frères les uns les autres, ils s'aiment les uns les autres. Je ne parle pas des charlatans mais des véritables saints , ceux qui ont sacrifié leurs vies pour leurs disciples.

Revenons donc à mon histoire. Je partis donc pour Médine; je roulais à la vitesse de 120 miles/h (environ 192 km/h) pour y arriver rapidement et cela à cause de l'injonction de Mawlana cheikh Nazim ق: «Va et baise le seuil du mausolée du Prophète ﷺ de ma part». Il me vint à l'esprit: une telle injonction ne pourrait être gratuite, il doit y avoir une possibilité de faisabilité». J'y arrivai très rapidement avec la *baraka* du Prophète ﷺ. Je fis la grande ablution et me rendit à la sainte place dont Allāhﷻ a bien voulu en faire une parcelle du Paradis, *qatan min al jannah*. Au *Mouwajaha*, c'est-à-dire ce sanctuaire paradisiaque (car en réalité il pèse sur mon cœur d'y faire référence comme un tombeau), l'on essaie de s'y tenir aussi longtemps qu'on peut au point même de ne plus vouloir l'abandonner.

Lors de la visite au Prophète ﷺ, il est recommandé (c'est l'adab, l'éthique) de s'y tenir debout en sa présence aussi longtemps que l'on puisse même sans faire de *dou'a* mais debout, essayant de relier le cœur au sien en accord avec le hadith suivant:

Tafakkarrou sa'atin khayroun min 'ibādati saba'īn sannah. Se souvenir d'Allāh﷾ *c'est-à-dire contempler ou méditer pendant une heure vaut mieux que 70 ans d'adoration»*.

Il s'agit ici d'une contemplation en isolation; mais alors que pensez-vous d'une contemplation en présence du Saint Prophète ﷺ ? Il est du devoir de chaque visiteur de s'y tenir cinq, sept ou dix minutes avant de continuer son chemin. Certains pourraient s'y tenir plus longtemps que d'autres car cela dépend de la connexion ou liaison que l'on peut établir avec le saint Prophète ﷺ.

Sous instruction de nos *chouyoukh*, nous avons rendu visite au Prophète ﷺ à plusieurs reprises avec Mawlana cheikh Nazim ق (qu'Allāh﷾ lui donne longue vie). Auparavant, il n'existait aucune barrière. J'ai observé Mawlana cheikh Nazim ق s'y tenir et faire *dou'a* pendant quatre-vingt dix minutes! Ca avait plutôt l'allure d'une conversation.

La présence du Prophète ﷺ est perceptible mais pas visible car il y a beaucoup à accomplir pour atteindre ce niveau de *mouchāhadah*. Mawlana s'y tint donc pendant une heure et demie puis il s'avança vers Aboū Bakr as-Siddīq ؓ et s'y tînt pendant une demi-heure. Il en fit de même avec Sayyīdinā 'Oumar ؓ pendant une demi-heure. De même avec Bāb Jibrīl au *mahbit al-wahī* (où Jibril vint avec la révélation (*wahī*) au Prophète ﷺ. Enfin nous nous rendîmes au maqam de Sayyida Fatimah az-Zahra ؓ dont le sanctifié corps (selon Grandcheikh a été déplacé par les anges à un nouveau local annexe à celui qui servira d'espace d'inhumation pour Sayyīdinā 'Isa ؑ. Ceci qui explique pourquoi les *awlīyā* y contemplent. Mawlana s'y tint donc en sa présence pendant 45 minutes avant d'avancer vers *Bab at-Tawbah* (maintenant fermé) où il fit une *dou'a* spéciale et une *sajda*. Il faut saisir l'opportunité quand elle se présente et j'en étais à l'affut. Habituellement, les sentinelles ordonnent de ne pas s'y attarder. Souvent après cinq minutes, ils somment de quitter les lieux. Je ne me suis pas tenu à l'entrée mais comme d'ordinaire je me suis tenu plus loin près du mur. Cependant, malgré le nombre élevé de sentinelles, ni leur chef a la barbe rouge ne m'approcha ni aucun d'eux ne fut autorisé à le faire. C'était vraiment étrange car habituellement en cinq minutes l'on est sommé de quitter les lieux. Lorsque je finis, je partis baiser le gros pilier en arrière plan où l'on reste invisible aux autres mais c'est alors que l'un des chefs parmi les sentinelles m'approcha. Je me suis dit: «C'est la fin de la visite». Il vint à moi et me dit: «Veux-tu baiser le seuil du mausolée du Prophète ﷺ?» Je répondis par l'affirmative et il m'amena au seuil de la porte du Prophète ﷺ et je fus en mesure de baiser le saint seuil et tout autour de moi disparut. Il n'y a avait plus de sentinelles, plus rien à l'exception du saint seuil. Je le baisai et m'y tint debout et soudain tout retourna à la normale. La sentinelle me dit: «Transmets mon *salām* à cheikh Nazim». Il n'avait jamais fait la connaissance de Mawlana cheikh Nazim ق et il n'y a jamais eu de conversation téléphonique entre les deux.

Je décidai de partir pour la *Madrassat ach-Choūnah* où Mawlana cheikh Nazim ق se rend d'ordinaire. J'entendu des pas de quelqu'un qui me courait après et je me dis: «Oh! Ils arrivent». Je me retournai et vis l'une des sentinelles m'approcher et m'offrir un Coran joliment décoré et me dit: «Oh Hicham! Ceci est un cadeau de mon père pour cheikh Nazim». Je le remerciai, je ne lui demandai rien, je ne lui dis rien non plus car agir ainsi serait déplacé, c'est-à-dire *tark al-adab*. En Tariqa, il n'y a pas de place pour les questions, mais plutôt écouter et agir selon les injonctions: *asma'oū wa woū*. Ainsi je fus absorbé par les faits au point d'être perdu. Je n'y compris rien, même jusqu'à présent. Ce genre de situation défie la raison.

Thoumma arji'i 'l-bassara karratayni yanqalib ilayka 'l-bassarou khāsiyan wa houwa hassīr.
Puis, regarde encore par deux fois : ton regard reviendra vers toi, lassé, brouillé... (Soūrate al-Moulk, 67:4).

Jetons un regard sur une étoile, observons-la à nouveau. *Yanqalib ilayka 'l-bassarou khāsiyan wa houwa hasīr*, l'observation d'une seule étoile vous épuise alors que pensez-vous de 80 milliards d'étoiles dans notre galaxie? Que pouvons-nous comprendre? Nous ne savons rien mais par la raison du cœur, nous savons tout. Qu'est-ce qu'Allāhﷻ a révélé à son Prophète ﷺ pour nous en l'occurrence?

Mā wassi'anī ardī wa lā samā'ī wa lākin wasi'anī qalbi 'abdī al-mou'min.
Ni Mes cieux ni Ma terre ne peuvent me contenir mais le cœur de mon serviteur croyant le peut. (Hadīth Qudsī, Al-Ihya de l'Imam al-Ghazali)

Cela signifie que: «Le cœur du croyant contient Ma Lumière, Mes Attributs, la compréhension de l'univers». Pensez-vous que les *awlīyāoullāh* n'ont pas le pouvoir d'aller au-delà de cet univers ? Le Prophète ﷺ est allé au delà de l'univers. Il est passé à travers 80 milliards d'étoiles de notre galaxie et ensuite à travers 60 milliards de galaxies et même mieux jusqu'à *Qāba Qawsayni aw Adnā*, c'est-à-dire à un centimètre ou millimètre près de la Présence Divine.

Wa min Allāhi 't-tawfīq, bi hourmati 'l-habib, bi hourmati 'l-Fatiha, Le succès vient d'Allāh ﷻ par l'honneur du Bien-aimé, par l'honneur de la Fatiha.

Emboîter le pas au Prophète ﷺ

*A'oudhou billāhi min ach-Chaytān ir-rajīm.
Bismillāhi' r-Rahmāni 'r-Rahīm.
Nawaytou 'l-arbā'īn, nawaytou 'l-'itikāf, nawaytou'l-khalwah, nawaytou 'l-'ouzlah, nawaytou 'r-riyāḍa, nawaytou 's-souloûk,
lillāhi Ta'alā fī hādhā 'l-masjid.
Ati' oūllāh wa ati'oū 'r-Rassoūl wa oūli 'l-amri minkoum.
(4:59)*

Allāh ﷻ ordonna aux prophètes et spécialement aux saints:
Qoul in kountoum touhibboūna 'Llāha fattabi'oūnī youhbibkoumullāhou wa yaghfir lakoum dhounoūbakum w'Allāhou Ghafoūrou 'r-Rahīm.
Dis: «(Oh Mouhammad!) Si vous aimez Dieu, suivez-moi, Dieu vous aimera et vous pardonnera vos péchés. Dieu est Pardonneur, Clément». (Soūrat Āli-'Imrān, 3:31)

Ceci est «khās» c'est-à-dire s'applique spécialement à eux (aux saints). Les *awlīyāoullāh* suivent-ils ou non le Prophète ﷺ? Nous autres, nous nous y efforçons. Quant à eux, ils le suivent sans effort. Cela va de soi car spirituellement, ils ont voué leurs vies au Prophète ﷺ. Ce qui signifie qu'ils le suivent pas à pas, et puisqu'il est allé au *Mi'rāj*, ils doivent aussi aller au *Mi'rāj* autrement ils ne sauront être *walī*. Un *walī* doit suivre le Prophète ﷺ dans tous ses pas. Le *walī* aime t-il Allāh ﷻ ou pas? Evidemment car c'est un pré-requis pour être *walī*. En définitive, cela signifie qu'ils suivent les pas du Prophète ﷺ, qu'ils vont au *Mi'rāj* donc sont à même de guider les autres. Ce faisant, en effet, ils apprennent de lui et dispensent ce qu'ils ont reçu.

Sayyīdinā Abdul Qadir al-Jilani ق dit dans son *Fath ar-Rabbani*: «*Yā Ghoulām*, Oh enfant!». Ces disciples étaient des savants réputés, apprenants à ses pieds. Il avait le titre de *Ghawth*. Il leur adressa ainsi «*Yā Ghoulām!*», pour leur dire vous demeurez enfants car vous êtes encore immatures». Ceci est dangereux car à l'état d'immaturité, comment peut-on obéir ou même être responsable? Il est important de saisir la portée de l'injonction: «*Yā Ghoulām!*» Il y a un secret qui s'y rapporte car il est le *Ghawth*. Je n'avais pas encore étayé ce point depuis que nous avons entamé nos explications matinales du Ramadan. Je viens de recevoir la permission de partager avec vous, ce secret.

En substance, cela signifie que la responsabilité incombe aux *awlīyāoullāh* et non à vous. Lorsque vous tendez la main à un guide, il lui incombe de vous guider sinon il ne peut se prévaloir d'aucune responsabilité c'est-à-dire d'aucune autorité, «*fī katab al-'ilmi wa hifshizh bi ghayri 'amal*». C'est donc un exercice dangereux. Nombreux sont les savants qui passent leurs vies à écrire des discours sans mettre en pratique ce qu'ils ont appris. A quoi servira un savoir s'il n'est pas mis en pratique? Cela nous apparente à «un âne». La spiritualité est synonyme de pratique. Mettre en pratique quotidiennement une seule action vaut mieux que mémoriser des milliers de conseils, et il cita le hadith suivant du Prophète ﷺ: *yaqoūl Allāh azza wa jall bi 'l-anbiyā wa 'l-'oulama* c'est-à-dire Allāh ﷻ s'adresse aux prophètes et *oulama*, donc aux hommes pieux de façon suivante: «Oh ! Si vous vous prévalez, *antoum kountoum rou'atou khalqī*, être les bergers attitrés pour les nations alors qu'avez-vous fait du cheptel? Que leur avez-vous montré et enseigné? Vous êtes responsable d'eux. Oui cela vous incombe».

Où se dirigeront tous les prophètes le Jour du Jugement? Vers Sayyīdinā Mouhammad ﷺ lequel pensent-ils à la solution à leur angoisse. Si telle est la condition des *anbiyā* en ce jour-là, qui accourent vers le Prophète ﷺ, alors que peut l'*'ālim* en ce jour? Que restent-ils des ʿālim lorsque les anbiya frémissent ce jour-là? Où seront en ce jour-là les ʿoulama sur les podiums aujourd'hui édictant des fatwa avec l'air hautain comme des paons ? Ils doivent accourir vers le Prophète ﷺ et non directement à Allāh ﷻ autrement ils iront directement en Enfer.

Cela est prévalent aujourd'hui parmi les rois qui se pavanent sur les podiums à l'instar d'un coq dans une basse-cour. Similairement, chaque individu se croit roi. Peux-tu trouver deux individus qui ont la même compréhension? Non, tu le ne trouveras pas parce que chacun se forge toujours une opinion singulière. Dans cette optique, le Prophète ﷺ a dit: «Si vous être trois, choisissez un comme amīr». Autrement ils se disputeront ne serait-ce que pour choisir un amīr. Ce n'est pas cela la spiritualité, qui est synonyme de taslīmiyya, soumission.

Allāh ﷻ demandera aux rois: antoum kountoum khazān kounouzikoum, «Vous étiez les gardiens de Mes trésors!» En effet, tous les trésors sont aux mains des rois. Il leur demandera ensuite: Hal wasaltoum al-fouqara, «avez-vous fait attention aux pauvres ?» Lorsque Sayyīdinā ʿOumar ؓ devint le khalifah, il se lamenta au point que son épouse lui demanda: «Pourquoi te lamentes-tu alors que tu es devenu le khalifah?» Il répondit: «Justement je dois me lamenter car dorénavant je suis responsable de tout affamé». Il avait l'habitude de porter au dos des sacs de nourritures et les distribuer aux pauvres.

Aujourd'hui, les rois et les reines thésaurisent les richesses du monde, augmentent le prix du carburant et sucent le sang des pauvres.

Qui fait grimper le pris du pétrole aux fins de transformer les nations du golfe en arène de prostitution? Allez-y vous rendre compte vous-mêmes. Ils ont fait du pétrole un monopole d'enrichissement alors que les pauvres s'appauvrissent d'avantage. Ce hadith précité du Prophète ﷺ est rapporté par Sayyīdinā Abdul Qadir al-Jilani ق et mentionné dans son livre *Kanz al-Oummāl*. «Avez-vous pris soin des pauvres, des orphelins, *aytam*? Combien de nourriture alloué initialement aux orphelins se retrouve le lendemain à la vente sur le marché? Allāh ﷻ leur en demandera compte. Avez-vous remis aux pauvres leurs portions qui leur est dues sur votre richesse et qui de fait est mon droit sur vous?

En définitive, sommes-nous *Ghoulām* ou non? Nous sommes *Ghoulām* donc nous ne sommes pas responsables. Cette affirmation n'est pas mienne mais elle vient de Sayyīdinā Abdul Qadir al-Jilani ق. Il devient responsable d'eux (*Ghoulām*, ses disciples). Un *walī*, à lui seul, est suffisant pour emmener tout le monde au paradis, au *maqʿad sidqin*. Réjouissez-vous en! Pensez-vous que le Prophète ﷺ se satisfasse de la solitude au Paradis ? Il a besoin de gens avec lui, réjouissez-vous donc, souriez. C'est cela *Maqām at-Tachrīf*.

Wa min Allāhi 't-tawfiq, bi hourmati 'l-habib, bi hourmati 'l-Fatiha,
Le succès vient d'Allāh ﷻ *par l'honneur du Bien-aimé, par l'honneur de la Fatiha.*

La différence entre un ʿĀlim et un Walī

*Aʿoudhou billāhi min ach-Chaytān ir-rajīm.
Bismillāhi' r-Rahmāni 'r-Rahīm.
Nawaytou 'l-arbāʿīn, nawaytou 'l-ʿitikāf, nawaytou'l-khalwah, nawaytou 'l-ʿouzlah, nawaytou 'r-riyāḍa, nawaytou 's-souloûk,
lillāhi Taʿalā fī hādhā 'l-masjid.
Atiʿ oūllāh wa atiʿoū 'r-Rassoūl wa oūli 'l-amri minkoum.
(4:59)*

Retournons à l'ascension nocturne. Lorsque le Prophète ﷺ y alla, il rencontra Sayyīdinā Moussa ﷺ qui aime bien poser des questions. En effet, Moussa ﷺ dit:
«*Qāla rabbī arinī anzhour ilayk.*

«O mon Seigneur! Dévoile-Toi à loi afin que je puisse poser le regard sur Toi». (Sūrat al-ʿArāf, 7:143)

Cela lui est bien facile. Le Prophète ﷺ n'a jamais posé de question; il écoutait et obéissait. Il a toujours écouté Sayyīdinā Jibrīl ﷺ. Seulement une fois il a posé une question. Lorsqu'il a passé les sept cieux au cours de l'Ascension, il a demandé à Sayyīdinā Jibrīl ﷺ: «Ne continues-tu pas avec moi?» Sayyīdinā Jibrīl ﷺ répondit: « Je ne peux plus ». Le Prophète ﷺ continua seul en Présence Divine. Il vivait le *Maqām at-Tawhīd*. «Tawhīd» est le mot qu'ils ne cessent de répéter aujourd'hui. Le Prophète ﷺ sera-t-il exclusivement avec le groupe adepte de cette nouvelle idéologie? Qu'en est-il des premiers musulmans? N'étaient-ils pas imprégnés du «*tawhīd*»?

Sayyīdinā Moussa ﷺ dit: «*Yā Sayyidī, yā Rassoūloullāh!* Puis-je te poser une question qui me vient constamment au cœur? Tu as dit: «*'oulama oummatī ka anbiyā Banī Isrā'īl*» (les authentiques) oulemas de ma oumma seront comparables aux prophètes de Bani Isrā'īl».

Leur connaissance sera-t-elle similaire à la notre? Peux-tu me donner une réponse, Ya Rassouloullah! Comment ces individus héritent ils des prophètes?

Le Prophète ﷺ fit appel à l'une de parmi les âmes *fil arwah*» tout comme Allāh dit: «*Alastou bi rabbikoum qāloū bala*», similairement, le Prophète ﷺ peut appeler à lui n'importe quelle âme du passé comme du futur. Il appela l'une du futur et dit à Moussa: «En voici une».

- Sayyidina Moussa lui demanda: «Quel est ton nom?»
- Cette âme lui répondit: Mouhammad bin Mouhammad ..... bin Mouhammad al Ghazali» sept fois, et il aurait pu le répéter jusqu'à cent fois mais il ne voulu indisposer le Prophète ﷺ.
- Sayyidina Moussa rétorqua: Qu'est ce que cela? Je te croyais héritier du Prophète ﷺ! Pourquoi répètes-tu Mouhammad bin Mouhammad ... Bin Al Ghazali ?
- Il répondit: «Si je pouvais dire Mouhammad bin Mouhammad jusqu'au Jour du Jugement Dernier, je ne m'arrêterai pas».
- Il ajouta: «Ya Moussa ! Pourquoi objectes-tu lorsque je dis «Mouhammad bin Mouhammad ... ?» Pourquoi ne critiques-tu pas ta propre action lorsqu'Allāh te demanda ce que tu tenais en mains, et tu donnas toutes sortes de détails pertinents le long de ta vie?
- Sayyidina Moussa répondit: «Juste pour faire perdurer l'honneur dont je jouissais en présence de Mon Seigneur. C'est une présence honorable *Maqam at-Tachrif*.

Ce genre de réponse laisse apparaître la différence entre un *'ālim* et un *walī*. Comment imiter le Prophète ﷺ et pratiquer sa *sounnah* dont l'importance est capitale.

Dans le hadith de Sayyīdinā 'Oumar ؓ, après que le Prophète ﷺ eut décrit *maqam al Ihsān*, il fut interrogé par sayyidina Jibril: «Informe-moi au sujet de l'heure Ya Rassouloullah!» Le Prophète ﷺ répondit: «L'interrogé ne sait pas mieux que ce lui qui interroge». Alors Sayyidina Jibril ajouta: «Décris-moi ses signes». Ce que fit le Prophète ﷺ en incluant le hadith suivant: «Les bédouins dévêtus, au pied nus, érigeront de haute édifices à qui mieux mieux». Maintenant dans les pays du golfe, la concurrence dans la construction de hauts édifices bat son plein. Ceci est-il évident ou non? Il n'y a plus de temps cher frères Musulmans.

Allāh ﷻ a fait trembler la terre il y a trois semaines, et Il peut le refaire à tout moment de Son choix. La bourse des valeurs a chuté. Le Jour du Jugement arrive, ne vous leurrez point. Sayyīdinā Abdul Qadir al-Jilani ق mentionne aussi dans son livre: «Le Jour du Jugement, quelqu'un appellera «Où sont les oppresseurs? Qu'ils avancent!» Nous avons peur de nous opprimer nous même. Sommes-nous oppresseur, oui ou non? Nous n'en sommes pas sûrs. Cependant, si nous affirmons que nous ne sommes pas oppresseurs, cela voudrait dire que nous ne commettons pas de péchés. Commettons-nous des péchés? Dites oui et repentez-vous, ceci est meilleur que de proclamer que nous ne commettons pas de péchés. Faisons-nous de l'associationnisme dissimulé ou non (*chirk*)? Tout ce qui a trait à nous est une forme d'associationnisme imperceptible comme la vanité, l'arrogance et la fierté.

Sayyīdinā Abdoul Qadir al-Jilani ق écrit ensuite: *Ayna awwām adh-dhalama. Ayna man yara min qalaman*, les oppresseurs font usage de leurs *plumes* pour ordonner et envoyer les gens en prison quoiqu'ils soient innocents». *Dhalama* fait référence à celui qui profite de tout, fusse t-il nécessaire de tuer son prochain comme cela est prévalent aujourd'hui dans la mafia. De nos jours, l'on a peur d'aller en prison faute de s'acquitter d'une contravention. Mais qu'arrive t-il du PDG d'entreprise qui s'accapare de milliards de dollars au détriment de la basse classe? Sont-ils considérés oppresseurs ou non? Vont-ils en prison? Ceux qui manipulent la bourse des valeurs a leur profit et au détriment des pauvres seront-ils interroges le Jour du Jugement Dernier? Les riches s'enrichissent et les pauvres s'appauvrissent.

Sayyīdinā Abdoul Qadir al-Jilani ق continue: «Par souci d'équité, qu'un de ces juges témoigne contre ces riches et les enveloppe de feu!»

Qu'Allāh ﷻ nous pardonne nos péchés et nous bénisse.

Wa min Allāhi 't-tawfiq, bi hourmati 'l-habib, bi hourmati 'l-Fatiha, Le succès vient d'Allāh ﷻ par l'honneur du Bien-aimé, par l'honneur de la Fatiha.

Une Sainte Assemblée Effacera un Million de Péchés

Aʿoudhou billāhi min ach-Chaytān ir-rajīm.
Bismillāhi' r-Rahmāni 'r-Rahīm.
Nawaytou 'l-arbāʿīn, nawaytou 'l-ʿitikāf, nawaytou'l-khalwah, nawaytou 'l-ʿouzlah, nawaytou 'r-riyāḍa, nawaytou 's-souloûk,
lillāhi Taʿalā fī hādhā 'l-masjid.
Atiʿ oūllāh wa atiʿoū 'r-Rassoūl wa oūli 'l-amri minkoum.
(4:59)

Ceci est un important rappel pour tous. Avant de prier, que faites-vous? Vous faites le w*oudou* (ablution) afin de vous purifier de tout péché potentiel à même d'entacher votre prière. L'on ne peut assumer que tout le monde est parfait sans faute et sans péché entre une prière et une autre. Aussi Allāh ﷻ nous ordonne d'être purifiés avant de lire le Saint Coran:

> *Fa idhā qarāt al-Qur'an fastaʿidh billāhi min ach-Chayṭān ir-rajīm. Innahou laysa lahou sultānoun ʿalā alladhīna amanoū wa ʿalā rabbihim yatawakaloūn.*
> Lorsque tu lis le Coran, prends refuge en Allāh contre Satan le lapidé. Celui-ci, certes, n'a aucun pouvoir sur ceux qui croient et s'en remettent à leur Seigneur. (Surat an-Nahl, 16:98-9).

Ecoutez bien, vous et moi. Allāh ﷻ dit: «Lorsque tu veux lire le Saint Coran, refugie-toi auprès d'Allāh ﷻ contre Satan. Il n'a aucun pouvoir sur ceux qui ont la *taqwa* et ceux qui sont *mou'min*. Il ne peut approcher ceux-là ni ceux qui ont placé leur confiance en Allāh ﷻ, *tawakkaloū*. Ce qui signifie que chaque fois que tu veux accomplir une action, précède-la de «*A'oūdhou billāhi min ach-Chayṭān ir-rajīm. Bismillāhi' r-Rahmāni 'r-Rahīm*», c'est-à-dire «Je cherche refuge auprès d'Allāh ﷻ contre Satan, le banni et je commence cette action avec le nom d'Allāh ﷻ». Alors une telle action est-elle vouée au succès ou à l'échec? Evidemment qu'elle est vouée au succès car c'est la promesse d'Allāh ﷻ. Ainsi chaque action a une porte qui est de dire: «*A'oūdhu billāhi min ach-Shayṭān ir-rajīm. Bismillāhi' r-Rahmāni 'r-Rahīm* ». Le dernier mot que tu profères avant de t'endormir doit être la *Chahādah*: «*A'oūdhou billāhi min ach-Chayṭān ir-rajīm. Bismillāhi' r-Rahmāni 'r-Rahīm. Ach-hadou an lā ilāha illa-Llāh wa ach-hadu anna Mouhammadou 'r-Rassoūloullāh*». S'il arrive que tu meurs durant ton sommeil, alors la *Kalīmatou 'ch-Chahādah* est considérée comme ton dernier mot. A défaut de la *chahadah*, dis: «*A'oūdhou billāhi min ach-Chayṭān ir-rajīm*» ou '*Bismillāhi' r-Rahmāni 'r-Rahīm* car tu es alors «*bayna yadayyi Rahmān*», entre Les Mains d'Allāh ﷻ» juste au cas où tu ne te réveilles plus. Il est ainsi recommandé de dormir en ablution.

Lorsque tu dors en état d'ablution, Allāh ﷻ emporte ton âme sous *L'Arch* (le Trône) pour accomplir la *sajda* (prosternation). Lorsque tu ouvres les yeux après le sommeil et récite «*A'oūdhou billāhi min ach-Chayṭān ir-rajīm. Bismillāhi' r-Rahmāni 'r-Rahīm. Ach-hādou an lā ilāha illa-Llāh wa ach-hādou anna Mouhammadou 'r-Rassoūloullāh*», Allāh ﷻ ne t'abandonnera point. En effet, le Prophète ﷺ dit:

Koullou 'amalim lam yabdā bismillahi fa houwa abtar.
Toute action qui ne débute pas par 'Bismillāhi' r-Rahmāni 'r-Rahīm' s'estompe. (Ahmad, al-Musnad).

Cette action (*'amal*) de surcroît n'est pas bénéfique. Avez-vous besoin d'action bénéfique dans ce monde comme dans l'autre? Alors mentionnez «*Bismillāhi' r-Rahmāni 'r-Rahīm*».

Pourquoi ce genre d'assemblée est-il bénéfique? Pourquoi prenons-nous y part? Y Assistons-nous volontairement ou sous l'impulsion d'autrui? Assurément, il y une force intangible qui nous y conduit. Il n'est pas aisé d'assister à ce genre d'assemblée par soi-même (assistance imperceptible) car il y a bien d'autres lieux de divertissement à même de nous enchanter. Nous venons tous ici pour écouter et chacun peut parler mais les autres doivent écouter car notre venue en ce lieu est pour Allāh ﷻ et Son Prophète ﷺ.

Il y a deux types d'associations ou d'assemblées: une pour Allāh ﷻ et Son Prophète ﷺ et une de *dounya*. Celle de *dounya* est sous l'autorité de Chayṭān et celle de *Ākhirah* est sous l'autorité de *Rahmān;* alors c'est à vous de choisir celle qui vous convient. Commettons-nous des péchés? Certainement. Alors, comment les annihiler? Comment vous-y prenez-vous? Combien d'assemblées de *dounya* auxquelles nous prenons part où nombres d'absurdités sont proférées, des péchés sont commis en regardant par exemple la télévision ou en faisant autres choses qui ne sont pas du goût d'Allāh ﷻ et de Son Prophète ﷺ? Ni vous, ni nous ne devrions prétendre être parfaits. Non, mais nous disons que certainement vous trébucherez et tomberez et donc vous aurez besoin d'un traitement curatif et cette assemblée en est un. Contemplez ce que vous gagnez dans ce genre d'assemblée de *dhikroullāh* comparées aux autres qui en sont dépourvues. Il vous sera inscrit un, deux, trois, dix péchés pour avoir participé à une assemblée dépourvue de *dhikroullāh*, c'est à dire qui n'est vouée qu'à *dounya*. Je suis désolé de dire cela mais nous sommes tous confrontés à ce problème. Par exemple, dans un lieu de rassemblement, tu verras différents sortes de péchés : par la manière dont les gens réagissent, leurs comportements, leurs accoutrements. Prendre part à ce genre d'assemblée vous sera inscrit comme un péché. Allāh ﷻ

récompense une bonne action (*hassanah*) dix fois mais consigne un péché une seule fois. Les assemblées au compte de *dounya* sont inscrites comme un péché. Selon vos lieux de fréquentation, il peut vous êtes inscrit cinq, dix, cent ou deux cents péchés. Mais Allāh ﷻ ne vous inscrira que ce que vous méritez, ni plus ni moins. Alors, prenez part aux assemblées de *dhikroullāh* comme celle-ci pour l'indescriptible récompense qui en résulte.

Wa min Allāhi 't-tawfiq, bi hourmati 'l-habib, bi hourmati 'l-Fatiha,
Le succès vient d'Allāh ﷻ par l'honneur du Bien-aimé, par l'honneur de la Fatiha.

L'Effet et la récompense de La participation à une seule assemblée de Dhikroullah

*A'oudhou billāhi min ach-Chaytān ir-rajīm.
Bismillāhi' r-Rahmāni 'r-Rahīm.
Nawaytou 'l-arbā'īn, nawaytou 'l-'itikāf, nawaytou'l-khalwah, nawaytou 'l-'ouzlah, nawaytou 'r-riyāḍa,
nawaytou 's-souloûk,
lillāhi Ta'alā fī hādhā 'l-masjid.
Ati' oūllāh wa ati'oū 'r-Rassoūl wa oūli 'l-amri minkoum.
(4:59)*

Selon le Prophète ﷺ et rapporté par Imam Ahmad dans son *Musnad*: *Al-majlisu 's-sālihou youkaffirou 'ani 'l-mou'min alfa alfa majlisīn min majālisa 's-soūw*. «*Al-majlisou 's-sālih*» est l'assemblée pieuse comme celle-ci. Les gens abandonnent toute chose matérielle et viennent ici, mais quel est le but de leur rassemblement? C'est un rassemblement pour une bonne cause. Même s'ils ne font que s'asseoir et se souvenir d'Allāh ﷻ en silence, ils sont inscrits comme participant d'une assemblée pieuse à même d'effacer tous leurs péchés, par millier de milliers (1000x1000) les péchés de rassemblement impies. Une assemblée pieuse comme celle-ci à laquelle une personne prend part une fois dans sa vie est à même d'enrayer pour lui un millier de millier, donc un million d'impacts négatifs émanant d'assemblée impies. Peut-on participer à un million d'assemblée impies? Assumons que l'on puisse vivre cent ans. Si l'on multiplie 360 jours par 100, on obtient 36500. Si l'on assume qu'une personne puisse participer à 36500 assemblées impies, la participation à une seule assemblée pieuse est à même d'enrayer les péchés générés par les millions d'assemblée impies. Par conséquent, Allāh ﷻ nous ordonne : «Participez à une assemblée pieuse pour moi et j'effacerai pour vous un million d'effets négatifs des assemblées impies». Telle est la récompense pour ceux qui sont assis (dans ces assemblées pieuses). De quoi se souviennent-ils? Ils se souviennent joyeusement des bonnes manières et conduites, des choses du passé lors de ces assemblées pieuses. Egalement, le Prophète ﷺ a dit selon l'Imam Ahmad:

Inna ahla 'dh-dhikri la-yajlisūna ilā dhikrillāhi ta'ala wa inna 'alayhim min al-āthām mithla 'l-jibāl wa ghanahum la-yaqūmūna min dhākiran-Llāhu mā 'alayhim minhā chayy.

Les gens participent aux assemblées pieuses comme les assemblées de dhikroullāh avec leurs épaules chargées de montagne de péchés, ils se souviennent d'Allāh ﷻ. Au moyen de cette assemblée, la-yaqoūmoūna min dhaakiran-Llāhou mā 'alayhim minhā chayy, ils en sortent purifiés, débarrassés de tous leurs péchés.

Ces deux hadiths sont suffisants pour appréhender l'immensité de la récompense allouée aux serviteurs qui accomplissent une œuvre (*'amal*) infime à même d'enrayer toute la négativité des œuvres impies.

Vous connaissez-vous? Non. Pourtant «*Man 'arafa nafsahou faqad 'arafa Rabbah*». Celui qui se connait (son âme) connait Son Seigneur.

Lorsque l'on se sait dans le besoin de telles assemblées pieuses, alors le plaisir d'Allāh ﷻ à nous y voir participer devient apparent. L'on pourrait les trouver dans les mosquées, dans des résidences, ou partout à condition que l'on cherche. Mais que cherchons-nous? Les assemblées impies, être avec les groupes impies. Que dit le Prophète ﷺ en l'occurrence?

Allāhoumma ahyinī miskīnā wa amitnī miskīnā wa 'h chournī fī zoumrati 'l-massākīn.

O Allāh! Accorde-moi d'être un miskīn (un besogneux), de mourir un miskīn et ressuscite moi dans l'assemblée des miskīn.

Ceci est l'imploration du Sceau des Messagers, celui à propos de qui tout adjectif qualificatif ou terme descriptif humain reste insuffisant. Seul Allāh ﷻ peut décrire Son Prophète ﷺ. Souvent, par référence et amour au Prophète ﷺ, nous mettons la réplique de ses sandales sur notre *joubba* (boubou) ou sur le cône de notre turban. Tout cela est acceptable, *alhamdulillah!* Mais nul ne peut louer le Prophète ﷺ si ce n'est Allāh ﷻ. Considérez ce que dit le Prophète ﷺ. C'est cela la saveur de l'Islam. Si nous ne savourons pas, ne ressentons rien, alors la religion devient aride mais la vraie religion ne l'est pas. Si vous fréquentez des lieux où vous n'entendez que: «Ne faites pas ceci, ne faites pas cela – vous irez en Enfer, oui en Enfer», alors seulement deux alternatives se présentent à ces gens: soit ils deviennent extrémistes, soit ils sont déprimés et ne savent que faire.

Si votre leader est un tyran, automatiquement cela vous déprime car vous ne savez comment vous défaire de sa tyrannie. Par contre s'il est miséricordieux, vous accourez vers lui. Alors, que pensez vous du Créateur de l'univers, Le plus Miséricordieux, le Miséricordieux par Excellence?

Wa rahmātī wasi'at koulla chayin fasa'aktoubouhā lilladhīna yattaqoūna wa you'toūna 'z-zakāta wa 'Lladhīnahum bi ayātina you'minoūn.

Ma Miséricorde s'étend à toute chose, Je l'inscrirai pour ceux qui Me craignent et font l'aumône, et ceux qui croient en Nos signes. (Surat al-'Arāf, 7:156)

«Ma Miséricorde inclut toute chose, et Je l'inscrirai au compte de ceux qui sont «*mou'min*», Je les ornerai, c'est-à-dire j'ornerai les participants aux assemblées pieuses comme celle-ci.

Considérons ce que dit le Prophète ﷺ: «*O Allāh! Ahyinī miskīnā*», c'est-à-dire «Accorde-moi une vie de *miskīn*». Littéralement un *miskīn* est un besogneux mais ici les savants l'ont expliqué comme «humble». Celui qui est humble est toujours *miskin*: lorsqu'on observe une telle personne, on s'exclame «Soubhanallah ! Qu'elle est pure, humble, *miskīn*». «Miskin» signifie également celui qui n'a rien de *dounya*.

Le Prophète ﷺ dit: «Ya Rabbi ! Accorde-moi d'être *miskīn* dans cette *dounya*. Je ne veux rien en posséder. *Wa tawaffanī miskīnā*, prend mon âme comme *miskīn*, c'est à dire ne possédant rien. Je ne veux pas de *dounya*. *Wa 'h-chournī fī zoumrati 'l-massākīn*, et ressuscite-moi en compagnie des *miskīn*». Voici ce que disait le Prophète ﷺ. Qu'en est-il de nous? Nous voulons être toujours les plus vus, être reconnus par les autres. Ne les voyez-vous pas au cours de réunions officielles où souvent vous les entendez dire: [«Oh! Nous avons reconnu tel sénateur ou apprécions la présence de tel sénateur ou de telle personnalité. Mais pourquoi doivent-ils être reconnus? Il est mieux de se couvrir de poussière à l'instar de ce que disait Sayyidina 'Oumar ؓ: «Si mes actions, *amal*, de demain ne sont pas meilleurs à celle d'aujourd'hui, il 'est préférable de rester enseveli sous terre. Si mes actions de demain sont meilleures à celle d'aujourd'hui, alors tant mieux. Cela signifie qu'il veut constamment s'améliorer. Nous améliorons-nous constamment? Non. Nous nous dévorons plutôt à l'image d'animaux sauvages. Les animaux domestiques sont dociles et ne mordent pas même si un cheval ou un âne peut vous donner un coup de sabot mais les animaux sauvages iront jusqu'à vous dévorer. D'où la portée de la parole Prophétique: «Oh Allāh ﷻ! Accorde-moi d'être *miskīn*» voulant signifier «Ya Rabbi! Suscite en moi un désintérêt total de *dounya*». Cela est justifié d'avantage dans la narration suivante: «*Innamā bou'ithtou li outammimou makārim al-akhlāq. Je n'ai été envoyé que pour parfaire les bonnes manières (votre comportement et caractère)».* (Bazzār). En effet, Allāh l'enseigna et le rendit parfait. «*Adabanī rabbī fa'ahsana tā'dībī. Mon Seigneur a parfait mes bonnes manières et ma bonne conduite»*.

«Allāh m'a discipliné et parfait mes manières et j'aimerai réfléchir cette perfection sur ma *oummah*». Ne pensez pas pouvoir accomplir quoique ce soit sans le support du Prophète dans *dounya* comme à *Akhira*! Vous avez besoin de son soutien en tout instant comme nous l'avons appris:

> *Wa law kounta fazhan ghalīzh al-qalbi la-anfadoū min hawlik. Fa'fouw ʿanhoum wa astaghfir lahoum wa shāwwirhoum fi 'l-amr.*
>
> *Tu as été indulgent à leur égard ; si tu avais été rude et dur de cœur, ils se seraient écartés de ton entourage. Pardonne-leur et demande pardon pour eux; consulte-les sur la conduite des affaires.* (Surat Āli-ʿImrān 3:159)

Allāh est en train de dire: «Ya Mouhammad! Si tu étais «*fazh*» c'est-à-dire stoïque, vulgaire, dur et «*ghalīzh al-qalbi*» inflexible et dur de cœur, que serait-il arrivé ? Tout le monde te fuirait. Allāh use du conditionnel «si tu avais été …, les gens t'auraient fui». Bien au contraire, les gens accourent vers le Prophète . Nous avons aussi l'exemple de ceux qui n'ont pas de péchés mais qui accourent vers le Prophète en l'occurrence les anges engagés en *salawat* sur lui et ce à cause de sa pureté.

Le Prophète dit qu'au cours d'un voyage à travers des montagnes, il entendit le *tasbīh* des montagnes et des animaux et les animaux lui parlaient. S'il n'avait pas été humble et souple, ils ne les auraient pas entendus, et ils s'éloigneraient de lui. Les animaux sauvages accouraient vers lui. Dans nos caractères, nous sommes comparables aux animaux sauvages. Allāh dit: «Si tu étais rude, dur avec eux, si tu avais un cœur inflexible, les gens t'auraient abandonné». Même vous, les gens vous courent après, pourquoi? Simplement parce que vous faites preuve d'humilité.

Dans le même ordre d'idée, le Prophète ﷺ a dit ceci: «*Awsā 'n-nabiyyou sall-Allāhou 'alayhi wa sallim Aba Hurayrah bi-wasīyyati 'azhīmatin fa-qāla: Yā Aba Hourayrah radia Allāhu 'anhou, 'alayka bi-housni 'l-khoulouq. Qāla Aboū Hourayra: wa mā hassana 'l-khoulqi Yā Rassoūloullāh. Qāla: tasila man qata'k, wa ta'foū 'amman zhalamak, wa tou'tī man haramak.* (Rapporté par Bayhaqi).

Le Prophète ﷺ interpelle Aboū Hourayrah, l'un des plus grands *mouhaddith* avec l'injonction suivante: «'*alayka bi-housni 'l-khoulouq*» c'est-à-dire «Soit enclin aux bonnes manières, ait de bon caractères, une bonne personnalité». Et Aboū Hourayra de lui demander: «*mā hassana 'l-khoulqi Yā Rassoūloullāh?*» c'est-à-dire «Qu'est ce que le meilleur des caractères?».

Le cheikh ici pose la même question aux disciples. Il répond lui-même – Nous avons quelque chose en commun. Que faisons-nous en général lorsque quelqu'un nous embarrasse ou nous met en colère? En général, on arrête toute relation avec cette personne, n'est-ce pas? Qu'est ce que le Prophète ﷺ a mentionné en premier lieu? «*An tassila man qata'k*» c'est-à-dire renouer avec celui qui nous a abandonné»]. Lorsque l'on a un problème avec quelqu'un, l'un des deux doit renouer avec l'autre, lui demander pardon même si l'on n'ait pas fautif.

Islamiquement et d'un point de vue normatif, le Prophète ﷺ dit: «Soyez le premier à prendre l'initiative vers la réconciliation avec celui qui a sevré les relations avec vous en lui disant : pardonne-moi si je t'ai fait un tort et réconcilions-nous».

Il poursuit ensuite: «*ta'foū 'amman zhalamak*». C'est-à-dire «Pardonnez à celui qui vous opprime, vous cause du tort». Combien de personnes vous ont causé du tort? Certainement beaucoup de personnes mais quelle est l'injonction du Prophète ﷺ? «Pardonne à celui qui vous cause du tort». Pardonnez par amour pour Allāh ﷻ. Vous pardonnez au fur et à mesure qu'on vous assomme car Allāh ﷻ met à l'épreuve votre patience; allez-vous vous soumettre ou non?   Combien a-t-il souffert (le Prophète ﷺ)? En effet, il dit: «Aucun prophète n'a autant souffert que moi tel je le fus des mains de ma tribu et de mes proches». Pourtant il leur tendait toujours la main.

En troisième lieu, le Prophète ﷺ ordonna: «*tou'tī man haramak*», retourne le mal par le bien. [Par exemple, dans le cas d'un bien en commun, que fait l'une des parties? L'une des parties forge la signature de l'autre pour s'approprier le bien. Si une telle personne après avoir commis ce genre de tort vous demande assistance, vous devez l'aider. C'est ce que dit le Prophète ﷺ «*an tou'tī man haramak* Offrir à quelqu'un qui vous a léser de votre dû».

Allāhou Akbar! Qui peut faire cela? Spécialement aujourd'hui où il y a beaucoup d'incidents entre frères et sœurs. Les uns lèsent les autres de leur part d'héritage et s'accaparent de tout. Que dit le Prophète ﷺ? «Laisse-les prendre tout ce dont ils ont besoin. Prenez autant que vous en voudrez. *Chajā' wa 't-tama'a* sont des caractères hideux. *Chajā'* est l'excès de gourmandise et *tama'a* est la gourmandise. Si vous adoptez ce principe, vous serez à l'abri. Quel est donc le conseil?

Yā Waladī! Ousīkum an tajtanib bal aqdāl wa ahli 'l-fassād wa 'd-dalāl. Oh mon fils! Que faire ensuite si tu ne peux adopter ces principes précités? Alors il faut éviter de te lier d'amitié avec les mauvais groupes autrement ils reflètent leurs énergies négatives sur vous. Vous emmagasinez des énergies positives lors des assemblées pieuses mais si vous vous associez avec les mauvais groupes, vous prenez d'eux des énergies négatives. C'est pourquoi il faut s'abstenir de vadrouiller ou d'errer dans les supermarchés et autres du genre car beaucoup d'énergies négatives à même de vous intoxiquer y circulent.

Voici la conclusion de la «Série du Ramadan 2010». Qu'Allāh ﷻ accorde une longue vie et une bonne santé à Cheikh Nazim al-Haqqani ق, et qu'Allāh ﷻ nous bénisse en sa compagnie pour que nous puissions voir Sayyidina Mahdi ؏ et Sayyīdinā 'Īsā ؏.

Wa min Allāhi 't-tawfiq, bi hourmati 'l-habib, bi hourmati 'l-Fatiha, Le succès vient d'Allāh ﷻ par l'honneur du Bien-aimé, par l'honneur de la Fatiha.

Calendrier Islamique et Jours Sacrés

Le calendrier Islamique est lunaire avec douze mois de 29 ou 30 jours. L'année lunaire est plus courte que l'année solaire; ainsi le cycle des jours de fêtes Musulmanes recule dans le calendrier Grégorien (Occidental). C'est ce qui explique pourquoi le début du Ramadan varie dans l'année puisque le calendrier Islamique est de dix jours court que le Grégorien.

Quatre mois Islamiques sont sacrés: Mouharram, Rajab, Dhoūl-Q'adah et Dhoūl-Hijjah. Les Mois de vertus comportent le «Mois de Dieu» (Rajab), le «Mois du Prophète» (Cha'bān) et le «Mois de la Communauté» (Ramadān) au cours desquels les œuvres pies sont largement récompensées.

Mois du calendrier Islamique

Mouharram	Rajab
Safar	Cha'bān
Rabī' oul-Awwal (Rabī' I)	Ramadān
Rabī' outh-Thāni (Rabī' II)	Chawwāl
Joumāda al-Awwal (Joumādi I)	Dhoū'l-Q'adah
Joumāda outh-Thānī (Joumādi II)	Dhoū'l-Hijjah

al-Hijrah ou l'Hégire

Le premier de Mouharram marque le début de la nouvelle année islamique car il commémore l'anniversaire de l'émigration historique (*hijrah*) du Prophète Mouhammad ﷺ de la Mecque vers Médine. Il y établit la première importante communauté en y introduisant des reformes sociales inédites comportant une loi civile, des droits humains, des droits pour les femmes, la liberté de la religion, un système de taxes pour le bénéfice de la communauté et un code de conduit militaire.

'Achoūra

Le 10 de Mouharram, l'ʿAchoūra commémore plusieurs évènements importants tels le jour où l'Arche de Noé se posa, la naissance d'Abraham, l'érection de la Kaʿbah à la Mecque. L'ʿAchoūrā est un jour sacré marqué par deux jours de jeûne consécutifs, le 9 et le 10 ou le 10 et le 11 selon le saint (*hadīth*) de Sayyīdinā Mouhammad ﷺ.

Mawlid

Mawlid al-Nabī, le 12 de Rabiʿ al-Awwal, commémore la naissance du Prophète Mouhammad ﷺ en l'an 570. Le Mawlid est célébré mondialement dans le mois précité où il fait l'objet d'importants rassemblements ça et là avec la récitation du fameux poème «Qasīdah al-Bourdah» accompagné de battements de tambours. D'autres poèmes non moins importants, des cantiques et des sermons sont récités. Des cadeaux et de la nourriture sont distribués aux pauvres ce jour. La plupart des pays Musulmans l'observent comme une fête nationale.

Laylat al-Isra wal-Mi'raj

Sayyīdinā Mouhammad ﷺ voyagea physiquement le 27 du mois de Rajab de la Mecque à Jérusalem où il fut transporté aux différents niveaux du Paradis et ce à partir d'une roche et revint à la Mecque – Au cours de cette nuit, les cinq prières quotidiennes furent prescrites par Dieu. Sayyīdinā Mouhammad ﷺ a aussi présidé la prière en compagnie d'Abraham, de Moïse et Jésus à la Mosquée al-Aqsa de Jérusalem comme pour signifier que les Musulmans, les Chrétiens et les Juifs croient en un même Dieu unique. Cet évènement sacré a consacré Jérusalem comme le troisième lieu saint de l'Islam après la Mecque et Médine.

Laylat al-Bara'ah

La «Nuit de la Délivrance du Feu» a lieu le 15 du mois de Cha'bān. Au cours de cette nuit, la Miséricorde de Dieu qui descend est incommensurable et cela explique les récitations coraniques, les prières spéciales qui y on lieu et également la visites aux morts.

Ramadan

Beaucoup considère le Ramadān le neuvième mois du calendrier Islamique comme le plus sacré de l'année. Les Musulmans observent ce jeûne rigoureusement et prennent part aux œuvres pies telles la distribution des aumônes et la consolidation de la paix. C'est un moment intense de renaissance spirituelle pour les pratiquants. L'objectif du jeûne est d'attirer l'attention de la société sur les besogneux, de promouvoir la gratitude envers Dieu pour Ses faveurs illimitées.

La rupture du jeûne a généralement lieu en groupe, faisant particulièrement du mois de Ramadān, un mois de cohésion sociale.

La nuit, une prière spéciale connue sous le nom de «Tarawīh» a lieu en groupe où un trentième du Saint Coran est récité par l'Imam (celui qui dirige la prière la prière); ainsi les 6000 versets ou plus sont récités durant tout le mois.

Eid al-Fitr

«La Fête de la Rupture» marque la fin du Ramadān et est célébré Durant trois premiers jours de Chawwāl. C'est une période d'aumône et de réjouissance en famille et entre amis pour avoir terminé en beauté ce mois de bénédictions. Au cours des derniers jours de Ramadān, chaque famille offre «*Zakāt al-Fitr*» (l'aumône de rupture) qui consiste en liquidité et/ou en nourriture à l'intention des pauvres.

Le premier matin de l'Eid, les Musulmans prient en groupe, rappelant la Messe de Noël ou Pâques ou d'autres jours saints. La fin de la prière de l'Eid est marquée par la visite aux membres de la famille et aux amis et par la distribution des cadeaux et de l'argent (particulièrement aux enfants). Le jour de l'Eid, des plats de nourritures et de desserts sont spécialement concoctés. Dans la plupart des pays Musulmans, les trois jours de l'Eid sont fériés.

Yawm al-'Arafat

«Le Jour de 'Arafat», le 9ème de Dhoul-Hijjah, a lieu juste avant la célébration de Eid al-Adha. Les pèlerins au Hajj se regroupent sur la pleine d''Arafat située à l'extérieur de la Mecque où ils méditent sur le Jour de la résurrection. Ailleurs dans le monde, les Musulmans jeûnent ce jour, se regroupent dans leurs mosquées respectives pour prier. Même ceux n'ont pas eu le privilège d'accomplir le Hajj doivent s'acquitter du sacrifice d'Abraham ﷺ.

Eid al-Adha

La «Fête du Sacrifice» célébrée du 10ème au 13ème de Dhoul-Hijjah commémore la résolution du Prophète Abraham ﷺ à sacrifier son fils Isma'il ﷺ sur ordre divin. En raison de cet événement, les Musulmans accomplissent le Hajj, le pèlerinage a la Mecque qui incombe a tout Musulman, une fois dans la vie s'il en a les moyens. Les festivités commencent avec le sacrifice d'un animal commémorant le sacrifice de Sayyīdinā Abraham. En Islam, Abraham ﷺ est connu sous l'épithète de *Khaliloullāh*, «l'Ami de Dieu». Beaucoup le considère comme le premier Musulman en son rôle de précurseur en matière d'obéissance à Dieu et sa détermination à sacrifier son unique fils sans rechigner à l'injonction divine.

Glossaire

'abd (pl. *'ibād*): litt. esclave, serviteur.
'AbdAllāh: Litt., "serviteur d'Allāh ﷻ"
Aboū Bakr as-Siddīq: le plus proche Compagnon du Prophète Mouḥammad ﷺ; le beau-père du Prophète, qui fut avec lui au cours du *Hijrah*. Après le décès du Prophète ﷺ; il fut élu premier calife (successeur); il est connu comme l'un des plus éminent des Compagnons.
Aboū Yazīd/Bayāzīd Bistāmī: A grand *walī* du neuvième siècle et un maitre de la Chaine Dorée Naqchbandi.
adab: bonne manières, éthique de conduite.
adhān: l'appel à la prière.
Ākhirah: l'au-delà; la vie d'après la mort.
al-: l'article défini arabe "le, la, les"
'alāmīn: monde; les univers.
Alḥamdoūlillāh: louange à Allāh ﷻ.

'Alī ibn Abī Tālib: premier cousin du Prophète Mouḥammad ﷺ, marié à sa fille Fātimah; le quatrième calife.
alif: première lettre de l'alphabet Arabe.
'Alīm, al-: Le Savant, un attribut divin
Allāh: nom propre de Dieu en Arabe.
Allāhou Akbar: Allāh ﷻ est le Plus Grand.
'āmal: bonne œuvres (pl. *'amāl*).
amīr (pl., *oumarā*): chef, leader, chef d'état ou de nation.
anā: première personne du singulier
anbīyā: prophètes (sing. *nabī*).
'aql: intellect, raison; de la racine *'aqila*: litt., "enchaîner, restreindre."
'Arafah, 'Arafat: une plaine proche de la Mecque où les pèlerins s'assemblent pour

accomplir le rite principal du Hajj.
'arif: savant, Gnostique; celui qui accès à la connaissance spirituelle du Divin.
'Ârifoûn' bil-Lâh: Gnostique.
Ar-Rahīm: Le Tout Miséricordieux, l'un des 99 Noms d'Allāh.
Ar-Rahmān: Le Très Miséricordieux, le plus fréquemment utilisé des Noms d'Allāh.
'arch, al-: le Trône Divin.
asl: racine, origine, fondation.
astāghfirullāh: litt. "Je recherche le pardon d'Allāh".
Awlīyāoullāh: saints d'Allāh (sing. *walī*).
āyah/āyāt (pl. *Ayāt*): un verset du Saint Coran.
Āyat al-Koursī: "Verset du Trône", une supplication très connue du Coran (2:255).
'Azra'īl: l'Archange de la mort.
Badī' al-: L'Innovateur; un nom Divin.
Banī Ādam: Les enfants d'Ādam; l'humanité entière.

Bayt al-Maqdis: la Mosquée Sacrée de Jérusalem, bâtie où fut érigé plus tard le temple de Salomon.
Bayt al-Mā'moūr: la maison fréquentée abondamment; cela fait aussi allusion à la Ka'bah céleste qui est le prototype de celle sur terre autour de laquelle les anges font la circumambulation.
baya': engagement. Dans le contexte de ce livre, l'engagement du disciple (*mourīd*) lors de l'initiation au cheikh.
Bismillāhi'r-Rahmāni'r-Rahīm: "Au Nom du Miséricordieux, du Tout Miséricordieux"; verset introductive à tous les chapitres à l'exception du neuvième.
Dajjāl: le faux Messie (l'Antéchrist) apparaîtra à la fin du monde pour induire l'humanité en erreur avec un pouvoir décevant.
dalālah: preuve.
dhāt: Essence / soi.
dhawq (pl. *adhwāq*): goût; terme technique faisant référence à l'aspect expérimental de la gnose.

dhikr: souvenir, mention de Dieu à travers Ses Beaux Noms ou phrases le glorifiant.
ḍīyā: lumière.
Diwān al-Awlīyā: la conférence nocturne des saints avec le Prophète Mouḥammad dans le domaine spirituel.
douʿā: supplication.
dounyā: monde; la vie mondaine.
ʿEid: fête; les deux principales réjouissances de l'Islam sont ʿEid al-Fitr, après Ramadān; et ʿEid al-Adha, la fête du Sacrifice durant le Hajj, commémorant le sacrifice du Prophète Abraham.
farḍ: adoration obligatoire.
Fātihah: *Soūratou 'l-Fātihah*; le chapitre d'ouverture du Coran.
Ghafoūr, al-: Le Pardonneur; un des Beaux Noms de Dieu.
ghawth: litt. "Assistant"; le plus haut niveau parmi les saints.
ghayboúʿ l-mouṭlaq, al-: l'Inconnu Absolu; connu seulement de Dieu.
ghousl: lavage/bain impose en cas d'impureté majeure avant l'adoration.
Grandcheikh: un *walī* de grande stature. Dans ce livre, l'appellation «Grandcheikh» fait référence à Mawlana ʿAbd Allāh ad-Dāghestānī (d. 1973), le maître de Mawlana Cheikh Nāzim.
hāʿ: une lettre de l'alphabet Arabe.
ḥadīth Nabawī (pl. *ahadīth*): *hadīth* prophétique dont la signification et l'expression linguistique sont celles du Prophète Mouḥammad.
Hadīth Qoudsī: parole divine dont la signification réfléchit directement la signification voulue par Dieu et dont l'expression linguistique n'est du genre coranique.
hadr: présent
Hajj: le pèlerinage sacré de l'Islam qui incombe au Musulman mature une fois dans sa vie.
ḥalāl: permis, légitime selon la *Charīʿah* Islamique.

haqīqah, al-: réalité de l'existence; la vérité ultime.
haqq: vérité
Haqq, al-: la réalité Divine, l'un des 99 Beaux Noms.
harām: interdit, illégitime.
hasanāt: bonnes œuvres.
hāchā: Que Dieu nous en préserve.
harf: (pl. *houroūf*) lettre; racine Arabe "bord".
Ḥawā: Eve.
ḥaywān: animal.
Hijrah: émigration.
hikmah: sagesse.
houjjah: preuve.
hoūwa: le pronom "il" compose des lettres arabes *hā'* et *wāw*.
'ibādou 'l-Lāh: serviteurs de Dieu.
'ifrīt: un type de Jinn, énorme et puissant.
ihsān: bienfaisant, «c'est adorer Dieu comme si tu Le voyais; si tu ne Le voit, Il te voit».
ikhlās, al-: dévotion sincère.
ilāh: (pl. *āliha*): idoles ou dieux.
ilāhīyya: divinité.
ilhām: inspiration divine envoyée aux *awlīyāoullāh*.

'ilm: connaissance, science.
'ilmou 'l-awrāq: connaissance livresque.
'ilmou 'l-adhwāq: connaissance du goût.
'ilmou 'l-houroūf: science de lettres.
'ilmou 'l-kalām: théologie scholastique.
'ilmoun ladounnī: connaissance inspirée par le divin.
imān: foi, croyance.
imām: leader de la prière en groupe; un éminent savant qui dirige une large communauté.
insān: humanité; pupille.
insānou 'l-kāmil, al-: l'Homme Parfait c'est-à-dire le Prophète Mouḥammad.
irādatoullāh: la volonté de Dieu.
irchād: instruction spirituel guidance.
ism: nom.
isma-Llāh: nom de Dieu.
isrā': voyage nocturne en référence ici au voyage de nuit du Prophète Mouḥammad.

Isrāʿfīl: l'Archange Rafael, en charge de souffler dans la Trompette.
jalāl: majesté.
jamāl: beauté.
jamaʿa: groupe, congrégation.
Jannah: Paradis.
jihād: l'effort sur soi sur la Voie de Dieu.
Jibrīl : Gabriel, Archange de revelation.
Jinn: espèces vivante crées de feu, invisibles à la plupart des êtres humains. Jinn peut être Musulman ou non.
Joumouʿah: prière en groupe du Vendredi dans une grande mosquée.
Kaʿbah: la première Maison de Dieu située à la Mecque en Arabie Saoudite où le pèlerinage a lieu et direction de prière pour les Musulmans.
kāfir: mécréant.
Kalāmoullāh al-Qadīm: litt., la Parole préeternelle d'Allāh en reference au Saint Coran.
kalīmat at-tawḥīd: *lā ilāha illa-Llāh*: «Il n'y a de Dieu qu'ALLah (le Dieu)».

karāmat: miracles.
khalīfah: représentant.
Khāliq, al-: le Créateur, l'un des 99 Beaux Noms.
khalq: Création.
khāniqah: lieu d'adoration plus petit qu'une mosquée, aussi appelée *zāwiyah*.
khoulouq: comportements, manières.
Kirāmoun Kātabīn: Nobles anges Scribe .
lā: non; ne pas; non existent; la particule de négation.
lā ilāha illa-Llāh Mouhammadoun Rassoūloullāh: il n'y a de divinité à part Allāh, Mouhammad est le Messenger d'Allāh.
lām: lettre Arabe ل.
al-Lawḥ al-Maḥfoūz: les Tablettes Préservées.
Laylat al-Isrāʿ waʾl-Miʿrāj: le Voyage Nocturne et l'Ascension du Prophète Mouhammad de Jérusalem vers les Sept Cieux.
Madīnātou ʾl-Mounawwara: la cité Illuminée; celle du Prophète Mouhammad c'est-à-dire Madinah.

mahr: dote donnée par le prétendant à la future épouse.
malakoūt: Royaume Divin.
Malik, al-: le Souverain, un nom de Dieu.
Mālik: l'Archange de l'Enfer.
maqām: niveau spirituel, tombe d'un prophète, d'un messenger ou d'un saint.
maʿrifah: gnose.
Māchāʾ Allāh: selon la Volonté d'Allāh.
Mawlānā: lit. "Notre Maître" ou «notre patron», pour s'addresser à une personne respectable.
mazhar: lieu de dévoilement.
miḥrāb: niche de prière.
Mikāʿīl: Michel, l'Archange de la pluie.
mīzān: la balance qui mesure nos œuvres le Jour du Jugement.
mīm: lettre Arabe م.
minbar: pupitre.
Miracles: des *awlīyā*, connu sous le nom de *karamāt*; celui des prophètes connu sous le nom de *mouʿjizāt* (litt., "ce qui retire le pouvoir ou tout potentiel d'action ou d'assistance ").

miʿrāj: l'ascension du Prophète Mouhammad de Jerusalem aux Sept Cieux.
Mouhammadoun rassoūlou 'l-Lāh: Mouḥammad est le Messenger de Dieu.
moulk, al-: le monde materiel.
Mouʾmin, al-: le Gardien de la Foi, l'un des 99 Noms de Dieu.
mouʾmin: un croyant.
mounājāt: invocation très intime de Dieu.
Mounkir: l'un des anges interrogateur dans la tombe.
mourīd: disciple, étudiant, aspirant.
mourchid: guide spiritual; *pir*.
mouchāhadah: vision directe.
mouchrik (pl. *mouchrikoūn*): idolâtre; polythéiste.
mouwwāhid (pl. *mouwāhhidoūn*): ceux qui affirment l'Unicité de Dieu.
nabī: un prophète de Dieu.
nāfs: la basse nature, l'ego.
Nakīr: l'autre ange interrogateur dans la tombe (avec Mounkir).
noūr: lumière.
Noūḥ: le prophète Noah.

Noūr, an-: "la Source de Lumière"; un nom de Dieu.

Qādir, al-: "Le Puissant"; un nom de Dieu.

qalam, al-: le Calame.

qiblah: direction, spécifiquement la direction de prière et autres dévotion des Musulmans qui est la Maison Sacrée à la Mecque.

Qouddoūs, al-: "Le Saint"; un Nom de Dieu.

qourb: proximité

qoutb (pl. *aqṭāb*): axe ou pôle. Parmi les pôles, il y a:

Qoutbou 'l-Bilād: le Pôle des Territoires.

Qoutbou 'l-Irchād: le Pôle qui Guide.

Qoutbou 'l-Aqtāb: le Pôle des Pôles.

Qoutbou 'l-A'dham: le Pôle le plus élevé.

Qoutbou 'l-Moutassarrif: le pole administrateur.

al-qoutbīyyatou 'l-koubrā: le plus haut niveau dans la hiérarchie de pole.

Rabb, ar-: Le Seigneur.

Rahīm, ar-: "Le Tout Miséricordieux"; un Nom de Dieu.

Rahmān, ar-: "Le Très Miséricordieux"; un Nom de Dieu.

rahmā: miséricorde.

raka'at: un cycle complet de prière. Chaque prière consiste en un ou plusieurs *raka'ats*.

Ramadān: le neuvième mois du calendrier Islamique; le mois du jeûne.

Rassoūl: un messager de Dieu.

Rassoūloullāh: le Messenger de Dieu, Mouḥammad ﷺ.

Ra'oūf, ar-: "le très doux"; un nom de Dieu.

Razzāq, ar-: "le Fournisseur"; un nom de Dieu.

rawhānīyyah: spiritualité; l'essence spiritual d'une chose.

Ridwān: l'Archange du Paradis.

rizq: provision; subsistance.

roūh: esprit. Ar-Roūḥ est le nom d'un ange important.

roukoū': posture de génuflexion en prière.

Sadaqah: aumône volontaire.

Sahābah (sing., *Sahābi*): les Compagnons du Prophète; les premiers Musulmans.

sahīh: authentique; terme pour corroborer la validité d'un hadīth du Prophète.

sāim: personne qui jeûne (pl. *sāimoūn*)

sajdah (pl. *soujoūd*): prosternation.

salāt: prière rituelle, l'une des cinq obligations de l'Islam. Signifie aussi invoquer des bénédictions sur le Prophète.

Salāt an-Najāt: la prière de salvation conduit dans les dernières heures de la nuit.

salawāt (sing. *salāt*): invoquer des bénédictions et la paix sur le Prophète.

salām: paix.

Salām, as-: "Le Pacifique"; un nom de Dieu.

As-salāmou 'alaykoum: "la paix sur vous". (salutation Islamique).

Samad, as-: Autosuffisant sur les créatures qui dépendent de Lui.

sawm, siyām: jeûne.

Sayāt: œuvres malsaines.

sayyid: leader; aussi un descendant du Prophète Mouhammad.

Sayyīdinā: notre maître (fem. *sayyidounā*; *sayyidatounā*: notre maîtresse).

chahādah: lit. témoignage; le témoignage de la foi Islamique: *Lā ilāha illa 'l-Lāh wa Mouhammadoun rassoūlou 'l-Lāh"*, Il n'y a de divinité qu'Allah, le Dieu Unique et Mouhammad est le Messenger de Dieu".

Chah Naqchband: Mouḥammad Bahaouddin Chah Naqshband, un eminent walī du huitième siècle et le fondateur de la Tarīqah Naqchbandi.

cheikh: litt. "un vieil homme", un guide religieux, un enseignant; maître de discipline spirituelle.

chifā': cure.

chirk: polythéisme, idolâtrie, associant des partenaires à Dieu.

siffāt: attributs; terme se rapportant aux Attributs Divin.

Silsilat adh-dhahabīyya: "Chaîne Dorée" d'autorité spirituelle en Islam

sohbet (en Arabe *souhbah*): la congrégation ou le discours d'un cheikh.

soubhānAllāh: Gloire à Dieu.

soultān/soultānah: dirigeant, monarque.

Soultān al-Awlīyā: litt. "Roi des *awlīyā*; le saint le plus élévé en terme hiérarchique.

Soūnnah: les Pratiques du Prophète Mouhammad en actions et paroles; ce qu'il a fait, dit, recommandé ou approuvé de ses Compagnons.

soūrah: un chapitre du Coran; une image, une photo.

Soūratou 'l-Ikhlās: Chapitre 114 du Saint Coran; le Chapitre de la Sincérité.

tabīb: docteur.

tābi'īn: les Successeurs, la génération immédiate après les Compagnons du Prophète.

tafsīr: commentaire, explication, terme technique pour le commentaire et l'exégèse du Saint Coran.

tajallī (pl. *tajallīyāt*): theophanies, dévoilement du Divin, manifestation du Divin.

takbīr: litt. «*Allāhou Akbar*», Dieu est Grand.

tarawīh: les prière spéciales nocturnes Durant le Ramadān.

tarīqat/tarīqah: litt. voie, route ou chemin. Un ordre Islamique ou une voie de discipline et de dévotion sous un guide ou un cheikh; Soufisme.

tasbīh: récitation de glorification ou de louange à Dieu.

tawāda': humilité.

tawāf: le rituel de circumambulation autour de la Ka'bah accompagné de glorification de Dieu au cours du Hajj et l'Oumra.

tawhīd: unicité; Islam universel ou primordial, la soumission à Dieu comme le Seul Maître du destin et de la Réalité ultime.

Tawrāt: Torah

tayammoum: rituel alternatif d'ablution en cas d'absence d'eau.

ouboūdīyyah: état d'adoration, servitude.
'oulamā (sing. *'Alīm*): savants.
'ouloūmou 'l-awwalīna wa 'l-ākhirīn: la connaissance des "Premiers" et des "Derniers" fait références à la Connaissances que Dieu a versé dans le Cœur du Prophète Mouhammad au cours de l'ascension en Présence Divine.
'ouloūm al-Islāmī: sciences religieuse Islamique.
Oummāh: communauté de foi, nation.
Oumar ibn al-Khattāb: un éminent Compagnon du Prophète Mouhammad et le second calife de l'Islam.
'oumra: le pèlerinage mineur à la Mecque entrepris à n'importe quel moment de l'année.
Outhmān ibn 'Affān: éminent Compagnon du Prophète; son beau-fils et troisième calife de l'Islam, ayant eu le mérite d'avoir compilé le Coran.
walad: un enfant.
waladī: mon enfant.
walāyah: proximité ou proche; sainteté.
walī (pl. *awlīyā*): saint, ou "celui qui assiste"; gardien; protecteur.
wassīlah: un moyen; la sainte stature du Prophète Mouhammad comme intermédiaire divin afin de voir ses supplications acceptées.
wāw: lettre Arabe و
woujoūd, al-: l'existence; "le fait de trouver", aussi "retrouvé".
Y'aqoūb: Jacob (le prophète).
yamīn: la main droite; signifie autrefois "serment".
Yawm al-'ahdi wa'l-mīthāq: Le Jour du Serment et de la Promesse, un évènement céleste précédent cette vie-ci où les gens en présence de Dieu ont pris l'engagement solennelle de L'accepter comme Seigneur Souverain.
yawm al-qiyāmah: le Jour du Jugement.
Yoūssouf: Joseph le prophète.
zāwiyah: lieu d'adoration plus petit qu'une mosquée, aussi appelée *khāniqah*.

zīyāra: visite à la tombe d'un prophète, le compagnon d'un prophète ou un saint.

www.ingramcontent.com/pod-product-compliance
Lightning Source LLC
Chambersburg PA
CBHW030301080526
44584CB00012B/393